汉语教学名家文选

吕必松 卷

组合汉语研究的足迹

吕必松 ● 著

北京语言大学出版社
BEIJING LANGUAGE AND CULTURE
UNIVERSITY PRESS

© 2022 北京语言大学出版社，社图号 22040

图书在版编目(CIP)数据

汉语教学名家文选.吕必松卷:组合汉语研究的足
迹/吕必松著.—北京:北京语言大学出版社,2022.6
ISBN 978－7－5619－6101－8

Ⅰ.①汉… Ⅱ.①吕… Ⅲ.①汉语－对外汉语教学－
语言读物 Ⅳ.①H195.5

中国版本图书馆 CIP 数据核字(2022)第 095259 号

汉语教学名家文选·吕必松卷·组合汉语研究的足迹
HANYU JIAOXUE MINGJIA WENXUAN·LÜ BISONG JUAN·
ZUHE HANYU YANJIU DE ZUJI

排版制作：	华伦图文制作中心
责任印制：	周　燚

出版发行	北京语言大学出版社
社　　址：	北京市海淀区学院路 15 号,100083
网　　址：	www.blcup.com
电子信箱：	service@blcup.com
电　　话：	编辑部　　8610－82301016
	发行部　　8610－82303650/3591/3648
	北语书店　8610－82303653
	网购咨询　8610－82303908
印　　刷：	北京鑫丰华彩印有限公司

版　次：	2022 年 6 月第 1 版	**印　次：**	2022 年 6 月第 1 次印刷
开　本：	710 毫米×1000 毫米　1/16	**印　张：**	13.75
字　数：	247 千字		
定　价：	55.00 元		

PRINTED IN CHINA

凡有印装质量问题,本社负责调换,售后 QQ 号 1367565611,电话 010－82303590

前　言

本书精选的 18 篇论文,是笔者退休以后,1996 年至 2014 年陆续写成的,时间跨度近 20 年。这 18 篇论文呈现了笔者晚年在汉语语言学和汉语教学研究上的核心观念,可以看到笔者是怎样沿着"词本位→字本位→组合汉语"的心路历程一步步走过来的。前 7 篇的内容是"从'词本位'到'字本位'",以后各篇是"从'字本位'到'组合汉语'"。为了如实反映从"词本位"到"字本位"再到"组合汉语"的发展过程,所选论文基本按照写作时间的先后排序。

本书是一部专题论文选集,集中讨论汉语的特点和汉语教学路子,聚焦于汉字与汉语的关系以及汉字教学与汉语教学的关系,彰显汉字在汉语和汉语教学中的地位和作用,落脚点是组合汉语教学。

本书所反映的,是笔者退休以后在学术征程上继续探索和思想转变的过程。在研究重点上,从偏重于汉语教学研究转变为更加重视汉语本体研究;在对汉语特点的认识上,从赞成"词本位"转变为赞成"字本位",又进而提出"组合汉语"的新概念;在汉语教学路子上,从主张"语文分离"转变为主张"以文带语"。为什么会发生这些转变,书中都有清晰的足迹可循,就是一些术语名称的演变,也可以从中找到蛛丝马迹。

整理这部论文选集的初衷,是把它作为一份内部资料供研究团队的同事们了解组合汉语和组合汉语教学研究的来龙去脉。重读这些论文后笔者又发现,不但其中的内容可以作为业内人士进一步研究的借鉴,就是研究经验也值得与同行们分享。笔者最重要的研究经验是:带着教学中存在的问题开展理论研究,拿理论研究的心得进行教学实验,通过实验对研究心得加以检验、补充和修正,让理论研究和教学实践互相印证并在互动中共同发展。相信读者不难发现,这正是组合汉语理论、组合汉语教学理论和组合汉语教学法逐渐形成的过程,每一步发展都有清晰的思路可循。唯感遗憾的是,因为没有稳定的工作平台,笔者无法按照系统工程的要求有序地进行探索,把理论研究、教学实验(包括教材编写和课堂教学)和教师培训有机地结合起来,把总结经验、扩大实验和宣传推广紧密地结合起来。虽然遗憾,却无力改变,只能以平常心对待。

"组合汉语"是基于汉语语言事实的一种新的汉语理论,"组合汉语教学"是基于组合汉语理论的一套新的汉语教学理论和汉语教学法。组合汉语和组合汉语教学的"新",主要表现为对汉语特点和汉语教学特点的认识和解释跟主流学派的核心理论有根本的不同。这里所说的主流学派的核心理论,是指语言三要素理论、词本位理论、主谓结构理论和"听→说→读→写"习得顺序理论。

笔者的研究发现,汉语字、词、句等单位,都是以字为基本单位由小到大一级一级地层层组合起来的。组合起来就是组合生成。字由字的生成元素组合生成,词由字组合生成,基本句由主体和述体组合生成,复合句由基本句组合生成。组合是汉语的生成机制和生成规则的核心,是汉语的生命线,是汉语无限活力的源泉。这就决定了必须用组合的眼光看待汉语,用组合的观念研究汉语,用组合的方法教汉语。语言教学的基本单位必须跟语言的基本单位相一致,因为汉语的基本单位是"字",所以汉语教学必须以"字"为基本教学单位。汉字跟汉语音节既有对应关系,也有包容关系,汉字就包含音节,所以教汉字就包括教汉语音节,完全可以把汉字作为汉语(书面汉语和口头汉语)的基本教学单位。把汉字作为基本教学单位,就可以建立起科学的汉字教学系统,就可以用汉字教学系统去引领整个汉语教学系统。以上这些,就是笔者在研究过程中逐渐形成的对汉语和汉语教学的新的认识,也是组合汉语和组合汉语教学跟主流学派的核心理论的主要区别所在。

从词本位到字本位,又从字本位到组合汉语,反映了笔者探索汉语和汉语教学特点的两次飞跃。笔者自认为这两次飞跃都是合乎逻辑、顺理成章的。不过读者从中也可以看到,笔者的探索过程是十分艰难的。首先,人到暮年还要涉足自己本不熟悉的汉语本体研究,在许多方面几乎要从头学起,这本身就不是一件轻而易举的事。其次,要拿理论研究与教学实践反复对照,而笔者并无固定和理想的教学实验基地。再次,在研究经费上遇到的困难,恐怕一般人很难想象。最后,在探索过程中不但要不断修正自己理论方面的偏差甚至错误,而且要承受来自诸多方面的压力,其中包括善意的劝告。有人提出善意的劝告是担心笔者吃力不讨好,有可能因为背离主流方向而四面树敌,却未必能在理论上有新的发现。已经功成名就,何必再自讨苦吃?"功成名就"的说法言过其实,笔者只是我国对外汉语教学界的一名忠勇的探索者,既然是探索,就难免出错。笔者提出的部分主张,对我国对外汉语教学曾经产生过并且还在产生着误导作用。笔者退休以后仍不放弃继续探索,原因之一就是希望亲自纠正自己的错误。笔者是从传统和流行的观念中走过来的，所犯错误跟传统和流行的观念不无关系。在汉语语言学上，笔者曾是传统和流行观念的拥护者；在汉语教学上，笔者是一些流行观念的"始作俑者"。亲自纠正自己的错误，当然无法避免对传统和流行观念的批评。笔者反复强调，批评传统和流行观念，是在做自我批评，不针对他人。不针对他人不等于不涉及他人的观点，所以实际上还是要承受两难纠结的困扰。为了不辜负好友们的善意劝告，笔者在发表新观念的时候，总是小心翼翼，尽量避免锋芒毕露。至于能不能在理论上有新的发现，只能靠实践的检验。在汉语语言学上要看能不能更好地反映汉语的语言事实，在汉语教学上要看能不能取得更好的教学效果。理论上的新发现是逐渐积累、永无止境的，个人只能尽力而为，尽一份责任。

笔者自认为晚年的研究还是有一些进步的，自己最感欣慰的是揭示了汉语音节的双重身份。

1. 所谓汉语音节的双重身份，就是汉语音节既是语音单位，也是语言单位。作为语音单位的音节是语音音节，作为语言单位的音节是语言音节。这说明，汉语音节不同于英语等西方语言的音节，后者本质上是单纯的语音单位，而不是语言单位。

2. 语音音节是一种完形结构。完形结构就是形式固定的既不能添加什么也不能减少什么的完整的和自足的结构，发音一气呵成，中间没有任何停顿，声、韵、调融为一体，听起来就是一个音。这说明语音音节是原本性结构单位。"原本性"即原本如此，并非人为加工所致。原本性结构单位是语音表达和理解的基本单位，语音教学最好把音节作为整体来教。

3. 语言音节是音、义黏着的天然整体，可以进行意合和直接组合。意合就是意思相关的音节可以互相组合，直接组合就是组合时只有语序（字序、词序、句序）规则，没有形态变化规则。说汉语至少要说一个音节，大于音节的单位都是音节与音节的组合。这说明，语言音节是口头汉语的基本单位，口头汉语教学要以音节为基本教学单位。

4. 汉字是对语言音节的整体转写。所谓整体转写，就是把语言音节作为一个整体加以转写，而不是转写大于或小于音节的语音成分。因为是整体转写，汉字就具有语言音节所赋予的音和义，成为形、音、义单位。只有用既能表意又能表音的文字对语言音节加以整体转写,才能保证汉语视、听、说的一致性以及口头汉语基本单位和书面汉语基本单位的对应性。由此可以发现,汉语音节的双重身份是表意兼表音的方块汉字得以产生和发展的客观基础。写汉语至少要写一个汉字,这说明汉字是书面汉语的基本单位,与口头汉语的基本单位一一对应。

5. 汉语视、听、说的一致性以及口头汉语基本单位和书面汉语基本单位的对应性的特点,决定了可以用汉字教学系统引领汉语教学系统,实现口头汉语和书面汉语的一体化教学,使学生的口头汉语能力和书面汉语能力得到同步和快速发展。

6. 汉语音节的双重身份是汉语成为组合型语言的决定性因素。参透汉语音节的双重身份,是理解组合汉语和组合汉语教学的关键,是解开汉字与汉字教学、汉语和汉语教学之谜的一把钥匙。

本书所选论文有一半左右是在刊物或相关论文集中发表过的,其余多半是在不同场合讲演的讲稿,其中又多半在笔者的博客上发表过。收入本书时各篇论文多少有点儿文字上的修改,但为了如实反映笔者观念的发展过程,论文的内容基本保持原貌。因为时间跨度近 20 年,又发生了学术观点上的两次飞跃,所以不同阶段的论文在内容上有明显的落差,前面的观念被后面的观念否定的现象普遍存在。如果看过本书第一篇接着看最后一篇,恐怕很难相信是出自同一作者之手。部分术语也有多次修正。观点和术语的变化说明笔者的研究还在发展的过程中,因此一直在不断地批评自己。不断地批评自己不是"善变",而是在追求进步。这是学术研究应有的态度。跟其他事物一样,学术研究上的"变"是绝对的,"不变"是相对的。好在由于前期的积累,进入组合汉语研究以后,理论上似乎已趋于稳定,观念和术语上出现了"稳"多"变"少的现象,这也许就是新的阶段性特征的显现。

吕必松

2015 年 8 月 30 日

目　录

从"词本位"到"字本位"

从"字本位"到"组合汉语"

从"词本位"到"字本位"

汉语教学中的说话训练[*]

(1996.2)

一、重视说话训练是现代语言教学的特点

中国把汉语作为第二语言或外语进行教学虽然有悠久的历史,但是从古代文献资料中找不到对第二语言或外语教学进行系统研究的记载。中国现代第二语言或外语教学所使用的理论和方法,基本上都是首先从西方引进,在引进的同时加以改进和发展。西方的外语教学,最早主要是教授希腊语和拉丁语等古典语言。人们学习这些古典语言不是为了进行口头交际,而是为了阅读和翻译古典文献,或者仅仅是为了提高文化素养。针对这样的学习目的,语言教学主要是讲解语法,进行阅读和笔头翻译练习,以便培养学生的阅读理解能力和笔译能力。后来人们把这样的语言教学所使用的方法叫作"语法—翻译法"。这是最早产生广泛影响的一种语言教学法。

进入现代社会以来,人们学习第二语言或外语不但是为了阅读和笔译,而且也是为了进行口头交际。随着商品经济的发展和国际交往的日益频繁,用第二语言或外语进行口头交际的必要性显得更加突出,商业机构和政府部门都需要具有口头交际能力的外语人才。为了适应社会对外语人才的需要,早在 19 世纪末和 20 世纪初,以叶斯柏森(O. Jespersen)和帕尔默(H. E. Palmer)等人为代表的一批语言学家和语言教育专家就发起了一场针对"语法—翻译法"的外语教学法改革运动,主张把培养学生的口头交际能力作为外语教学的主要目的。在这场改革运动中,逐渐形成的一种外语教学法的特点之一是直接用目的语进行教学,所以人们把

---

* 本文系在法国汉语教师协会主办的国际汉语教学学术研讨会(1996 年 2 月,巴黎)上的发言。原载《法国首届国际汉语教学学术研讨会论文集》(boulevard de Sébastopol 75003 Paris,France,1997),又载笔者所著《语言教育与对外汉语教学》(外语教学与研究出版社,2005)。

这种新的教学法叫作"直接法"。(详见吕必松,1987)此后,第二语言和外语教学法不断发展,形成了各种不同的流派,但是没有一种语言教学法流派不重视说话训练。实际上,重视说话训练已成为现代语言教学的特点之一。没有或不重视说话训练的语言教学不能算作完备的现代语言教学。

说话训练不但是培养口头交际能力的需要,而且也是促进语言习得的一种有效手段。说话训练必须要求学生张口说话,可以表现为师生之间和同学之间的直接交际。学生张口说话不但要涉及词汇和语法,而且要涉及语音,随时都有可能出现语音、词汇、语法、语用等方面的错误,需要老师加以纠正和帮助他们进行反复练习。这种直接交际和反复练习有利于把语言知识转化为言语技能,使语言知识和言语技能得到巩固和内化。这正是语言习得必经的过程。

现在许多地方的第二语言或外语教学,特别是中小学的第二语言或外语教学,学生练习说话的机会很少,这就不符合现代语言教学的要求,也是教学效率和成功率较低的一个重要原因。

二、说话训练的目标

我们这里把"说话"作为"口头表达"的一种通俗的说法,所谓说话训练,实际上是指口头表达训练,说话训练的直接目的就是培养学生的口头表达能力。口头表达涉及的范围很广,不但包括学习、日常生活和一般社交活动中的口头表达,而且也包括会议和会谈中的口头表达,还包括讲课、讲演、广播、解说和学术讨论中的口头表达。这就是说,口头表达训练不但是为了培养学生在学习、日常生活和一般社交活动中的口头表达能力,而且也有义务根据需要培养学生在会议和会谈中的口头表达能力,以及培养他们在讲课、讲演、广播、解说和学术讨论中的口头表达能力。

不同的人学习第二语言或外语的目的不完全相同,交际范围和场合也不完全相同。第二语言或外语教学不可能针对每一个学习者的职业,以及由此决定的交际范围和交际场合,确定具体的教学目的和目标。上面虽然提到了讲课、讲演、广播、解说和学术讨论等方面的能力,但是这并不是说要把这些都列为具体的教学目的,而只是提出一种语言能力的标志,说明第二语言或外语学习者只有具备这些能力,才算达到了口头表达的熟练程度;也只有使学习者达到这样的熟练程度,才算完成了说话训练的全过程，达到了说话训练的最终目标。

上面对口头表达的范围和口头表达熟练程度的界定，是出于对说话训练全过程和说话训练最终目标的思考。虽然并不是所有的第二语言或外语学习者都要求达到上面所说的口头表达的那种熟练程度，实际上多数人只需要或者只能达到某一阶段的要求，但是我们不能因此就放弃对说话训练全过程和最终目标的研究，因为如果不研究全过程和最终目标，也就无法了解过程的阶段性和阶段性目标。

三、说话训练的内容

我们用"说话"而不用"口语"代表口头表达，是因为"口语"往往与"书面语"相对，是一种语体概念；而"说话"所使用的语言并不限于"口语"，我们把它叫作"口头语言"，与"书面语言"相对。这是一种语用概念，跟语体无关。书面上也常常出现"口语体"语言，写在书面上的"口语体"语言也可以算作"书面语言"，但不是"书面语"；在某些场合说话，也使用"书面语体"语言，更多的是带有"书面语体"语言成分，这时所使用的"书面语"或"书面语成分"，是以口头形式出现的，所以也可以叫作"口头语言"，但不是"口语"。

我们主张把"口语"和"口头语言"区分开来，是为了全面理解说话训练的内容。就其全过程来说，说话训练的内容是"口头语言"，而不仅仅是"日常生活用语"和"口语体"语言，因为要全面培养和提高学生的口头表达能力，使其达到上面所说的那种熟练程度，教学内容就不能局限于"日常生活用语"和"口语体"语言。

因为说话训练的内容既要包括"口语体"语言，也要包括"书面语体"语言，所以说话训练也就是对于语音①、词汇、语法和语用的全面训练，其中也包括相关文化因素的教学，特别是隐含在词汇和语用中的文化因素的教学。这些内容跟听、读、写训练的内容既有互相重叠的部分，也有不相重叠或者需要更加突出的部分。不相重叠或者需要更加突出的部分主要包括：对音调的掌握；对口语词汇和语法的掌

---

① 本文和本书的多篇文章，都把语音跟词汇、语法等相并列，这是不够严谨的。笔者在长期的研究生涯中，对传统和流行语言学中的各种概念，多半也是人云亦云，把语音跟词汇、语法等相并列，就是一例。后来笔者才发现，语音实际上是黏着于字、词、句的，不是跟词汇、语法等平行的要素。虽然可以把语音学作为专门的学科进行研究，但是在语言教学中，把语音教学融入字法、词法和句法的教学更为合理。（详见吕必松，2012，第 11 页）（作者补注）

握;对口头交际中的语用因素的掌握。这些都是说话训练在内容方面的特殊性。比这更重要的是学习规律的特殊性,即学习说话与学习听、读、写的心理过程和生理过程不完全相同。任何一种教学的教学方法都是由教学内容和学习规律决定的,说话训练内容的特殊性和说话学习规律的特殊性决定了说话训练必须采用特定的方法,包括语音训练的方法、连词造句训练的方法、成段表达训练的方法等。

四、说话训练的系统化和专门化问题

通过上面的讨论,我们可以很自然地得出这样的结论:说话训练必须有自己专门的系统。我们研究语言教学,就是为了提高语言教学的效率和成功率。我们认为,只有实现说话训练的系统化和专门化,才能提高说话训练的效率和成功率。

20世纪70年代以前,中国的对外汉语教学只是在初级阶段开设一门"口语"课,以会话体为主进行学习用语和日常生活用语的教学。因为这种"口语"课的教学内容只限于学习用语和日常生活用语,所以周课时很少,在整个课程体系中处于极其次要的地位。这样的课程设计显然不能满足说话训练的需要,大大影响了学生口头表达能力的提高。20世纪80年代以来,专门的口头表达训练逐渐受到重视,有些学校开设了"中级口语""高级口语"或类似的课型。有些口语教材,特别是"视听说"和"热门话题"一类的教材,教学内容也突破了学习用语和日常生活用语的范围。但是迄今为止,学界对口头表达训练的性质和任务还缺乏统一的认识,还没有形成口头表达训练的明确目标和完整体系。"口语"一般还是被理解为日常生活用语和与书面语相对的一种"语体",因此,所谓口语教学,还常常被理解为日常生活用语教学和口语体语言教学。例如,有些口语教材过分突出"口语体"语言,甚至把北京方言土语作为教学的主要内容。

以上事实说明,至少从中国对外汉语教学的情况看,讨论说话训练的系统化和专门化问题是完全必要的。

我们认为,说话训练系统至少要包括下列内容:

(1) 根据汉语教学的总目标所确定的说话训练的最终目标;

(2) 根据汉语教学的总目标和说话训练的目标所排定的说话训练在各项技能训练中的位置;

(3) 根据说话训练的目的和目标,以及说话训练跟其他言语技能训练的纵横

关系,精心选择的教学内容;

　　(4) 根据教学内容和语言学习规律科学划分的教学阶段和阶段性教学目标;

　　(5) 根据由浅入深、循序渐进的原则和说话训练跟其他言语技能训练的纵横关系,对教学内容的精心编排;

　　(6) 根据教学内容和学习规律所选择或创造的教学方法;

　　(7) 根据以上各点编写的专门教材;

　　(8) 口头表达能力的测量手段。

五、说话训练的系统化和专门化的课型体现

　　要实现说话训练的专门化,就必须开设说话训练的专门课型。

　　是不是应当根据不同言语技能训练的需要开设专门的课型,以及怎样划分课型,人们还有不同的看法。原因是,在语言学习和教学的过程中,不同言语技能之间存在相辅相成的连带关系,其中听和说的关系更为密切,读和写的关系更为密切。因此,从总体上说,在教学上不应当人为地把不同言语技能的训练截然分开,特别是不应当把听和说的训练截然分开,也不应当把读和写的训练截然分开。这就是不赞成按言语技能划分课型的主要理由。其实,从言语技能训练的角度说,各项言语技能训练之间相辅相成的连带关系,主要表现为在训练某一项言语技能时,需要借助于其他言语技能,同时使其他言语技能在应用中得到巩固和提高。例如,说话训练离不开听的活动,有时甚至还要借助于读和写,但是这里的听、读、写只是组织教学的一种手段,说话训练才是目的。尽管如此,既然成为说话训练的手段,听、读、写的能力也必然会因此而得到巩固和提高。同样,听的训练往往也要借助于说、读、写,这时听的训练是目的,说、读、写的活动都是手段。这种情况正好说明,按照专项言语技能训练的要求划分课型,并不会破坏言语技能训练之间的相辅相成的连带关系。

　　具有第二语言或外语教学经验的教师都能体会到,即使在全面训练各项言语技能的综合课上,也不是同时训练几项不同的言语技能,而是要不断变换教学环节,从专门训练某一项言语技能变换为专门训练另一项言语技能;当专门训练某一项言语技能时,其他言语技能就成了组织教学的一种手段。这种综合课教学的主要问题是,言语技能训练的系统性和连贯性常常会遭到破坏,备课和组织教学的难度也较大。

　　在周课时较少的地方,不可能开设多种课型,即使需要全面培养听、说、读、写

的能力,也只能开设一两种课型,甚至只能开设一门综合课。在这种情况下,也要充分考虑专项言语技能训练的系统化问题。这需要对教材编写提出更高的要求,就是在综合课教材中,要分别体现每一项言语技能训练的目标、内容和方法。

本文讨论的是说话训练,重点是说话训练的系统性和专门化问题。其他言语技能的训练也有一个系统性和专门化问题,这里不专门讨论。

汉语教学中技能训练的系统性问题[*]

（1996.8）

一、关于知识传授和技能训练

不同语言的教学，包括第一语言教学和第二语言教学，既有不同的规律，也有共同的规律。语言教学研究的任务之一，就是通过比较，揭示各种语言教学的不同规律和共同规律。

语言教学的共同规律之一，就是教学内容都要包括知识和技能两个方面，这是语言教学与某些人文科学教学的重要区别之一。这里所说的知识，是指语言知识、语用知识以及跟语言和语用相关的文化知识。语言知识又包括语音、词汇、语法和文字等语言要素，（我们把文字也列为语言要素，是因为这里所说的语言既包括口头语言，也包括书面语言，而书面语言却离不开文字。如果说语音是口头语言的物质外壳，那么文字就是书面语言的物质外壳）以及关于语言和语言要素的理论知识。技能则是指听、说、读、写等言语技能和相应的言语交际技能。

语言教学要包括知识和技能两个方面的内容，是由语言和语言交际的特点所决定的：语言（包括口头语言和书面语言）由语音、词汇、语法和文字等语言要素组成；语言交际要通过听、说、读、写等方式进行，同时必须遵守一定的语用规则；语言和语言交际中都包容着一定的文化因素。人们学习一种语言是为了用这种语言进行交际——包括口头交际和书面交际，而要用语言进行交际，就必须运用语言知识、语用知识和相关的文化知识，也必须运用言语技能和相应的言语交际技能。

语言知识、语用知识和文化知识是一种客观存在，不会因为任何个人是否存在

---

* 本文是在第五届国际汉语教学讨论会（1996 年 8 月，北京）上的发言稿。原载《第五届国际汉语教学讨论会论文选》（北京大学出版社，1997），又载笔者所著《语言教育与对外汉语教学》（外语教学与研究出版社，2005）。二级标题是收入本书时新加的。

而受到影响;言语技能和言语交际技能则总是跟具体的人联系在一起,是指具体人的技能,离开了具体的人,就无法表现这样的技能。对于客观存在的语言知识、语用知识和文化知识,教学方式主要是传授;而对于个人技能的言语技能和言语交际技能,教学方式必须是训练。要让学生学习一个词语,就必须向他们介绍这个词语的发音和意思;要让学生学习一个句子,除了必须向他们介绍有关词语的发音和意思以外,还要告诉他们有关词语的词序和整个句子所表达的意思;要让学生学会运用相关的词语或话语进行交际,还必须向他们介绍这些词语或话语适用的语境,即适用的交际对象、交际目的和交际场合等。这些都属于知识传授。要使学生学会发音和说话,学会用所学的词语和话语进行得体的交际,就必须帮助他们练习说和写,并且要帮助他们纠正在练习中出现的语音、词汇、语法、文字、语用等方面的错误,指导他们进行反复操练,直至真正掌握。这些就属于技能训练。当然,传授知识和训练技能都可以采用不同的方法和技巧。

所谓语言教学,实际上就是通过适当的方式、方法和技巧,把客观存在的语言知识、语用知识和相关的文化知识转化为学习者个人的言语技能和言语交际技能。语言教学研究面临大量复杂的问题,其中最核心的问题就是研究怎样更加有效地帮助学生完成从知识向技能的转化。具体地说,就是研究怎样进行语言知识、语用知识和相关文化知识的教学,怎样进行言语技能和言语交际技能的训练,怎样处理知识传授和技能训练这两者之间的关系。

就对外汉语教学而言,迄今为止,处理知识传授与技能训练的关系的主要方式可以归结为两类:一类是根据语言知识的难易程度,按照由浅入深的原则编排教学内容的先后顺序,围绕有关知识的传授进行技能训练。我们可以把这类方式叫作以知识传授为中心。另一类不是围绕知识传授进行技能训练,而是围绕技能训练进行知识传授,但是也不忽视语言知识的难易程度和由浅入深的原则。我们可以把这种方式叫作以技能训练为中心。以技能训练为中心,就意味着知识传授以技能训练为导向,为技能训练服务。

以知识传授为中心和以技能训练为中心,代表两种不同的教学路子。我国对外汉语教学在过去相当长的一个时期内,基本上是采用以知识传授为中心的教学路子。编写教材时,一般是首先决定语言点和文化点的选择和编排,编写和选择课文的主要标准是语言点和文化点的难易程度以及词语的常用程度,大部分课本中技能训练的要求不很明确;在课堂教学中,有些教师的兴趣在传授知识,教学经验丰富、重视技能训练的教师也只能围绕教材提供的语言知识进行技能训练。虽然也开设"听力""口语""阅读"和"写作"等专项技能训练的课型，但是一般周课时很少，专项技能训练的特点也不够明显。言语交际技能训练更是被普遍忽视。这些都是以知识传授为中心的体现。随着对外汉语教学研究的不断发展，也由于受到欧洲"功能法"的影响，20世纪70年代末、80年代初以来，尤其是最近几年来，对外汉语教学的情况发生了明显的变化：专项技能训练的课型越来越受到重视，专项技能训练的教材大量出现，并注意使用专门的训练手段、方法和技巧；有些教材采用了以"功能项目"或"话题"为中心的编写路子，注意突出言语技能和言语交际技能的练习，结合语用规则和文化因素教学的自觉性也有所提高。《汉语高级口语——话题交际》的作者提出了"话题交际法"的概念，指出该书就是根据"话题交际法"编写的，编写方法是"从话题入手编排全书的教学内容，围绕交际所需要的语言点安排每课的内容；侧重从语用的角度解释语言现象，从实际交际的角度设计练习；以大量交际或模拟交际活动为主要手段，达到实际掌握高级口头交际能力的目的"。（章纪孝，1994）《速成汉语初级教程·综合课本》的作者也著文介绍了该书的编写路子："以话题为中心，以语法、功能为暗线，以全方位的练习为主体。"该书还根据"练习为技能训练服务"的思想设计了"一条龙练习法"，这种练习法虽然也突出语言要素的练习，但是并不到此为止。"学生按照教材设计的练习一项一项地完成，不但能够完全掌握当课的言语要素，而且能够在规定的场景中进行交际，提高言语技能和言语交际技能。"（郭志良、杨惠元、高彦德，1995）上述情况反映了我国对外汉语教学中出现的一种新的趋势，即试图改变以知识传授为中心的教学路子，努力探索以技能训练为中心的教学路子。

　　对于上述两种不同的教学路子，本文并没有褒此贬彼的意图。以知识传授为中心的教学路子还在发展的过程中，上面指出的那些缺点，未必是这种教学路子本身所固有，如果能在原有的基础上，更自觉地结合语用规则以及跟语言和语用相关的文化因素进行教学，加强言语技能和言语交际技能的训练，未尝不能取得更好的教学效果。以技能训练为中心的教学路子还处于探索阶段，虽然已表现出明显的优点，但其教学效果和生命力还有待于教学实践的进一步检验。这两种不同的教学路子也许各有自己适用的对象，或者可以互相补充，即在设计课程时，可以规定有的课型采用以知识传授为中心的路子，有的课型采用以技能训练为中心的路子。这两种教学路子都面临着一些有待于进一步研究解决的共同问题，例如，如何处理知识传授和技能训练的关系,如何处理语言知识、语用知识和文化知识教学的关系,如何处理不同技能训练之间的关系等。至于技能训练的系统性问题,更是所有的语言教学都面临的共同问题。

二、为什么要研究技能训练的系统性问题

任何一门学科都必须有自己的科学系统,语言教学也不能例外。因为语言教学既要传授知识,又要训练技能,所以它实际上存在两种系统,即知识传授系统和技能训练系统。因此,语言教学无论采用哪一种教学路子,都必须建立起自己的知识传授系统和技能训练系统,并努力使这两种系统达到和谐兼容。我国对外汉语教学由于长期采用以知识传授为中心的教学路子,所以过去关于教学系统的研究也偏重于知识传授系统,包括语言点和文化点的统计、选择和解释,以及先后顺序的编排等。对技能训练虽然也进行了大量的研究,但是我国的对外汉语教学普遍忽视了技能训练的系统性问题,因此也忽视了从建立技能训练系统的角度开展研究。本文提出技能训练的系统性问题,就是为了引起研究者和广大教师对这个问题的重视。随着电脑和多媒体技术在语言教学中应用的发展,已经有可能把按照不同的教学路子编写的各种材料组合在同一套光盘或若干张磁盘上,供学习者根据自己的需要和兴趣从菜单中自由选择。这就更需要加强对知识传授系统和技能训练系统的研究。由于技能训练的系统性问题是刚刚提出来的新课题,尤其需要加强研究。

三、研究技能训练系统要涉及的几个问题

笔者认为,研究技能训练系统至少要涉及下列问题:

3.1 如何处理各项言语技能训练之间的关系

3.1.1 是全面训练各项言语技能,还是重点训练某一项或某几项言语技能?这属于教学要求方面的问题。

笼统地说,语言教学是为了全面培养学生的言语技能和言语交际技能。但是语言教学又必须根据学生的学习目的和学习要求来规定具体的教学要求。人们学

习语言的目的和要求并不完全相同,有的要求全面掌握听、说、读、写各项言语技能,有的只要求重点掌握其中的某一项或某几项技能。因此,是对各项言语技能进行全面训练,还是对某一项或某几项技能进行重点训练,应当根据学生的学习目的和学习要求来决定。也就是说,如果学生要求全面掌握各项言语技能,就必须对各项技能进行全面训练;如果只要求掌握某一项或某几项技能,就应当侧重训练这一项或这几项技能;如果同一个班的学生学习的目的和要求不完全相同,就只能根据多数学生的共同要求来决定。

3.1.2 如果要全面训练各项言语技能,还必须进一步确定:是对各项技能进行综合训练,还是分别对不同的技能进行专项训练? 或者,是不是既进行综合训练,又进行专项技能训练? 这属于教学方法方面的问题。

所谓综合训练,就是开设一门综合课,通过这门综合课进行全面的语言知识、语用知识和文化知识的教学,进行全面的各项言语技能和言语交际技能的训练。所谓专项训练,就是开设若干专项技能课,例如口语(说话)、听力、阅读、写作(写话)、听说、读写、视听说等,分别对某一项或某几项技能进行专门训练。

关于是否有必要和有可能分别对不同的技能进行专项训练,以及综合训练和专项训练的利弊得失,我国对外汉语教学界已进行了长期的讨论和争论,也进行过多种不同方法的实验,但是至今还没有取得一致的认识。(钟梫,1965;吕必松,1990a)过去主要是采用综合训练的方法,现在较为流行综合训练和专项技能训练相结合的方法,即既开设综合课,也开设专项技能课。

3.1.3 如果要训练两项以上的言语技能,不同技能的训练是齐头并进,还是按照一定的顺序有先有后地进行? 这也是教学方法方面的问题。

所谓齐头并进,就是一开始就同时进行听、说、读、写的训练,可以只开设一门综合课,使用一种综合课本。即使开设不同的课型和使用不同的课本,这些不同的课型也是同时开设,相应的课本中的语音、语法、词汇和汉字等也基本相同或大部分相同。所谓有先有后地进行,就是先训练一两项技能,到了一定的阶段,再开始训练其他技能。

如果采用综合训练的方法,对不同技能的训练只能齐头并进;如果采用专项训练的方法,对不同技能的训练则可以齐头并进,也可以有先有后地进行。

人们学习第一语言,学习和习得的顺序是听→说→读→写,每两项技能的习得,中间还要间隔一定的时间。"听说法"根据第一语言习得的规律,主张第二语言教学也严格按照这样的顺序进行技能训练。后来"听说法"受到来自不同方面的批评,其中就包括对这种顺序排列的批评。我国对外汉语教学一开始就是以综合训练为主,所以一直采用"语文一体"和四项技能训练齐头并进的方法,虽然有一些争论和不同做法的实验,但是"语文一体"和四项技能训练齐头并进的方法至今仍是主流。胡明扬先生(1993)指出:"目前流行的第二语言教学方法大都要求'输入'和'输出'同步,要求'输出'等于'输入'或'输出'大于'输入',也就是说要求'学了就用,学了就会'。就有限的目标,有限的学习时间而言,这种方法是可取的,因为不这么学恐怕就什么也学不到。但是就常规的学习而言,这种直接违反一般学习理论和原则的做法是很难取得良好的效果的。"胡先生的意见值得重视。要取得更好的教学效果,也许应采用"输入"不但要先于"输出"而且要大于"输出"的方法。因为就语言习得规律而言,听和读(输入)的习得总是先于说和写(输出)的习得,因此听和读的训练应当先于说和写的训练;就语言交际的需要而言,听和读的能力必须大于说和写的能力,因此用于听、读练习的材料要多于用于说、写练习的材料。汉语教学更有其特殊性,因为汉字是一种特殊的文字,被普遍认为难认、难写、难记。人们觉得汉字难,有一定程度的误解,造成误解的原因之一是汉字教学不得法,主要表现为没有处理好"字"和"词"的关系,没有按照汉字自身的规律进行汉字教学。这两个方面的问题同时存在必然会使学生对汉语和汉字感到费解和困惑,尤其是在初级阶段。这种状况跟"语文一体"和四项技能训练齐头并进的教学方法有密切的关系。

3.2 如何处理言语技能训练与言语交际技能训练的关系

3.2.1 两种技能训练。社会语言学和语用学的研究都告诉我们,人们用语言进行交际不但要讲究言语的正确性,而且要讲究言语的得体性。我们这里所说的言语的正确性,是指言语受语言规则的控制,表达时语音、语法和词语都正确无误;言语的得体性则是指言语除了受语言规则的控制以外,还受语用规则的规约,表达的内容和方式与语境相一致,符合交际双方的身份,符合交际目的和交际场合的需要。语音、语法和词语都正确无误的话语不一定得体,如果不得体,同样会影响交际效果。要做到言语得体,就必须根据交际对象、交际目的和交际场合的特点,对语体、语音形式、词语、句式和应对方式等进行正确的选择。这种进行正确选择的技能就是言语交际技能。言语交际技能不是通过言语技能的训练就能自动获得的,而是必须结合语用规则的教学进行专门的训练才能获得,第二语言学习者大量的语用偏误都证明了这一点。因此,为了使学生学会用正确的言语形式进行得体的交际,语言教学就必须同时进行两种技能——言语技能和言语交际技能——的训练。

3.2.2 言语技能训练是基础。既然言语交际技能就是根据交际对象、交际目的和交际场合的特点对语体、语音形式、词语、句式和应对方式等进行正确选择的技能,那么言语交际技能训练就必须在言语技能训练的基础上进行,因为如果不掌握言语技能,就无法进行选择,也就不能形成言语交际技能。我们指出专门进行言语交际技能训练的必要性,是为了强调说明:语言教学不但要让学生掌握所学的言语现象本身,而且要让他们知道这种言语现象在什么情况下使用,也就是要让他们知道在什么场合对什么人应当用什么方式说什么话;而不是认为言语交际技能训练可以脱离言语技能训练而孤立地进行。语言教学中的技能训练要防止两种片面性:一是以为只要掌握了言语技能,自然就能用这种语言进行交际,因此不重视言语交际技能的训练;二是看不到言语技能对言语交际技能的基础作用,因此不重视言语技能基本功的训练。我们指出进行言语交际技能训练的必要性,同时指出言语交际技能训练必须以言语技能训练为基础,就是为了防止这两种片面性。

3.2.3 两种技能训练有机结合。在教材编写和课堂教学中,我们应当自觉地把言语技能训练和言语交际技能训练有机地结合起来,组成一个完整的训练系统。两种技能训练结合的方式可以多种多样,例如:教师在教授某种表达方式时,可以由言语技能训练直接延伸到言语交际技能训练;也可以把学过的不同的表达方式按语用项目归类,进行对比练习;还可以把两种技能融合起来进行操练。(详见吕必松,1996b)

3.3 技能训练的最终目标、阶段性目标和教学阶段的划分

无论进行哪一个门类或哪一个语种的语言教学,都必须规定教学目标,即规定培养学生具备什么样的知识结构和能力结构,具备什么样的语言能力和语言交际能力,能够用所学的语言从事什么样的工作,可以在什么样的范围内进行交际活动等。

3.3.1 最终目标和阶段性目标。学会一种第二语言需要经过一个过程。从教学的角度说,这个过程也就是教学的全过程,这个教学全过程的教学目标就是语言

教学的最终目标。语言习得有一定的阶段性,语言教学需要划分学年和学期,所以无论是就语言习得规律而言,还是就教学特点而言,都需要把教学全过程划分为若干个教学阶段,每一个阶段的教学目标就是语言教学的阶段性目标。语言教学既要规定教学全过程的教学目标,即最终目标,也要规定每一个阶段的教学目标,即阶段性目标。

第二语言教学的最终目标应当是帮助学生熟练掌握所学的语言,达到接近于操这种语言的本族人的水平,至少要能够比较自由地用目的语思维,能够比较顺利地听懂电台的标准语广播,能够读懂内容不超过本人知识范围的书刊资料,也能比较顺利地进行口笔头表达。这一标准也许可以作为语言专业本科生的培养目标。当然,由于人们学习第二语言的目的和条件不完全相同,并不是所有的第二语言学习者都要求达到这样的水平,实际上多数人也达不到这样的水平。但是我们决不能因此而放弃对教学全过程和最终目标的研究,因为如果不研究全过程和最终目标,也就无法了解教学过程的阶段性和阶段性目标。

3.3.2 教学阶段的划分和阶段性目标的界定。我们可以从不同的角度划分教学阶段。例如:

(1) 根据语言习得规律划分,即根据语言习得的阶段性划分教学阶段。无论是学习第一语言,还是学习第二语言,一定的语言现象只能在一定的阶段习得。因此,把语言习得的阶段作为教学阶段,是一种客观和科学的划分教学阶段的方法。但是,因为我们至今对汉语习得的阶段性还缺少全面的研究,所以现阶段还无法根据汉语习得的阶段性来划分汉语教学阶段。

(2) 根据教学时限划分,即分为学年、学期、周数等。这样划分出来的教学阶段跟建立技能训练系统没有直接的关系,因为不同的教学单位一学年和一学期的教学周数不一定相同,一周的周课时也不一定相同,同样课时内的教学效果更不一定相同,所以不可能形成教学时限与技能标准的统一的对应关系。此外,操不同母语的学生达到某一项技能的同样的水平,所需的时间也不一定相同。例如,在读、写能力方面达到同样的水平,日本学生所需的时间比以英、法等语言为第一语言的学生所需的时间会少得多。

(3) 根据技能程度划分,即把言语技能和言语交际技能的不同程度作为划分教学阶段的标准。这样划分教学阶段,虽然同根据教学时限划分一样,具有一定的主观性,但是这种方法在现阶段具有现实性和可操作性,并且比较适合以技能训练为中心的教学路子。

把言语技能和言语交际技能的不同程度作为划分教学阶段的标准,就是首先根据语言交际的特点界定言语技能和言语交际技能的水平等级,一个水平等级就是一种程度的标准,这个标准也就是一个教学阶段的阶段性教学目标。

我国对外汉语教学现在比较流行的做法是把交际能力分为初、中、高 3 个等级,每一个等级又分为若干个下位等级。例如,《汉语水平等级标准和等级大纲》(试行)(中国对外汉语教学学会汉语水平等级标准研究小组,1988)把汉语交际能力分为 5 个等级(该大纲只完成了前 3 个等级标准的制订),其中二、三级"大体上相当于中国对外汉语教学的初级阶段(一年级)和中级阶段(二年级)"。(李景蕙,1988)初、中等汉语水平考试[HSK(初、中等)]把汉语水平分为 8 个等级,其中 1—5 级为初等,大体上相当于一年级结业的水平,6—8 级为中等,大体上相当于二年级结业的水平。(刘英林、郭树军、王志芳,1988)高等汉语水平考试[HSK(高等)]大体上相当于三、四年级结业的水平。(刘镰力,1995)这里的"年级"实际上是指原北京语言学院二系(现代汉语专业)的年级。

上述等级大纲并不是典型的技能训练大纲,因为其中虽然包括关于语言交际能力的描写,但是大纲的具体内容主要是词汇和语法项目,所以更接近词汇、语法大纲。

由于世界各地汉语教学的具体情况不完全相同,很有必要制订出一种具有一定的弹性,因此实用性更强的区分初、中、高 3 个等级的标准。笔者(吕必松,1993b)曾对这 3 个等级做过如下描写:

初级——掌握日常生活用语和浅显的社交用语;初步学会基本语法,有一定的语用知识。

中级——能听懂电台的新闻广播,能在日常生活和社会生活中比较自由地进行口头表达,能看懂报纸新闻,能担任初级翻译(即日常生活和一般社交活动方面的翻译);具有自学能力;基本上掌握了各种复杂的语法现象和一般的语用规则。

高级——能自由地进行口头表达,能比较顺利地阅读内容不超出本人知识范围的书刊,能担任中级翻译(即能够担任除了重要高级会谈的口译和重要文件的笔译以外的口笔译工作);语言过关(例如能够比较自由地运用目的语思维,数年不用也不会完全忘记);除了掌握语法和语用规则以外,还有一定的修辞知识。

从建立技能训练系统的角度看,上述标准仍嫌过于笼统。

3.4 技能训练大纲

要建立技能训练系统,就必须首先制订技能训练大纲。这是建立技能训练系统的关键。技能训练大纲至少要包括下列内容:

(1) 教学对象的学习目的、交际范围、交际场合和交际对象。

(2) 由(1)决定的技能训练的总目标、列入大纲的每一项技能教学阶段的划分和每一个教学阶段的阶段性训练目标。

(3) 对有关技能的准确性和速度的分阶段描写和说明。

(4) 每一项技能训练在每一个阶段要涉及的主要内容,包括:

　　① 交际范围;

　　② 交际场合;

　　③ 交际对象;

　　④ 话题范围和语用项目;

　　⑤ 语言知识、语用知识和相关文化知识的范围和具体项目。

需要特别说明的是,上述内容必须按照不同的技能和每一项技能的不同的等级,分别加以限定。具体办法如表1所示。

表1　语言技能训练等级表

等级	初级	中级	高级
听			
说			
读			
写			

要求按照不同的技能和每一项技能的不同的等级对有关内容分别加以限定,是因为同一项技能的训练在不同的阶段所要涉及的具体内容不同,不同技能的训练在相应的阶段所要涉及的内容也不完全相同。听、说训练中需要对发音、声调、

语调等进行专门的训练,其中听的训练主要是要求识别,其他技能的训练就不需要包括这些内容。读的训练主要是要求读懂书面语体,包括新闻语体、政论语体、文学语体等。说的训练在初级阶段应以口语体为主。写的训练在初级阶段主要是写字和写话,中高级阶段主要是写应用文,不必要求学生会用各种语体进行写作。到了中高级阶段,听的训练不但要求学生能听懂标准的普通话,而且应要求他们能听懂方言区的人所说的不太标准的普通话,说的训练就可以只要求会说标准普通话。听和读都需要一些特殊的技巧,包括抓关键和跳障碍的技巧,阅读还有速读技巧,这些技巧都必须经过专门的训练才能获得,而说和写的训练就不需要包括这些方面的内容。

对外汉语教学中现有的词汇和语法大纲,词汇和语法项目只按等级切分,对各项技能所要涉的教学内容不加区分。技能训练大纲要求对不同的技能分别限定有关的内容,这是技能训练大纲与纯粹的词汇、语法大纲的根本区别之一,也是技能训练大纲的特点之一。按照这种方法制订出来的大纲,不同技能下所列的词汇和语法项目必然会有大量的重复,这种重复虽然会增加大纲的篇幅,但是对编写专项技能教材来说是完全必要的。

制订汉语教学的技能训练大纲对汉语研究提出了新的要求。除了已经有一定研究基础的项目需要进一步深化以外,更需要开展关于语境、话题和语用项目的研究,因为这些都是技能训练大纲不可缺少的内容,也是编写各类新教材所不可缺少的内容。

以上是笔者对技能训练系统的初步认识。这些认识不一定正确,更谈不上全面,只是希望以此来推动这一领域的深入研究,纯属抛砖引玉性质。

汉字教学与汉语教学[*]

（1998.2）

一、引言

我们这次会议的主题是汉字教学。在汉语教学中，汉字教学既是一个具体问题，也是一个全局性的问题。说它是一个全局性的问题，是因为汉字教学直接关系整个汉语教学的路子。一种语言的教学采用什么样的教学路子，要根据这种语言及其文字的特点来决定。汉字有自己的特点，不同于拼音文字；汉字与汉语的关系也有自己的特点，不同于拼音文字与其所属语言的关系。因此，汉语教学路子应当有别于拼音文字语言的教学路子。

长期以来，我们的对外汉语教学所采用的教学路子，基本上是印欧语系语言教学的路子。现在仍然占主流地位的对外汉语教学路子的特点是：不严格区分口语体语言和书面语体语言；按照"语文一体，语文同步"的模式组织教学内容和进行技能训练；把"词"和"句子"作为教学内容的基本单位；把汉字排除在语言要素之外，使其成为词汇的附属品；追求教学方法的唯一性，或主张听说法，或主张功能法，或主张结构—功能法或功能—结构法；等等。这样的教学路子是否反映了汉字和汉语的特点，值得反思。有经验的汉语教师都有这样的体会：我们没有向学生系统介绍口语体语言和书面语体语言的区别，致使学生语体转换和书面表达能力普遍滞后；我们也没有按照汉字本身的特点和规律进行汉字教学，这正是造成"汉字难学"的主要原因；我们更没有充分利用汉字和汉语某些易于理解和记忆的特点，致使教学事倍功半。之所以存在这些问题，从根本上说，就是因为我们采用的基本上是印

　　* 本文系根据1998年2月6日在巴黎举行的法国第二届国际汉语教学学术研讨会上的发言稿改写，原载笔者主编《汉字与汉字教学研究论文选》（北京大学出版社，1999），又见笔者所著《语言教育与对外汉语教学》（外语教学与研究出版社，2005）。

欧语系语言教学的路子,至今还没有找到一条符合汉字和汉语特点的教学路子。因此,努力探索新的教学路子,是提高汉语教学效率的当务之急。

法国白乐桑先生(1996)认为:"无论在语言学和教学理论方面,还是在教材的编写原则和课程设置方面,不承认中国文字的特殊性,以及不正确地处理中国文字和语言所特有的关系,正是汉语教学危机的根源。"这是很有见地的论述。充分认识汉字的特殊性以及汉字与汉语的关系的特殊性,是寻求新的教学路子的关键。基于这样的认识,我今天的发言就把汉字教学作为讨论的切入点,着重探讨汉字教学与汉语教学的关系,并根据对汉字和汉语特点的认识,探讨改革现有教学路子的必要性和可能性。

二、汉字教学是汉语教学的组成部分

我们进行汉语教学,是为了让学生学会用汉语进行交际,包括进行口头交际和书面交际。大家都知道,进行口头交际要使用口头语言,进行书面交际要使用书面语言。我们通常所说的汉语教学,既包括汉语口头语言的教学,也包括汉语书面语言的教学。汉字是汉语书面语言的物质外壳,进行汉语书面语言的教学,当然就包括进行汉字教学。由此可见,汉字教学是汉语教学不可缺少的组成部分。[①]

以上是就一般情况而言。汉语教学中也有这样的特殊情况:有些人学习汉语,只求掌握汉语的口头语言,不求掌握书面语言。对于这样的特殊情况,我们只能进行特殊处理,例如可以专门使用纯拼音课本。实际上,一点儿汉字都不想学的实属个别。从总体上说,只要进行汉语教学,就必须进行汉字教学。

强调汉字教学是汉语教学的一个组成部分,是为了指出:

(1)我们研究汉语教学,不能不研究汉字和汉字教学。指出这一点是完全必要的,因为在过去相当长的一个时期内,由于把汉字仅仅看成词汇的附属品,我们对汉字教学的重视不够,至少可以说,没有像重视语音教学研究、语法教学研究那样去重视汉字教学研究。近年来对汉字教学的研究虽然有所加强,但是对汉字教学滞后状况的认识程度和进行汉字教学改革的紧迫感仍然比不上某些国外同行。

---

　　① 本文和其他文章中所说的"汉语口头语言"和"汉语书面语言"后来一律简化为"口头汉语"和"书面汉语"。(作者补注)

（2）我们研究汉字教学，必须从汉语教学的整体出发，不能脱离汉语教学这个整体而孤立地研究汉字教学。所谓从汉语教学的整体出发，就是要从如何加快培养学生的汉语交际能力，尤其是书面语言交际能力这一全局出发，把汉字和汉字教学研究的成果吸收到包括课程设计在内的总体设计和教材编写中来，并落实到课堂教学中去。指出这一点也是完全必要的，因为我们现有的汉字教学研究，多半属于微观研究和基础研究，也就是说，主要是研究汉字本身的教学，着眼点又往往是作为书写符号的形体及其教学。这样的研究当然是必要的，但是这不是汉字教学研究的全部内容。汉字不是游离于汉语之外的特殊图形，因此，我们必须首先弄清汉字与汉语的关系，在此基础上，揭示汉字教学与汉语教学的互相依存和互相促进的作用。这样的研究成果可以从宏观上指导教学实践，帮助我们正确处理汉字与汉语的关系，按照它们的内在规律把汉字教学与汉语教学有机地结合起来。也只有把汉字教学与汉语教学有机地结合起来，汉字教学才有意义，才能取得更好的综合效果。

（3）汉语书面语言离不开汉字，但是汉字不等于汉语书面语言，决不能把这两个不同的概念混淆起来。学习汉字是为了学习汉语书面语言，但是学好了汉字不等于就学好了汉语书面语言；反过来说，没有学好汉语书面语言，也不一定是由于没有学好汉字。指出这一点是为了说明：汉语书面语言的教学也是一个需要专门研究的问题，汉字教学研究不能代替汉语书面语言教学的研究；不能把汉语书面语言教学方面存在的问题都归结为汉字教学问题，更不能把没有学好汉语书面语言的原因归结为"汉字难学"。

三、正确认识汉字和汉语的特点是改革汉字和汉语教学的关键

要找到一条符合汉字和汉语特点的教学路子，首先要了解汉字和汉语的特点。

所谓汉语的特点，主要是指汉语跟其他语言不同的方面；汉字的特点则主要是指汉字与其他语言的文字不同的方面。但是汉语跟其他语言有什么不同，汉字跟其他语言的文字有什么不同，语言学家们还没有取得共识。

我国现代汉语语言学是在西方语言学的基础上形成的，汉语语法学是在西方语法学的框架内构建的。根据西方的语言学和语法学观念，文字仅仅是一种书写

符号,不属于语言范畴。语言学家讲语言的要素,只讲语音、词汇、语法三要素,把文字完全排除在语言的要素之外。把这样的观念引入到汉语研究中来,就恰恰抛弃了汉语最重要的特点。把汉字排除在汉语的要素之外,不但从根本上背离了汉语和汉字的特点,而且束缚了人们的思想,影响了人们观察汉字和汉语的视野,也影响到了我们的汉语教学。

裘锡圭先生(1985)关于汉字是"语素—音节文字"的论述给我们以很多启示。石定果教授(1993)则明确指出:"建立在印欧语系基础上的普通语言学,通常把文字排除在语言的要素之外,而只强调语音、词汇、语法,因为这些语言所使用的拼音文字只是单纯记录其音系的符号。但是就汉语而言,文字却存在特殊性。""汉字也应视为汉语的要素之一。"

虽说各种语言的文字都是形、音、义的结合体,但由于造字原则不同,表音、表意功能也不完全相同。拼音文字的造字原则是直接记音,通过记音来表意,表意是间接的;汉字的造字原则是直接表意,兼顾直接表音(通过形声字的声符),记音有间接的,也有直接的(形声字)。因此,拼音文字可以见其形而知其音,汉字则可以见其形而知其义(见其形而知其义是一种粗略的说法,实际上形声字的形符只是表示意义类别,并不表示具体意义),其中形声字既可以见其形而知其义,又可以见其形而知其音。当然,这只是就造字原则而言。随着语言文字的发展变化,有些拼音文字的表音功能和汉字的表意、表音功能已经不同程度地发生了变化。例如,现在的英文单词并不是所有的都能见其形而知其音,现代汉字也不是所有的都能见其形而知其义或知其音。尽管如此,由于造字原则不同,汉字和拼音文字毕竟属于两种不同的文字体系。

语言是第一性的,文字是第二性的,造字原则必须与这种文字所属语言的特点相适应。汉字能够直接表意,是因为汉语的音节能够代表固定的意思,能够用一个表意的汉字来记录一个音节;英语等其他语言不同,大多数音节不代表固定的意思,所以不能用表意的文字来记录音节。一部分汉字能够表音,是因为汉语的音节数有限,同一个音节往往要表示不同的意思,这些不同的意思要用不同的汉字来记录,这样就必然出现大量的同音字。为了便于记忆和使用,有些同音字使用不同的形符和相同或相近的声符,因此就出现了既表意又表音的形声字。以上事实说明,文字的特点和语言的特点往往是分不开的,语言的特点往往可以通过文字加以透视。

绝大部分音节代表固定的意思,用表意的汉字加以记录;一个音节往往表示多种意思,用多个汉字加以记录,其中有些就成为形声字。因为绝大部分音节都代表固定的意思,所以记录这些音节的汉字就可以单独使用,或参与构词,成为语法结构的最小单位。我认为这些就是汉语的最大特点,也是汉语跟印欧系语言的根本区别所在。汉语的这些特点也决定了汉语语法有其特殊性,不能完全用西方语言的语法分析方法来分析汉语语法。

吕叔湘先生(1964)在说明汉语的特点时指出:"汉字、音节、语素形成三位一体的'字'。""字"的特点又直接影响到汉语语法分析,例如:"汉语里的'词'之所以不容易归纳出一个令人满意的定义,就是因为本来没有这样一种现成的东西。其实啊,讲汉语语法也不一定非有'词'不可。……汉语里的'词'的问题还是得解决,可是只有把它当作主要是语汇问题来处理,而不专门在语法特征上打主意,这才有比较容易解决的希望。"

汉语"词"的概念是从西方语言学中引进的,用这一概念分析汉语语法,遇到了诸多难以解决的问题,可见这一概念不一定适合汉语。赵元任先生(1975)曾经明确指出:印欧系语言中 word(词)这一级单位"在汉语里没有确切的对应物","在说英语的人谈到 word 的大多数场合,说汉语的人说到的是'字'。这样说绝不意味着'字'的结构特性与英语的 word 相同,甚至连近于相同也谈不上"。

朱德熙先生(1986)也意识到:"研究汉语不关心汉字是不对的……我觉得过去研究语言的人恐怕对汉字的重要性估计不足。"他还强调:"尤其要研究汉字和汉语的关系。"

徐通锵先生(1994)对"字"的语法地位进行了专门的研究和较为全面、系统的论述。他明确指出:"汉语语义句法的结构单位是'字',而不是'语素'之类的东西。""'字'实际上是形、音、义三位一体的结构单位,仅仅把它看成一种文字的书写单位是没有道理的。传统的汉语研究,不管是文字、音韵、训诂、方言,还是别的什么,都以'字'为基础,从来不讲语素和词,不讲与此相联系的主、谓、宾和名、动、形,这绝不是我们的祖宗'落后','没有语法观念',而是汉语的结构本身允许做这样的研究,需要这样的研究。我们需要重新认识'字'在汉语结构中的地位,用现代语言学的理论和方法去研究它的性质和作用,使传统和现代结合起来,推进汉语的研究。""把'字'看成为汉语句法的基本结构单位,而把'词'置于一边或置于次要地位来考虑,这是汉语语言学观念的一次转变。""语法结构单位从'词'变为'字',这不是简单的概念更替,而是语言研究的视点的转移。这恐怕是一个带方向性的理论问题。"徐先生围绕汉字在汉语语法中的作用,具体讨论了汉语中"字"的结构序列(字、字组、句子和句群)和印欧语系语言中"词"的结构序列(词素、词、词组、句子、句群)的本质区别,讨论了"字"对汉语句法结构开放性的决定作用,以及汉语开放性的结构与印欧系语言封闭性结构的本质区别,指出:"话题—说明"的句法结构框架"可能是汉语语法研究的一种合适的结构框架,因为开放性的句法结构需要这种开放性的结构框架去分析"。"汉语的句法结构大体上与印欧系语言的义位句法相当,没有和词位句法相当的那种表层结构,因而决定句子的构成的因素不是一致关系之类的语言规则,而是语境、说—听双方的交际意图和语序之类的语言规则三个方面。"

　　以上引文的共同点就是都强调"字"(包括汉字)在汉语和汉语语法分析中的重要地位,这对汉语教学具有极其重要的意义。当然,以"字"为基本结构单位的语法体系还没有完全建立起来,所以我们现在还无法在汉语教学中采用这种新的语法体系。但是,我个人认为,我们汉语教学中长期存在的一些难以解决的问题,可以从上述关于汉字和汉语的关系的论述中找到答案。反过来说,上述引文的一些观点的正确性可以从汉语教学实践中得到印证。因此,我们可以参照这些观点,针对汉语教学中存在的突出问题,进行相应的改革。例如,在观念上,不应当再把汉字仅仅理解为一种作为词汇附属品的纯书写符号,而应当理解为一种自成体系的形、音、义结合体,理解为汉语书面语言的要素之一;在操作上,把形、音、义三位一体的"字"作为最小的语法单位(在称说上"字"或"汉字"可暂且与"语素"并存),突出"字"的教学,通过以字带词(字组)、以词(字组)带句,把"字"的教学与汉语书面语言的教学有机地结合起来。

四、建立书面语言教学系统是改革汉字和汉语教学的当务之急

　　要把形、音、义三位一体的"字"作为最小的语法单位,突出"字"的教学,并把"字"的教学与书面语言的教学有机地结合起来,就需要建立一种相对独立的、与口头语言教学系统相平行的书面语言教学系统。对外汉语教学现行教学路子的主要问题就是缺少这样的教学系统。

现在仍然占主流地位的"语文一体,语文同步"的教学模式,严重忽视了汉字的特点,不利于按照汉字的形体结构规律进行汉字的认读和书写教学;也严重忽视了汉字与汉语的关系的特殊性及汉语口语和书面语的明显区别,不利于充分利用汉字特有的表意、表音功能及易于理解和记忆的优势,因此不利于帮助学生加快识字和发展书面语言能力;汉字认读、书写能力和书面语言能力的滞后又反过来影响了口头语言能力的迅速发展。所以从根本上说,"语文一体,语文同步"的教学模式不利于全面发展学生的语言能力和语言交际能力。建立相对独立的、与口头语言教学系统相平行的书面语言教学系统,就是从根本上改变"语文一体,语文同步"的教学模式,加快发展学生的语言能力和语言交际能力。

汉语书面语言教学系统是一种以教授书面语为重点的汉字与读写教学系统,我们可以把这种系统的框架初步设想如下:

(1)单独设立与口头语言教学课型相平行的汉字与读写教学课型,专门进行汉字、阅读和写作教学。这一课型可以划分为时间长短不等的三个教学阶段:第一阶段是字的结构和用法教学阶段;第二阶段是字的用法和阅读教学阶段;第三阶段是阅读和写作教学阶段。这三个教学阶段互相衔接,自然过渡,最终目标是使学生形成独立的阅读和写作的能力。周课时较多的教学单位也可以把阅读和写作分为两种不同的课型。

(2)字的结构的教学包括字形、字音和字义的教学;字的用法的教学实际上就是语法教学,主要是教字与字的组合规则,包括字组(复合词和词组)和句法规则。

(3)第一阶段的教学重点是字形结构,兼顾教授字的用法。从教基本笔画开始。笔画名称必须要求学生记住。教完基本笔画以后,教学内容的编排以字形结构为纲,严格按照由简到繁的顺序进行,先教笔画少的字,后教笔画多的字;先教独体字,后教合体字。笔顺规则和部件(或偏旁部首)的名称也必须要求学生记住。结合字形进行字音和字义的教学,注意揭示汉字的表音、表意功能。同时通过少量的字组和句子进行字的用法的教学。因为字形教学要按照由简到繁的顺序进行,所以字组和句子的选择就会受到一定的限制。为了留有更大的选择余地,也为了逐渐培养书面语言能力,字组和句子的选择范围就不能限于口语体语言。成语、典故、格言、诗句、歌谣、广告、商标、路标、说明书、人名、地名、报刊名称等等,只要所用汉字符合教学需要,都在可选之列。选择这些应用性较强的内容,还可以提高教材的知识性和趣味性,加深教材的文化内涵。这样的选材原则也适用于其他教学阶段。

（4）第二阶段的教学重点是字的用法，兼顾阅读教学。教学内容的编排以字与字的组合规则和句法规则为纲，同时逐渐加大阅读的分量。阅读材料既有口语体的，也有书面语体的，以书面语体的为主，包括简单的应用文和浅显的文言诗词等。材料的选择注重实用性、知识性和文化性。汉字教学也继续进行，但重点逐渐转向介绍汉字的表音、表意功能，并注意培养猜字能力和阅读中跳越障碍的能力，逐渐要求加快认读、书写和阅读的速度。

（5）第三阶段的教学重点是大量和快速阅读，逐渐加强写作教学。阅读材料以书面语体语言为主，逐渐加大应用文的分量。写作也以写应用文为主，不提倡命题作文。前两个阶段也有写的练习，但是第一阶段的练习内容以写字、字组和句子为主，第二阶段以写话为主，逐渐增加简单的应用文写作练习，注意与第三阶段相衔接。前两个阶段字的用法的教学是语法教学的一部分，这一阶段要继续进行语法教学，但是教学重点要从句法逐渐发展到句群和篇章规则。继续对汉字和汉语的各项特点逐项进行归纳总结，使学生牢固树立汉字观和汉语观。

五、建立书面语言教学系统是提高
汉语教学效率的必由之路

中国对外汉语教学界一直在进行"综合教学"还是"分技能教学"的讨论和争论，白乐桑先生（1996）把这种讨论和争论叫作"领土之争"。争论的出发点主要是技能训练的路子和方法，未能从语体和汉字教学规律的角度进行更深入的探讨。这种讨论和争论（再加上教学经验的积累）取得了阶段性的成果，这就是：按言语技能划分课型的必要性被越来越多的人所认识，因此多数教学单位除了开设"综合课"（通常称为"精读课"，其任务是对语音、语法、词汇和汉字等语言要素进行全面教学，对听、说、读、写等言语技能进行全面训练）以外，同时还开设若干专项技能课，例如听力、口语、阅读、写作等，分别对听、说、读、写等不同的言语技能进行专项训练；不少教学单位对专项技能课的重视程度有所提高，形成了"综合教学"和"分技能教学"并重的趋势。由以"综合教学"为主发展到"综合教学"和"分技能教学"并重，可以认为是一种进步。

现在的问题是：虽然开设了听力、口语、阅读和写作等专项技能训练的课型，但是并没有普遍形成语体教学的意识。书面语教学仍然没有受到足够的重视,汉字教学仍然附属于词汇教学,并没有改变"语文一体,语文同步"的教学路子。因为不区分口语和书面语,所以对口语材料反复进行书面练习,对书面语材料反复进行口头练习,不但浪费了大量宝贵的时间,而且影响了书面语能力的培养。汉语书面语教学滞后是普遍存在的现象,多数学生不能区分口语体语言和书面语体语言,不懂得文体转换,写出的文章——即使是高年级学生写出的文章——文体不伦不类的现象仍相当严重。不少国外同行反映:他们的学生到中国学习一年半载以后,口语能力进步十分明显,书面语能力仍然不见长进。杨志棠女士(1997)抱怨说:学生会说"开车",但不知"驾驶学校"为何物;会说"吃药",但在服药说明书上看到"日服三次"却不解其意;因为没有学过"航空",只好拿"用飞机"来代替。由此可见,加强书面语教学是摆在汉语教学界面前的一项紧迫任务。

鉴于汉语的口语和书面语之间存在明显的差别,要加强书面语教学,同时并不因此而削弱口语教学,就必须分别建立口头语言教学和书面语言教学这两种既相对独立、又互相促进的教学系统。杨志棠女士(1997)主张:"从一年级开始,就实行'双管齐下'。一方面坚持'句型式口语'教学,另一方面引入书面语的基本概念,使学生在感性上体会到,汉语和西方语言有一个很大的不同点就是同样的思想和事物,说的时候是一种表达形式,而在专门用于'目治',也就是说见于文字时,常常是另一种形式。""我们在编写这两种不同语体的课文时,必须做得十分彻底,对话式课文就用口语,而叙述文一定是书面语,使学生们体验到说话与写作之间在语体、词汇、句法上的各种区别,不可模棱两可。""生字表要采取'字本位'的办法。""在文言课和书面语课之间架起桥梁。……凡是在现代书面语中有生命力的文言字、词、句式都应当系统地给学生指出来。"我们关于建立口头语言教学和书面语言教学两种不同教学系统的主张,跟杨女士"双管齐下"的主张是一致的。

建立书面语言教学系统,关键在于改革汉字教学和提高汉字教学效率。汉字难认、难写、难记,几乎成了不争的事实。有一种意见认为,汉字比拼音文字难学,是因为拼音文字只有二三十个字母,而汉字的数量极其庞大。这种说法是很不科学的,因为拼音文字的字母和汉字并不是处于同一个层面上的事物,因此不能把这两者拿来进行简单的比较。从书写的角度说,拼音文字的字母只相当于汉字的笔画。字母本身并不是文字,就像汉字的笔画并不是汉字一样。拿汉字跟英文词相比,汉字书写确实不如英文词容易。英语文字由 26 个字母组成,书写方法是从字母到词,呈线形排列,只要学会了有限的字母和拼写规则,就能顺利地进行书写。汉字由部件组成,部件由 20 多个笔画组成,书写方法是由笔画到部件,由部件到整字(有少数例外),呈平面排列,笔顺规则和笔画布局比较复杂,学习书写的确要多费时间。但是汉字的笔画、笔顺和笔画布局毕竟有既定的规则,而且规则的数量极其有限,所以即使与英文词相比,书写的难度差异也不像人们想象的那样惊人。实际上,所谓汉字难写,主要是教学不得法所造成的。英文词的书写虽然容易,但是如果不是先教字母,再教拼法,而是直接让学生学习词语,学生也会觉得这些词语都像一串串不可捉摸的蛇形乱字符。汉字的书写虽然较难,但是如果从基本笔画教起(就像教拼音文字从字母教起那样),也能化难为易。"语文一体,语文同步"的教学模式是教说什么话,同时教这句话的书面形式,先出现的汉字往往笔画较多,结构复杂,因此无法按照由简到繁、由易到难的原则进行汉字教学。学生在学习的初期总是把汉字看成像图画那样复杂的形体,认读、书写和记忆都是事倍功半,一开始就产生了"汉字难认、难写、难记"的"三难"印象,形成了学习汉字的心理障碍。这样教汉字就好比教拼音文字不是从教字母和拼法开始,而是从教词语开始。国外有些汉语教材虽然分拼音课本和汉字课本,但是拼音课本只不过是汉字课本的翻版,只是把汉字课本的学习推后一步,实际上也是不区分口语和书面语,也没有按照汉字本身的规律进行汉字教学。本文提出的书面语言教学系统,在开始阶段突出汉字形体结构规则的教学,就像教拼音文字先教字母和拼法那样,正是为了降低汉字学习的难度。

　　学会一种文字,不但要掌握这种文字的形体结构,而且要掌握它的表音、表意功能,把形、音、义结合起来。作为汉字主要组成部分的象形字、指事字、会意字、形声字,都有很强的表意功能,现代形声字仍有一定的表音功能,这类汉字可以从字形推断、猜测字音、字义,跟英语文字相比,更易于理解和记忆。[①] 当然,为了防止误读,需要通过具体汉字的教学向学生说明:现代汉字并不是所有的声符都能表音;即使能表音的声符,也不一定声、韵、调都完全相同,以防止误读。有人把汉字

---

　　① 　笔者后来的研究发现,汉字具有表意兼表音的作用,从根本上说来,是因为汉字是整体转写音义音节的文字,承载了音义音节所赋予的音和义。因此,确切地说,汉字是义符表意和音符表音相统一的文字,表意的具体方法是象形表意,表音的具体方法是用象形符号作音符表音。象形字、指事字、会意字是义符和音符合一,形声字是义符和音符结合。无论是合一,还是结合,都是义符表意和音符表音的统一,也就是形、音、义的统一。(作者补注)

笔画多、笔画走向复杂和汉字数量庞大作为汉字难学的原因,其实汉字笔画的数量跟英文字母差不多,基本笔画的走向并不复杂;常用汉字只有 3000 多个,比英文词的数量要少得多;至于组成汉字的部件的数量,根据不同的标准进行统计的结果,在 400 到 600 之间(石定果,1997),其中最常用的部件只有 100 多个,这 100 多个部件占常用字累计部件数的 80% 左右(张旺熹,1990)。因为这些笔画和部件是不能再产的,所以上述数字是穷尽的数字。也就是说,学会了这 20 多个笔画和最多 600 多个部件,就学会了所有的笔画和部件,而相当多的部件同时也是整字。上述数字说明,汉字的笔画、部件、整字和书写规则决不会给记忆带来沉重的负担。由此可以得出结论:从书写的角度说,汉字比英语文字难;但是从识字的角度说,因为常用汉字的数量比较少,而且易于理解和记忆,所以实际上学习汉字比学习英文词容易。当然,汉字与英文词不完全处于同一个层面上,能跟英文词相对应的,有些是单个的汉字,有些则是字的组合。但是无限多的字的组合的绝大部分都是由 3000 多个常用汉字组成的,其中大部分组合的意思都可以根据字形加以推断和猜测,结合上下文进行推断和猜测意思的把握性更大。因此,学会了一定数量的字和字的组合以后,就可以举一反三,迅速扩大词汇量。从学习和教学的角度说,这正是汉字的优势所在。现行教学路子以词为最小的语法单位,把汉字作为词的附属品,就在字和词之间构造了一座人为的屏障,不但没有充分利用汉字便于理解和记忆,可以通过举一反三迅速扩大词汇量的优势,反而使简单的问题复杂化。建立汉语书面语教学系统的目的之一,就是充分利用汉字固有的优势,使汉字和汉语学习更加容易。

　　汉字教学是为汉语书面语言教学服务的。"语文一体,语文同步"的教学模式,表面看来似乎是把汉字教学与书面语言的教学融为一体,但是由于既不考虑汉字形体结构的规律,又在字义和词义之间建造了一座人为的屏障,所以实际上是使汉字教学游离于汉语教学之外。本文提出的汉语书面语言教学系统,不同的阶段有不同的教学重点。第一阶段把教学重点放在字形结构方面,不但可以降低汉字学习的难度,而且可以为阅读和写作教学打下坚实的基础。所谓汉字难,主要是"入门"难。第一阶段以字形结构教学为重点,按照汉字形体结构的内在规律进行教学,就可以化难为易,帮助学生顺利通过入门关。然后逐渐把教学重点转向阅读和写作,并充分利用汉字的表意、表音功能帮助学生迅速扩大词汇量,这才是真正把汉字教学与汉语书面语言的教学有机地结合起来。

　　也许有人担心,建立书面语言教学系统会把书面语言教学与口头语言教学割裂开来。我们认为:首先,割裂是需要的,不割裂就无法帮助学生区分口语体语言和书面语体语言,而这种区分是完全必要的。正如白乐桑先生(1996)所指出的:"汉语中的语和文教学只有以分离的代价或以一种切断文字和口语教学之间联系脐带的代价,才能同汉语所固有的内在规律相配合。"其次,这种割裂是为了更好地结合,因为只要能加快培养书面语言能力,就能加快培养口头语言能力,使口头语言教学与书面语言教学真正起到相互依存和相互促进的作用。

试论汉语书面语言教学[*]

(2000.3)

一、什么是书面语言教学

语言是人类最重要的交际工具。人们用语言进行交际,有口头交际和书面交际两种方式。一种发达的语言往往有两种不同的语体——口语体和书面语体,通称口语和书面语。口头交际一般使用口语,书面交际一般使用书面语。但是语体的应用往往要根据交际目的、交际内容、交际对象和交际场合的不同而进行变换。也就是说,在进行口头表达时一般使用口语,但是也可能使用书面语(例如宣读学术论文,广播报纸社论,等),或带有书面语成分(例如做学术报告,进行专业性谈话,讲课,等);在进行书面表达时一般使用书面语,但是也可能使用口语(例如给亲人和好友的信函、小说和剧本中的对话等)。因此,我们不能把口头交际时使用的语言都叫口语,也不能把书面交际时使用的语言都叫书面语。

为了把口头表达时使用的语言跟口语区别开来,把书面表达时使用的语言跟书面语区别开来,就需要使用另外的名称。在没有提出更好的名称之前,我们暂且把口头表达时使用的语言叫口头语言,把书面表达时使用的语言叫书面语言。口头语言以口语为主,但不限于口语;书面语言以书面语为主,但不限于书面语。

口语和书面语是一种语体概念,口头语言和书面语言是一种语用概念。区分语体概念和语用概念不但是为了反映语体应用的变换情况,而且也是为了更加科学地处理语言教学中的各种关系,把口头语言教学与口语教学区别开来,把书面语言教学与书面语教学区别开来。

第二语言教学的直接目的是帮助学生养成所学语言的语言能力和语言交际能

---

　　* 本文原载《华文教学与研究》2000 年第 1 期,又载笔者所著《语言教育与对外汉语教学》(外语教学与研究出版社,2005)。

力。因为语言交际有口头交际和书面交际两种方式,所以只有既能进行口头交际,又能进行书面交际,才算具备了完备的第二语言交际能力。常规的语言教学必须同时培养这两种交际能力。

本文所说的书面语言教学,就是专指培养书面交际能力的教学,与培养口头交际能力的口头语言教学相对应;因为书面交际一般使用书面语,所以书面语言教学也是指以书面语为主要内容的教学;书面交际有读和写两种方式,所以书面语言教学也就是读和写的教学。概括起来说,本文所说的书面语言教学是指以培养书面交际能力为直接目的、以书面语为主要教学内容、以读和写为主要训练方式的一种语言教学。

书面语言教学不同于单纯的书面语教学。在初始阶段,书面语言教学的内容可以以日常生活用语为主,然后逐渐增加书面语材料直至以书面语为主,并注重语体比较提示和从口语到书面语的语体转换训练。

二、为什么要区分书面语言教学和口头语言教学

2.1 书面语言与口头语言的内涵不同

作为思维和交际的工具,书面语和口语具有内部一致的语音系统、词汇系统、语法系统和语用系统。因为书面语言和口头语言都是由书面语和口语构成的,所以两者在本质上是一致的,但是它们之间的区别也是非常明显的。例如:书面语言和口头语言必须利用不同的媒体传递和接收信息——书面语言是通过文字和视觉系统传递和接收信息,口头语言是通过语音和听觉系统传递和接收信息;书面语言虽然也使用口语(实际上,书面语言中的口语跟说话时使用的口语也有明显的不同),但毕竟以书面语为主,同样,口头语言虽然也使用书面语,但毕竟以口语为主,而口语和书面语在语音、词汇、语法和语用等方面都存在一定程度的差别。不同语言的口语和书面语之间的差别程度不一定相同,据了解,跟英语、法语等主要的西方语言相比,汉语口语和书面语的差别更大。这些情况说明,书面语言和口头语言的内涵并不完全相同。这是客观事实,也是一条不以人的意志为转移的语言规律。

2.2 需要建立书面语言教学系统

书面语言和口头语言的内涵不完全相同,就意味着书面语言教学和口头语言教学的内容不完全相同。除了相关的词汇、语法、语用教学,以及语体比较提示和语体转换训练以外,书面语言教学还要注重文字教学(就汉语而言,就是要注重汉字教学)和读、写训练,而口头语言教学则必须注重语音教学和听、说训练。从语言学习的角度说,人们学习和获得书面语言跟学习和获得口头语言的心理过程和生理过程有本质的不同,这也决定了学习和获得的方法不同。一般教育规律和教学常识都告诉我们,教学内容不同,学习和获得的方法不同,教学的方法自然也不相同。由于存在这些不同点,就不应当把书面语言教学和口头语言教学纳入同一个教学系统,而应当分别建立两种不同的教学系统,即书面语言教学系统和口头语言教学系统。(详见本书《汉语教学中的说话训练》一文)

只有建立起书面语言教学和口头语言教学这两种不同的教学系统,才能使书面语言教学和口头语言教学都得到加强,才能更快地培养学生的书面交际能力和口头交际能力,提高汉语作为第二语言和外语教学的效率和成功率。

正如大家都知道的,现在的汉语学习者普遍存在书面语言能力滞后的现象。由于书面语言能力滞后,口头语言能力的提高也受到制约。也就是说,汉语作为第二语言和外语教学的效率和成功率还不能完全令人满意。我们认为,出现这种现象的原因之一就是没有把书面语言教学和口头语言教学区别开来,既没有建立起成熟的书面语言教学系统,也没有建立起完整的口头语言教学系统。

中国大陆的对外汉语教学,至今还是以一门"精读课"为主干课,再配以听力、口语、阅读、写作等专项技能课。精读课是一门"综合课",不但要全面进行语音、语法、词汇、汉字等语言要素的教学,而且要全面进行听、说、读、写等言语技能和相应的言语交际技能的训练。这种综合课的教材虽然既有口语体语言的课文,也有书面语体语言的课文,但是一般都没有语体比较的提示,更没有语体转换训练的内容,而且对口语体语言和书面语体语言一律采用同样的教学方法。有些教学单位的专项技能课则是有其名而无其实,例如有些口语教材的书面语成分很浓,有些阅读教材跟口语教材又没有明显的区别。更有甚者,有些教师把专项技能课也上成综合课。结果是,学生不了解书面语体语言和口语体语言的区别,不知道怎样进行语体转换,写出的文章语体不伦不类的现象相当严重。其他地方的汉语教学多半也存在类似的问题。

许多人把学生汉语书面语言能力滞后的原因归结为"汉字难学"。其实,所谓汉字难学,正是教学不得法所造成的不良结果。教学不得法,主要表现为把书面语言和口头语言混为一体,把汉字作为词汇的附属品,教说什么话,就教写什么字,因此不但不能按照汉字自身的规律由易到难地进行汉字教学,而且把汉字易于理解和记忆的一面也掩盖了起来。实际上,如果能按照汉字自身的规律进行汉字教学,充分发挥汉字易于理解和记忆的优势,汉字就不但不是培养书面语言能力的严重障碍,而且还会成为加快培养书面语言能力的有效手段。而要做到这一点,就必须建立有利于对汉字教学进行根本性改革的专门的书面语言教学系统。

2.3 需要探索能体现汉语特点的新的教学路子

把书面语言教学与口头语言教学区别开来,建立书面语言教学和口头语言教学这两种既相对独立又互相促进的不同的教学系统,就将形成一种能体现汉语特点的新的教学路子。

所谓教学路子,就是帮助学生掌握所学语言的途径和方式。我们知道,不同门类语言教学的共同规律之一,就是教学内容都要包括知识传授和技能训练两个方面,这是语言教学与某些人文科学教学的重要区别之一。这里所说的知识,是指语言知识、语用知识,以及跟语言和语用相关的文化知识。语言知识又包括语音、词汇、语法和文字等语言要素,以及关于语言和语言要素的理论知识。技能则是指听、说、读、写等言语技能和相应的言语交际技能。语言知识、语用知识和有关的文化知识是客观存在的,不会因为任何个人是否存在而受到影响;而言语技能和言语交际技能则总是跟具体的人联系在一起的,是指具体人的技能,离开了具体的人,就无法表现这样的技能。所谓语言教学,实际上就是通过适当的途径和方式,以及相应的方法和技巧,把客观存在的语言知识、语用知识和有关的文化知识转化为学习者个人的言语技能和相应的言语交际技能。怎样进行语言知识、语用知识和相关文化知识的教学,怎样进行言语技能和言语交际技能的训练,怎样处理知识传授和技能训练的关系,怎样处理不同知识传授之间的关系,怎样处理不同技能训练之间的关系以便更有效地帮助学生完成从知识向技能的转化,等等,都属于教学路子方面的问题。

一种语言的教学采用什么样的教学路子,要根据这种语言的特点来决定。汉语有自己的特点,汉语教学不应照抄其他语言教学的路子。但是长期以来,我们的对外汉语教学所采用的教学路子,基本上是印欧语系语言教学的路子,例如:不严格区分口语体语言和书面语体语言;按照"语文一体,语文同步"的模式组织教学内容和进行技能训练;以词和句子为教学内容的基本单位,把汉字排除在语言要素之外,使其成为词汇的附属品;追求教学方法的唯一性,或主张听说法,或主张功能法,或主张结构—功能法或功能—结构法;等等。这样的教学路子显然不符合汉语的特点。

　　所谓汉语的特点,主要是指汉语跟其他语言不同的方面。我们认为,汉语最大的特点是:一个音节一般都代表若干个固定的意思,在口语中可以单独使用,或者跟意思相关的其他音节结合起来使用;一个代表若干个固定意思的音节,用一个或若干个表意的方块汉字加以记录,因此方块汉字就成为一种融形、音、义为一体的语言单位,而不是单纯的书写符号;汉字的这一特点又使其具有使用的灵活性和简洁性,它所记载的历代文化典籍中最精彩的部分又成为语言自身的积淀而在现代汉语中被广泛沿用,从而使汉语的书面语和口语呈现明显的差别。所有这些,都跟印欧语系语言截然不同,其中音节和汉字的特殊功能反映了汉语与印欧语系语言的最本质的区别。汉语的音节也可以叫作"字"(例如"字正腔圆""咬文嚼字"等是指口头语言中的"字"),"汉字"则是书面语言中的"字"。可见"字"(口头语言中的音节和书面语言中的汉字)最能代表汉语的本质特征。

　　我们现行的教学路子没有反映汉语的这一本质特征,把书面语言和口头语言混为一体,把"词"作为最小的教学单位,完全忽视了"字"的作用,把汉字仅仅看成一种书写符号而使其成为词汇的附属品。这正是典型的印欧语系语言教学的办法。这样的教学路子使汉语教学中的各种关系纠缠不清,语言和文字的关系,汉字和词的关系,知识和技能的关系,听说训练和读写训练的关系,等等,均呈现"理又乱"的状态,从而严重地影响了汉语作为第二语言和外语教学的效率和成功率。可见这样的教学路子非改革不可。法国白乐桑先生(1996)认为:"不承认中国文字的特殊性,以及不正确地处理中国文字和语言所特有的关系,正是汉语教学危机的根源。"他和张朋朋先生正是在研究汉语特点的基础上提出了"字本位"教学的崭新思路并付诸实施,已经取得了良好的效果。(张朋朋,1992)

　　我个人认为,重新审视现行汉语教学的路子,是我们当前头等重要的任务。原因是:教学路子是教学中各种关系的综合体现,探索教学路子的过程,也就是梳理教学中各种关系的过程,只有把各种关系理顺了,才能保证在发展汉语教学的过程中多走捷径而少走弯路,才能有效地使用人力和经费;教学路子对教学的效率和成功率有决定性的作用,只有把教学路子理顺了,使其与汉语的特点相适应,才能取得更好的教学效果。

我们探索汉语教学路子的努力远非自今日始。但是以往的探索多半集中在技能训练方面,只强调用不同的方法训练不同的技能,而很少从语体的角度研究问题,对汉字的特点和汉字的作用认识不足,对汉字教学改革的紧迫性认识不足。而实际上,充分认识汉字的特点和汉字在汉语书面语言中的特殊作用,是进行汉字教学改革和建立汉语书面语言教学系统的关键,也是探索能体现汉语特点的新的教学路子的关键。

综上所述,我们主张区分口头语言教学和书面语言教学,是出于对口头语言和书面语言的理解,以及对汉语特点的新的认识,是为了建立口头语言教学和书面语言教学两种不同的教学系统,以便理顺汉语作为第二语言和外语教学中的各种关系,形成一种新的教学路子。最终目的是为了提高汉语作为第二语言和外语教学的效率和成功率。

从上面的论述也可以看出,我们所提倡的这种新的教学路子的主要特点是:

(1)它包含书面语言教学和口头语言教学这两种不同的教学系统,与"语文一体,语文同步"的教学模式截然不同。

(2)这两种教学系统的教学任务、教学内容、教学方式和方法都有所不同,两者分工明确,既相对独立,又互相促进,不存在各种关系纠缠不清的状况。

(3)书面语言教学系统的主要任务是培养学生的书面交际能力;教学内容以书面语为主,但不限于书面语;教学方式以读和写的训练为主。口头语言教学系统的主要任务是培养学生的口头交际能力;教学内容以口语为主,但不限于口语;教学方式以听和说的训练为主。无论是书面语言教学,还是口头语言教学,对不同知识的教学和不同技能的训练都分别采用不同的方法,不追求教学方法的唯一性。(关于口头语言教学,详见本书《汉语教学中技能训练的系统性问题》一文)

(4)汉字是独立的教学单位,不再附属于词汇教学。

三、怎样进行汉语书面语言教学

上面提到,书面语言教学的主要任务是培养学生的书面交际能力,包括读和写的能力。读和写都离不开汉字,所以汉字教学是书面语言教学的基础。由此可见,我们研究书面语言教学,就必须研究怎样进行汉字教学,怎样进行阅读教学,怎样进行写作教学,以及怎样把这几个方面的教学有机地结合起来,形成严密的书面语言教学系统。笔者在《汉字教学与汉语教学》一文中曾对汉语书面语言教学系统的框架提出过初步设想,这里再补充讨论几个具体问题。

3.1 关于汉字教学

我们认为,每一个汉字都有形、音、义、用四要素,因此汉字教学的基本内容就包括汉字的形体特征、表音功能、表意功能和语法作用。

3.1.1 关于汉字形体的教学

汉字有独体字和合体字两类,独体字由笔画组成,合体字由部件或笔画加部件组成。有些独体字可参与构字,成为合体字的部件。汉字形体教学应从汉字形体的这些特点出发,贯彻由易到难、循序渐进的原则。

(1) 先教笔画少的字,后教笔画多的字;先教独体字,后教合体字;独体字教学要先教笔画少、含有基本笔画并能充任合体字部件的字;合体字教学要把部件作为重要的教学单位,尽可能先教由学过的独体字充任部件的合体字。例如,从一到十的数字,人、大、太、夫、口、日、月、明、朋、晶、木、林、森等分别在独体字和合体字中都具备先教的条件。

(2) 要通过字形分析帮助学生识别和记忆;要指导学生记住笔画和常用部件的名称,因为只有记住名称才能形成概念和便于称说,才便于在大脑中储存和提取。汉字的笔画和常用部件数量有限,要求记住名称,不会给学生带来沉重的记忆负担。

3.1.2 关于汉字表音功能的教学

据统计,现代汉字中有90％左右的字为形声字,其中四分之一以上的声旁(音符)为全表音声旁,其余则为半表音声旁和不表音声旁。全表音声旁就是与整字的声、韵、调完全相同的声旁,如"溏、瑭、螗、糖、塘、搪"等字中的"唐";半表音声旁就是与整字的声、韵、调只有部分相同的声旁,如"腓、菲、诽、匪、悱、绯、榧、翡、痱"等字中的"非","缸、肛、扛"中的"工";不表音声旁,如"椋、凉、谅、晾"等字中的"京"。所谓汉字表音功能的教学,就是在形声字和存音字教学中,充分利用全表音声旁和半表音声旁的表音功能帮助学生认读和记忆这些汉字。对半表音声旁要指出其声、韵、调与整字相同和不同的地方,对不表音声旁要及时提醒学生,以防止误读。这样也能大大提高汉字教学的效率。

3.1.3 关于汉字表意功能的教学

《说文解字》把汉字造形的方式归结为象形、指事、形声、会意、转注、假借。称作"六书"的这六种造形方式已不能涵盖所有的现代汉字,于是杨洪清和朱新兰两位先生(1997)又补充了"四书",即存意字(原形声字简化后无表音部件的字,如"观",意从"见")、存音字(原形声字简化后无表意部件的字,如"宪",音从"先")、部件字(如"归",左右两个部件既不表音,也不表意)、笔画字(如"乡",只是由笔画组成,不能归入以上任何一类)。上述象形字、指事字、会意字、存意字和大部分形声字都具有表意功能。所谓汉字表意功能的教学,就是通过适当的方法揭示这些汉字的表意特点,以帮助学生更好地理解和记忆这些汉字,这样就可以大大提高汉字教学的效率。

3.1.4 关于汉字语法作用的教学

汉字是阅读和写作的基础,汉字教学归根结底是为阅读和写作教学服务的。汉字教学不为阅读和写作教学服务,就没有任何意义。要使汉字教学为阅读和写作教学服务,就必须让学生掌握字与字结合的规则,就是什么字可以与什么字结合,怎样结合,结合起来表示什么意思。字与字结合的规则,实际上就是语法规则。例如"人"可以分别与"人"和"民"结合成"人人""人民",都是并列关系;"伟"和"大"可以结合成"伟大",也是并列关系,"人民伟大"则是主谓关系。抽象起来说,这就是一种结构形式,其中的"人民"代表"谁",是陈述的对象,"伟大"代表"怎么样",是对陈述对象的陈述。这就是汉语句子的结构格局。以此类推,通过字与字结合规则的教学,可以一步步地把汉语的各种结构关系和结构形式全部教给学生,并根据由浅入深、循序渐进的原则,通过读和写的练习让学生逐渐掌握。由此可见,我们完全可以把汉字教学与阅读和写作的教学紧密地结合起来。

我们一直强调按照汉字的特点,也就是汉字的理据,进行汉字教学,这有可能会造成误解,以为汉字教学就是要大讲特讲汉字理论。这不是我们的本意。我们认为,汉字的理据只需要提示,不需要过多的理论讲解。学生掌握汉字,主要靠练习,但不是依样画葫芦式的盲目的练习,而是在理据提示下的自觉的练习。不仅如此,我们还应当创造各种各样有助于学生理解和记忆的练习方式,包括能提高学习兴趣的汉字认读和书写游戏等。

3.2 关于阅读教学

大量关于汉语和其他语言教学的论著已对阅读教学的性质、特点、规律、原则、方法等进行了较为系统的论述。本文要强调说明的是:汉语阅读教学要充分利用汉字的特点,与汉字教学紧密地结合起来。初始阶段的阅读教学以汉字教学为中心,通过字与字结合规则的教学尽可能向阅读延伸;逐渐发展到以阅读为中心,在阅读过程中学习生字,扩大识字量。阅读教学的任务之一是培养抓关键、跳障碍的能力,阅读教学结合汉字教学是培养跳障碍能力的有效办法。一位法国朋友告诉我:他阅读英文资料时,一个句子中如果有不认识的词,就无法理解这个句子的意思;阅读中文资料则不同,即使有不认识的字,也可以根据上下文猜到这个句子的意思。为什么呢? 就是因为大部分汉字都有表意作用。例如,看到带"三点水"的字,就知道它跟液体有关,看到带"木字旁"的字,就知道它跟树木有关,如此等等。在阅读教学中,要有意识地指导学生通过形旁(义符)猜测字义,通过声旁猜测字音,这样,阅读教学的过程也就成为扩大识字量的过程,扩大识字量的过程又成为提高阅读能力的过程。就教学观念而言,这里的关键是树立"字本位"的思想,摆脱"词本位"思想的束缚。

3.3 关于写作教学

我个人认为,写作教学的目的和内容应当随着教学阶段的发展而变化。在初级阶段,写作教学的主要内容是写话,目的是帮助学生巩固学过的汉字和语法。中级阶段写作教学的主要内容是写应用文,教师除了要继续帮助学生巩固学过的汉字和语法以外,还要帮助他们掌握有关应用文的写作格式。高级阶段教师可指导学生写学术论文。这里主要是强调写作教学必须与汉字教学和语法教学紧密结合,同时强调写作教学的应用性质。汉语作为第二语言和外语教学中的写作教学不是为了培养作家,所以不必把命题作文作为主要的教学内容。

3.4 关于课型和教材

以上关于书面语言教学的三项内容,即汉字教学、阅读教学和写作教学,要通过一定的课型和相应的教材来实施。这三项内容既可以通过一种课型和相应的教材来实施,也可以通过两种或三种课型和相应的教材来实施。一个教学单位开设几种课型,除了教学本身的需要以外,还要根据教学规模的大小来决定。教学规模较小的单位因为教师人数不多,就不宜开设太多的课型。无论规模大小,在初级阶段,因为教学内容较少,都可以把汉字教学和阅读教学归入一种课型。到了中高级阶段,教学规模较大的单位可以设阅读和写作两种课型,教学规模较小的单位仍然可以只开设包括阅读和写作两项内容的一种课型。为了适应不同的需要,应编写不同的书面语言教材,即汉字教材、阅读教材、写作教材、读写教材。这样,各教学单位就可以根据自己开设的课型选择相应的教材。

关于汉语书面语言教学问题,可以说是不久前才提出来的一个新问题。一个理论问题从提出到成熟需要一个过程,这个过程常常是继续研究和不同意见开展讨论的过程。汉语书面语言教学问题作为教学方面的理论问题,最终还要通过教学实验来加以检验、补充和修正。本文题目是"试论",就是自认为这个问题虽然重要,但是本文的论述还不够充分,有些问题还需要继续研究和讨论,实际上是抛砖引玉的意思。

我对汉语特点的几点初步认识[*]

(2001.3)

我们开展对外汉语教学,必须从汉语的特点出发。但是汉语到底有哪些特点,还是个需要继续研究的问题。本文想从对外汉语教学的角度谈谈自己的几点初步的认识。

我对汉语特点的认识来源于许多前辈和时贤学者的启发,也来源于从事对外汉语教学的体会。我们的主要体会是:汉语中有些现象跟英语等印欧语系语言截然不同,这些不同的现象能直接影响汉语教学的路子。我把这些有别于某些其他语言并能直接影响汉语教学路子的现象看作汉语的特点,提出来作为进一步探索对外汉语教学路子的理论参考。

我对汉语特点的认识很可能带有片面性,但是我希望能拿到教学中进行实验,同时通过进一步研究来加以补充和修正。

下面就是我对汉语特点的几点初步认识。

一、音节的独立性

汉语音节的结构整齐划一,一个音节一般由声、韵、调三部分组成,不但在形式上是独立的,而且都具有独立表意的功能,都是一种音意结合体,都能在口头汉语中独立运用。例如:wǒ(我)、mǎi(买)、shū(书)是三个音节,其中每一个音节都表示一定的意思,都可以独立运用,可以说 Wǒ mǎi shū。这个事实说明,汉语的音节不但是语音单位,而且也是能够独立运用的语言单位。在英语等印欧语系语言中,能够独立运用的最小的语言单位是词,而大部分词不止一个音节;在双音节和多音

---

　* 本文原载《海外华文教育》2001 年第 1 期,又见《对外汉语教学论文集》(厦门大学出版社,2003)。本文在写作过程中得到胡明扬、仲哲明等先生的帮助,特此致谢。

节词中,音节只是构词要素,而不是能够独立运用的语言单位。

有人举例说,shāfā(沙发)、mǎnǎo(玛瑙)这一类语言单位中的音节就没有表意功能。的确如此。但是我们讨论的是音节问题,而不是音节组合问题。在shāfā(沙发)等音译外来词中,音节只起表音的作用;mǎnǎo(玛瑙)等联绵字相当于一个字,其中的音节已失去固有的意义。音译"外来词"和联绵字中的音节是特殊现象。尽管如此,这类语言单位中的音节实际上也具有独立性,因为shā、fā、mǎ、nǎo等音节也都可以独立运用,还都可以与其他音节组合。

汉语的音节数量有限,一共只有1300[①]多个。为了使这些音节能够表达大千世界中的各种现象,一个音节就不能只表示一个意思。例如shā这个音节,可以是níshā(泥沙)的shā,也可以是fǎngshā(纺纱)的shā。这说明汉语的音节具有多义性。

二、汉字与音节的对应性

汉语的文字是汉字。汉字是记录[②]音节的,说出来的一个音节,写下来就是一个汉字。这就是汉字与音节的对应性。

因为音节具有独立性,所以记录音节的汉字也具有独立性,有独立表意的功能,可以在书面汉语中独立运用。可见,汉字不但是书写符号,而且是书面汉语的要素之一。

因为汉语的音节具有多义性,所以同一个音节往往要用不同的汉字分别表示其不同的意思。因此,音节与汉字不是一对一的关系,而是一对多的关系。同一个音节用不同的汉字表示,就意味着要出现大量的同音字。例如zhì这个音节,《现代汉语词典》中用50多个不同的汉字分别表示其不同的意思。不过在书面汉语中,汉字与音节总是一一对应的,一个汉字就代表一个音节,只有带儿化韵的音节是例外。

虽然可以用不同的汉字表示同一个音节的不同的意思,但还是不可能做到每

---

① 笔者后来对《现代汉语词典·音节表》中的音节数进行了核定,认为现代汉语普通话有1333个音节,包括轻声音节、零声母音节和零韵母音节。(作者补注)

② 笔者后来改用"转写"而不用"记录",因为"记录"只是复制,"转写"还包括"加工"。书面语言是口头语言的加工形式,而不是对口头语言的直接复制。(作者补注)

一个音节的每一个义项都用一个专门的汉字来表示。实际上,大多数汉字都不止包含一个义项。例如同一个"汉"字,既可以是"汉语"的"汉",也可以是"男子汉"的"汉"。可见汉字也具有多义性。有些汉字形同音不同,分别记录不同的音节,叫作同形字,例如"长短"的"长"(cháng)和"增长"的"长"(zhǎng)。同形字的义项由它所记录的不同的音节分别表示。

　　汉字不但是记录音节的符号,而且还通过字形直接表意。字形直接表意有象形、指事、会意、形声等不同的方法。英语等印欧语系语言的拼音文字直接表意的功能很弱。虽说各种语言的文字都是形、音、义的结合体,但是由于造字原则不同,表音和表意的方法也不完全相同。拼音文字的造字原则是直接记音,通过记音来表意,表意是间接的;汉字的造字原则是直接表意,兼顾直接表音(通过形声字的音符),表音有间接的,也有直接的(形声字)。因此,拼音文字可以见其形而知其音,汉字则可以见其形而知其义,其中形声字也可以见其形而知其音。当然,这只是就造字原则而言。随着语言文字的发展变化,文字的表音、表意功能也会发生变化。现在的英文词并不是所有的都能见其形而知其音,现代汉字也不是所有的都能见其形而知其义或知其音。现代汉字中的象形字已很难看出其代表的形状;约占汉字总数90%的形声字,全表音的音符(即声、韵、调与整字的声、韵、调完全相同的音符)大概还不到音符总数的四分之一,一部分音符只具有半表音功能(即声、韵、调三项中只有一两项与整字相同或相近),有些音符已完全失去表音功能。不过汉字毕竟是汉语音节的代表,象形、指事、会意、形声等造字原则依然存在,仍有很强的表意功能。正因为如此,说汉语的人在阅读时可以根据字形猜测到许多没有学过的汉字的意思,第二语言学习者学到一定的程度,阅读时也可以通过猜测没有学过的汉字来理解文意。

　　认识音节的独立性和汉字与音节的对应性对汉语教学十分重要。把汉字作为"词汇"的附属品即单纯的书写符号来教,还是作为独立的语言单位来教,反映不同的"汉语观"和不同的教学路子,教学效果会大不一样。

三、最小语法单位的单字性

　　吕叔湘先生(1964)早已指出:"汉字、音节、语素形成三位一体的'字'。""字"的特点又直接影响到汉语语法分析,例如:"汉语里的'词'之所以不容易归纳出一个令人满意的定义,就是因为本来没有这样一种现成的东西。其实啊,讲汉语语法也不一定非有'词'不可。……汉语里的'词'的问题还是得解决,可是只有把它当作主要是语汇问题来处理,而不专门在语法特征上打主意,这才有比较容易解决的希望。"王力先生(1986)也说过:"汉语基本上是以字为单位的,不是以词为单位的。"

以上论述都强调"字"而否定"词"。所谓"汉语基本上是以字为单位的",我们理解为"字"基本上是汉语最小的语法单位。

我们不是把"词"看成最小的语法单位,而是把单字看成最小的语法单位,也是出于下面的认识:

(1)在古代汉语中,单字一般都可以直接充当句子成分,这是不可否认的语言事实。因此,古代汉语中的单字无疑是能够独立运用的最小的语法单位。

(2)现代汉语是由古代汉语发展而来的,单字直接充当句子成分并不是例外。例如:"他看书""他常看新书""这本书我看不懂",句子成分都是由单字充任的。这些单字当然也都是能够独立运用的最小的语法单位。

(3)现代汉语中大量的句子成分虽然是由被称为"词"和"词组"的双字组合和多字组合充任的,但是这些"词"和"词组"都是由单字组合而成的。由单字到双字和多字的组合不是任意的,必须遵循一定的组合规则,这种组合规则也属于语法范畴,也是语法规则。既然单字可以按照一定的语法规则直接参与组合,把单字看作能够独立运用的最小的语法单位就是无可非议的。

(4)无论是双字组合还是多字组合,其句法作用都只相当于一个单字,可以用相关的单字进行替换。例如:

① 我看书。
② 我看新书。
③ 我看新出版的书。
④ 我看北大出版社新出版的书。
⑤ 我看北大出版社新出版的语法书。
⑥ 我看北大出版社新出版的汉语语法书。
⑦ 我看北大出版社新出版的现代汉语语法书。

上面的句子中带下划线的双字组合和多字组合与第一句中的单字"书"的句法作用完全相同。也可以把第一句中的"书"看作是对后面各句中双字组合和多字组合的替换。

　　句子成分从以单字为优势到以双字组合和多字组合为优势，是汉语发展的结果。例如，在古代汉语中，"朋"和"友"是两个不同的概念，而且都充当句子成分——"同门曰朋，同志曰友。"（郑玄）而在现代汉语中，"朋友"却成了固定组合，"朋"和"友"一般不再直接充当句子成分。"朋"只有在"亲朋、高朋、朋党、狐朋狗党"等固定组合中，"友"只有在"友谊、友人、友邦、友好、好友、学友、烟友、酒友"等固定组合中，才有独立的地位。又如，古代汉语中的"美"和"善"不但能直接充当句子成分，而且具有对称意义——"尽美矣，又尽善也。"（《论语》）在现代汉语中，"善"一般不能直接充当句子成分，只有在"善良、善心、善举"等固定组合中才有独立的地位；"美"一般只在口语中充当句子成分，书面语中一般用"美丽"。如果要表示对称，可以说"尽善尽美"，这正是从古代汉语沿袭过来的。

　　双字组合和多字组合的增加既有社会的原因，也有汉语自身的原因。社会的原因是外因，汉语自身的原因是内因。

　　所谓社会的原因，就是双字组合和多字组合是适应社会发展的需要而逐渐发展起来的。随着社会的发展，必然要不断产生新的社会现象，对大自然也要进行改造，还会发现许多以前没有发现过的社会现象和自然现象。对新产生和新发现的社会现象和自然现象都必须进行命名，因为只有经过命名，才能形成概念，也才能区别不同的现象。汉语对新现象的命名有两种办法，一种是给已有的"字"增加义项，另一种是用意思相关的"字"进行组合。例如"电"这个字，在古代是雷电的"电"，发明了人工电以后，仍用原有的"电"字命名，只是赋予这个"电"字新的义项。这样，"电"字就既有雷电的意思，如"闪电"，又有人工电的意思，如"停电"。但是新的义项并不能把电线、电灯、电话、电影、电视等新的现象区别开来，所以还要跟"线""灯""话""影""视"等意思相关的"字"进行组合。除了双字组合以外，还出现了电灯泡、电话线、电影片、电视机等多字组合，这是第二层组合。在两层组合中，"电"都保留着作为电能源的义项，参与组合的其他"字"也都保留着它们原来的部分义项。又如，"汉语"是由"汉"和"语"组合而成的，意为"汉民族的语言"。这个概念也是在历史上产生的，产生的原因是需要用不同的名称来区分不同的语言。为什么把"汉"和"语"组合起来就能表示"汉民族的语言"呢？因为"汉"在古代汉语中就有"汉民族名称"这个义项，"语"就是"与别人谈话"的意思，把这两个意思相关的义项组合起来，就能表示"汉民族的语言"。在古代汉语中，"言"和"语"分别代表不同的概念——"自言为言，与人谈论为语。"（《辞源》）"语"也可以说"言语"，与现代汉语中"言语"的意思基本相同。

　　我们举这些例子是想说明：随着社会的发展，当原有的"字"不能给新产生和新发现的社会现象和自然现象命名的时候，就采用"组合"的办法。这就是双字组合和多字组合产生的社会原因。

　　所谓汉语自身的原因，是指汉语本身有进行"字"的组合的可能性和必要性。因为汉语的"字"具有独立性，所以意思相关的"字"可以按照一定的语法规则自由组合；这种组合足以给不断增加的新现象命名，代表新的概念，基本上不需要增加新的音节，也很少需要增加新的汉字。这正是汉语能够自古延续至今并且将继续延续下去的根本原因。这就是可能性。必要性是指除了要给新现象命名以代表新的概念以外，还要保持语句的和谐。也就是说，即使通过增加原有"字"的义项也可以给某些新现象命名，但是为了使语句和谐，也不得不实行组合。"语句和谐"是指音节（字）搭配均衡，或对称，或起伏，使人有和谐感，符合本民族的审美心理。现代汉语中的双字组合已逐渐成为主要倾向，这不但是因为表达新现象的需要而增加了大量的双字组合，而且也是因为随着双字组合的增加，还需要增加另外一些双字组合来与之匹配，以便能保持语句和谐。下面拿两句话做对比，来说明其中的道理。

　　　　屋子外面虽然滴水成冰，屋子里面却是温暖如春。
　　　　屋外虽滴水成冰，屋里却温暖如春。

　　这两句话的意思完全一样，只是用字多少不同。其中"屋"和"屋子"、"外、里"和"外面、里面"、"虽"和"虽然"都是单字和双字相对应，对应成分的意思也完全一样。第一句实际上是用双字组合替换第二句中相应的单字，但是如果不是全面替换，而只是替换其中的一个或两个，都会影响句子和谐。此外，例句中的"温暖"就是"暖"的意思，如果不说"温暖如春"，而说"暖如春"，意思也一样，但是就不能与"滴水成冰"相对称。可见，用"温暖"而不用"暖"，也是为了保持语句和谐。保持语句和谐是双字组合和多字组合不断增加的原因之一。

　　从古代汉语主要以单字直接充当句子成分，发展到现代汉语主要以双字组合和多字组合直接充当句子成分，并没有改变"最小语法单位的单字性"这一特点。我们肯定这一点，除了前面提出的理由以外，还有另外两点依据：一是双字组合和多字组合中的单字,都保留着原有的全部或部分义项,并没有丧失其表意功能。例如:在"学习"这个组合中,"学"仍有仿效的意思,"习"仍有复习、练习的意思,都没有失去其在"学而时习之,不亦说乎"中"学"和"习"的意思。二是参与组合的单字一般并不是凝固在某一个特定的组合中,而是还可以与意思相关的其他对象进行组合,因此并未失去其独立性。例如:"汉语"这个组合中的"汉"还可以组合成"汉奸、汉剧、汉民、汉人、汉姓、汉学、汉字"等,"语"还可以组合成"英语、日语、法语、阿拉伯语、西班牙语、语言、语音、语法、语句、语词、语气、语病、语录、语文、语序、语系"等。可见"汉语"这个固定组合中的"汉"和"语"都没有失去其独立性。

解释语法结构可以采用"向下看""向上看"等方法。"向下看"就是由大到小,把较小的语法单位看成是从较大的语法单位中"切分"出来的。从句子中切分出"词组"和"词",又从"词"中切分出"语素"("词素"),采用的就是"向下看"的方法。"向上看"则是由小到大,把大于"字"的语法单位看成是由"字"逐级组合而成的。试分析下面的句子:

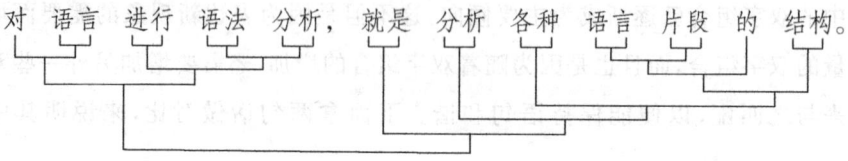

采用"向下看"的方法,"语言、进行、语法、分析、片段、结构"等都是"词",再往下分,不能独立成"词"的就是语素。采用"向上看"的方法,每一个单字都是一个最小的语法单位,由这些最小的语法单位层层组合成更大的语法单位。

我们认为,在对外汉语教学中除了运用"向下看"(由大到小的切分,切分到字)的方法以外,更需要运用"向上看"(由小到大的组合,从字开始)的方法,因为把大于"字"的语言片段看成是由单字层层组合而成的,就可以在教授汉字的同时进行汉字组合教学,把汉字教学和语法教学有机地结合起来。

四、书面语的特殊性

书面语要求精炼、严谨和尽可能优美,所以各种语言的书面语与口语之间都必然存在一定程度的差别。有些语言,特别是像汉语这样历史悠久的语言,书面语与口语的差别更为明显,这与汉字的特点有密切的关系。汉字一直保持其相对稳定的地位,它使现代汉语书面语与古代汉语书面语保持着一定的传承关系,使历代文化典籍中的名言、成语、典故等文化精粹都成为语言积淀而在现代汉语书面语中被广泛沿用(有些也扩散到口语中)。

汉语书面语与口语的差别,从话语中也能发现。我们听别人说话,能够大体上判断说话人受教育程度的高低。为什么能够通过话语判断一个人受教育程度的高低呢?因为读书较多的人受书面语的影响较大,在进行口头表达时,往往自觉不自觉地带有书面语色彩,他们说出的话与受教育程度较低的人的口语有明显的差别。差别主要表现在"文白"方面,同时也表现在用"字"范围和口音等方面。

受教育程度较高的人,因为"身在其中",对书面语的特殊性往往不太敏感。就是努力用口语写作,有时也会不自觉地流露出书面语痕迹,甚至带有浓厚的书面语色彩。第二语言学习者的感受就完全不同。他们甚至觉得说出来的汉语是一个样子,写出来的汉语却是另一个样子。例如,说的时候用"应该",写的时候却可以用"应";说的时候用"有",写的时候却常常用"具有"。"但是"与"但"、"需要"和"需"、"是不是"与"是否"、"有没有"与"有无"、"书"和"书籍"或"书本"等等也是如此。书面语中常常出现的雄伟壮丽、光彩夺目等描写性成分,在口语中一般是听不到的。另外,书面语中的一句话可以长达几十个字,口语中一般不会出现这样的长句。这说明汉语书面语确有一定的特殊性。

有不少口头表达能力很强、阅读也没有问题的外国人,书面表达能力却较差。学习汉语的外国学生,即使是高年级的学生,写出的文章语体不伦不类的现象相当普遍。这就从一个侧面反映了汉语书面语的特殊性。

我们指出汉语书面语的特殊性,是为了说明:汉语书面语必须通过系统的学习才能掌握,并不是只要掌握了汉语口语和汉字就能自动掌握的。

以上就是我对汉语特点的初步认识。这里只提出四点,是因为我认为这四点对汉语教学的路子有直接的影响,并不是认为汉语只有这四个特点。这四个特点都跟"字"(包括音节和汉字)有关,体现了"字"的形、音、意、用的和谐统一。"用"即语法作用。因此,我们认为"字"能代表汉语的本质特征。认识这一点,对汉语教学具有决定性的意义。

汉语教学路子研究刍议[*]

(2003.3)

一、引言

我们已经进入充满希望的 21 世纪。随着经济的发展、政治的稳定和对外交流的扩大,我国必然会吸引更多的外国人和华侨学习汉语。北京"申奥"成功和我国加入世贸组织,又为汉语的学习和教学增加了新的动力。我们终于迎来了加快发展汉语教学的大好机遇。但是,机遇往往与挑战相伴。在当今这样的信息时代,时间对于每一个人都更加宝贵,要加快发展汉语教学,还必须进一步提高教学效率,打破"汉语难学"的神话,使汉语学习者能够在尽可能短的时间内达到他们预期的学习目标。

毋庸讳言,我国对外汉语教学的效率还不能令人满意,原因是多方面的,但是跟教学理论和教学方法的研究不是毫无关系。正如刘珣教授(2000)所说:"中外汉语教学工作者普遍对目前汉语教学效果不满意。……我们不能把教学效率不高完全归咎于汉语本身的特点和难点,以及汉语学习者汉语水平起点低等客观原因。根本原因可能还在于我们没有完全找到针对汉语特点的学习规律与教学规律,汉语作为第二语言教学的教学法体系还不完善,教学方法还需进一步改革。"

我国对外汉语教学理论和教学方法的研究跟对外汉语教学事业同步发展,从事业开创算起,已经走过了 50 多个年头;从自觉进行学科建设算起,也已走过了 20 多个年头。半个世纪以来,我们在教学理论和教学方法的研究上已经取得了不小的进展。但是我国对外汉语教学的理论和方法基本上是随着欧美英语教学理论和方法的发展而发展的。当然,引进是必要的,因为不同语言的教学毕竟有一定的共

---

　　* 本文原载《暨南大学华文学院学报》2003 年第 1 期。又见笔者所著《语言教育与对外汉语教学》(外语教学与研究出版社,2005)。

性,教学理论和方法可以互相借鉴。我们需要通过借鉴开阔自己的眼界,打开自己的思路。没有借鉴,我国对外汉语教学研究就不可能发展到今天的水平。在借鉴的同时不忘总结自己的经验,也是我国对外汉语教学研究的好传统。不过,我们本来还可以做得更好。笔者个人一直在不断地对自己的研究进行反思。就拿关于如何处理教学内容与教学方法的关系问题来说,笔者曾经提出教学方法应由教学内容来决定,教学方法必须与教学内容相一致。(吕必松,1990a)后来笔者逐渐发现,仅仅提出这一点是远远不够的,还应当同时说明,教学内容是跟所教语言的特点联系在一起的。例如,汉语的音节与印欧系语言音节的性质截然不同,因此我们不应当按照印欧系语言语音教学的套路教汉语语音;汉字是记录汉语音节的,跟印欧系语言的文字的性质也截然不同,因此也不应当按照教印欧系语言的文字的套路进行汉字教学。在世界范围内影响较大的各种语言教学法,例如语法翻译法、直接法、听说法、功能法等等,都是根据印欧系语言特别是英语的特点研究出来的,汉语有不同于印欧系语言的明显的特点,因此上述种种教学法所规定的原则和方法,并不能完全解决汉语教学中的特殊问题。例如,所有这些教学法都不能告诉我们应当如何根据汉字的特点教汉字,如何根据汉语语音、语法的特点教语音、语法,如何正确处理书面汉语教学与口头汉语教学之间的关系。汉语教学中的这些特殊问题,必须靠我们自己去研究解决。只有把这些问题研究清楚了,才能逐渐形成符合汉语特点的语言教学法流派;也只有形成符合汉语特点的语言教学法流派,才能对一般语言教学法的研究做出贡献。共性就存在于个性之中,一般规律是从特殊规律中概括出来的。

我们在汉语教学理论和教学方法的研究上存在的最大问题就是对汉语的特点缺乏足够的认识,总是在西方语言学理论和语言教学理论的框架内思考问题。不同意见的讨论和争论,也总是拿西方语言学理论和语言教学理论作为立论的根据,很少从汉语的特点出发研究问题。即使提到汉语的特点,也缺乏更深一层的思考。这说明我们在汉语教学的研究上存在一个误区。正因为如此,我们至今还没有找到一条符合汉语特点和汉语学习规律的教学路子。现在占主流地位的教学路子,基本上是西方语言教学路子的翻版。教学路子不对头,就不可能取得最佳教学效果。

二、什么是教学路子

第二语言教学的路子,跟第二语言教学的目的和内容有关。

人们学习一种第二语言,是为了获得这种语言的语言能力和语言交际能力。当然,学习第二语言还有其他目的,例如开发智力、准备升学、提高文化素养等。但是这些目的只有通过获得一定的语言能力和语言交际能力才能达到。因此,进行第二语言教学要把帮助学生获得所学语言的语言能力和语言交际能力作为直接的教学目的。

语言能力和语言交际能力是由知识和技能两个方面的要素构成的。这里所说的知识,是指语言知识、语用知识和相关的文化知识。语言知识又包括语音、词汇、语法和文字等语言要素,以及关于语言和语言要素的理论知识。这里所说的技能,是指听、说、读、写等言语技能和相应的言语交际技能。这些也就是第二语言学习和教学的基本内容。

我们知道,语言知识、语用知识和相关文化知识是客观存在的,不会因为任何个人是否存在而受到影响;而言语技能和言语交际技能则总是跟具体的人联系在一起的,是具体人的技能,离开了具体的人,就无法体现这样的技能。客观存在的知识可以由传授而获得,属于个人的技能却需要经过训练才能掌握。言语技能和言语交际技能必须以客观存在的语言知识、语用知识和相关文化知识为基础,但是这些知识必须通过转化才能成为学习者个人的技能。转化的办法就是结合知识传授进行技能训练。因此,所谓语言教学,实际上就是通过适当的途径和方式以及相应的方法和技巧,把客观存在的语言知识、语用知识和相关的文化知识转化为学习者个人的言语技能和言语交际技能。语言教学的任务就是通过知识传授和技能训练去促进由知识向技能的转化。

要通过知识传授和技能训练来帮助学生完成由知识向技能的转化,就必须设计出进行知识传授和技能训练的途径和方式。这样的途径和方式就是教学路子。例如,把各种知识的传授和各项技能的训练放在同一门课中进行,就叫作"综合教学";通过开设听力、口语、阅读、写作等专项技能课分别训练不同的技能,并围绕不同技能的训练进行相关知识的教学,就叫作"分技能教学";既开设综合课,又开设专项技能课,就叫作"综合教学与分技能教学相结合"。"综合教学""分技能教学"

"综合教学与分技能教学相结合"就属于不同的教学路子。又如,用同一种教材在同一门课中既教口头汉语又教书面汉语,就叫作"语文一体";通过不同的课型分别教授口头汉语和书面汉语,就叫作"语文分离"。把"词"作为基本单位进行教学,使汉字教学附属于词汇教学,可以叫作"词本位"教学;把"字"作为基本单位进行教学,可以叫作"字本位"教学。"语文一体"教学和"语文分离"教学、"词本位"教学和"字本位"教学也属于不同的教学路子。

总起来说:所谓语言教学路子,就是经过人工设计的为实现某种教学目的而进行知识传授和技能训练的途径和方式。

三、为什么要研究教学路子

人们走路,从出发点到目的地,走直线就是走近路,走曲线就是走远路。走远路就要多花时间和气力。语言学习和教学也好比走路,存在走近路还是走远路的问题。按照正确的路子学习和教授语言就等于走近路,按照错误的路子学习和教授语言就等于走远路。教学路子对于语言学习和教学的重要性就在于此。

语言教学路子是一种客观存在,只要进行语言教学,就必然会遵循一定的教学路子。我国对外汉语教学现行的教学路子不是只有一种,但是有一种教学路子已占据主流地位。这种占主流地位的教学路子的特点可以归结如下:

(1) 以培养汉语能力和汉语交际能力为基本教学目的;

(2) 以"语文一体"和"词本位"为基本教学模式;

(3) 按照综合教学与分技能教学相结合的思路设计课程;

(4) 主张结构与功能相结合,重视跟语言理解和语言表达相关的文化知识的教学;

(5) 提倡交际性原则和实践性原则,要求"精讲多练"。

上述教学路子是在借鉴西方语言教学理论和教学方法并不断总结自己的教学经验的过程中逐渐形成的。这种教学路子虽然融合了自己的教学经验,但是并没有突出汉语教学的个性。"语文一体"和"词本位"教学模式则完全背离了汉语的特点。

"语文一体"的教学模式不严格区分口语和书面语,不系统介绍口语体语言和书面语体语言的区别,不做语体转换练习;对阅读训练,尤其是大量和快速阅读训练的重视程度远远不够。这种教学模式培养的学生阅读能力普遍滞后,不能通过课外阅读吸收更多的知识;书面表达能力更差,即使是高年级的学生,写出的文章语体不伦不类的现象也相当严重。有些国外同行反映,他们的学生到中国学了一年半载以后,口头表达能力有了明显的提高,书面表达能力却不见长进。其实,学生口头表达能力的提高,除了得益于课堂教学以外,还得益于中国的语言环境。

"词本位"教学把词作为基本教学单位,把汉字作为单纯的书写符号,使其附属于词汇教学。把词作为基本教学单位,学生难以对双字词和多字词中的汉字形成独立的概念。汉字不能形成独立的概念,就不便于在大脑中单独储存和提取。例如,学了"欢迎"以后,头脑中就只有"欢迎"这个概念,而没有"欢"和"迎"这两个概念。只有当这两个字连在一起的时候他们才能识别,如果分开来,就有可能发生混淆,把"欢呼"念成"迎呼",把"迎接"念成"欢接"。同样,学了"唱歌"以后,头脑中就只有"唱歌"这个概念,而没有"唱"和"歌"这两个概念,看到"歌唱"仍然念成"唱歌",看到"歌舞"会念成"唱舞"。学了"汉语"以后,头脑中也只有"汉语"这个概念,而没有"汉"和"语"这两个概念,以后再学习"汉字"和"英语"时,不能把"汉字"中的"汉"与以前学过的"汉"字联系起来,也不能把"英语"中的"语"跟以前学过的"语"字联系起来。这说明,"词本位"教学不符合汉字的认知规律。不仅如此,由于不了解字意,也就难以掌握确切的词意。例如,我们把"学习"翻译成 study,但是 study 并不能传达"习"字所含有的"温习、练习"等意思。我们把"汉语"翻译成 Chinese language,译文与原文的意思相去更远;如果翻译成 Han language,就必须对 Han 做专门的解释。我们把"人山人海"翻译成 a sea of people;huge crowds of people,把"情不自禁"翻译成 can not help;can not refrain from,译文虽能达意,却不如原文生动和传神。以上关于汉字认知和词义理解的问题随处可见,足见问题的普遍性和严重性。上述汉语词语也代表了汉语的某些结构方式,而汉语的结构方式又反映了说汉语者的思维方式。汉语学习者只有深刻了解汉语的结构方式,才能学到中华文化的精髓,逐渐学会用汉语思维。而"词本位"教学却不介绍汉语词语的内部结构规则。

与"语文一体"和"词本位"教学相联系的是教说什么话,就教写什么字,无法按照汉字形体结构的特点由易到难地进行汉字形体结构的教学。假设第一课教的是"你好、谢谢、再见"这三句话,就要同时教"你、好、谢、再、见"这五个字。虽然这三句话很有用,也不难学,但是这五个汉字却比较复杂。初学汉语的外国人看到这些汉字,就认为汉字都像图画,一开始便产生了"汉字难学"的心理障碍。可见,"语文一体"和"词本位"教学模式是造成"汉字难学"的直接原因。

上述情况说明,要提高汉语教学的效率,必须改变"语文一体"和"词本位"的教学模式,探索新的教学路子。

一种语言的教学路子,必须与这种语言的特点相一致。我国对外汉语教学现在占主流地位的教学路子存在的主要问题就是在很大的程度上背离了汉语的特点。因此,探索汉语教学的新的教学路子,必须首先在汉语特点的研究上下功夫。

汉语的特点与汉语教学路子[*]
(2005.7)

人类语言有一定的共性,不同民族的语言又有各自的个性。个性就是特点。进行语言教学,不能忽视人类语言的共性,更需要重视所教语言的特点,因为所教语言的特点不但包含学习的难点,而且是设计教学路子所不可缺少的依据。我们进行汉语教学,只有把握住汉语的特点,按照汉语的特点设计教学路子和进行教学,才能提高教学效率,取得最佳教学效果。

一、关于汉语的特点

要按照汉语的特点设计教学路子和进行汉语教学,就必须了解汉语到底有哪些特点。问题是,我国语言学界对汉语的特点还没有完全形成共识。

下面根据一些权威学者的论述,谈谈笔者对汉语特点的初步认识。

吕叔湘先生(1964)曾经指出:"汉字、音节、语素形成三位一体的'字'。""汉语里的'词'之所以不容易归纳出一个令人满意的定义,就是因为本来没有这样一种现成的东西。其实啊,讲汉语语法也不一定非有'词'不可。……汉语里的'词'的问题还是得解决,可是只有把它当作主要是语汇问题来处理,而不专门在语法特征上打主意,这才有比较容易解决的希望。"王力先生(1986)也说过:"汉语基本上是以字为单位的,不是以词为单位的。"

我们从以上论述中至少可以理解到下面几点意思:

(1) 汉字、音节、语素三位一体。

(2) 汉字、音节、语素统称为"字"。

---

* 本文原载笔者所著《语言教育与对外汉语教学》(外语教学与研究出版社,2005)。本文在写作过程中得到胡明扬、刘珣、鲁健骥、陆俭明、吕文华、石定果、徐通锵、仲哲明等先生的指导和帮助,特此致谢。

（3）"字"在口头汉语（说的汉语）中以音节形式出现，在书面汉语（写的汉语）中以汉字形式出现。也就是说，"字"可以作为音节和汉字（以及语素）的合称。

（4）汉语基本上以"字"为单位。

（5）汉语里没有现成的"词"，可以用"语汇"的研究代替"词汇"的研究。

我们认为，以上各点都是汉语的特点。这些特点的核心是：汉语基本上以"字"为单位，而不是以"词"为单位。这里所说的"单位"，实际上是指基本单位。基本单位就是最小的语言单位，也是最小的语法单位。如果承认"字"是汉语的基本单位，我们也可以把上述汉语的特点归结为"字本位"。"字本位"就是"以'字'为基本单位"的意思。把"以'字'为基本单位"简略为"字本位"，是为了从俗和称说的简便。

下面具体说明我们对汉语"字本位"特点的理解。

1.1 音节是口头汉语（说的汉语）的基本单位

一般认为，语言是第一性的，文字是第二性的。在文字产生之前，只有口头语言，没有书面语言。文字产生之后，才逐渐形成了书面语言，形成了书面语言与口头语言的对立。

我们认为，口头汉语的基本单位是音节。理由是：汉语的音节代表概念，具有一定的意义和语法作用；人们说汉语，至少要说一个音节，大于音节的语言单位，都是由音节组成的。跟某些其他语言不同，汉语的音节不是单纯的语音形式，所以当我们讲音节的时候，不仅仅是讲语音层面上的问题。在语音层面上，汉语的音节一般由声、韵、调三部分组成。相关的声、韵、调一旦组合成一个有效的音节，这个音节就代表一定的概念，含有一定的意义，可以作为最小的语言单位和语法单位独立运用。我们这里所说的独立运用，是指直接用作句子成分，或直接用作语法标记，或与其他相关的音节组合成字组。例如：在"Wǒmen huì xiě Hànzì le."（我们会写汉字了。）这个句子中，huì 和 xiě 都是直接用作句子成分的音节，le 是直接用作语法标记的音节。至于 wǒmen 和 Hànzì，现在通行的语法观念认为是词，字本位观念认为它们是由 wǒ 和 men、hàn 和 zì 这四个音节组成的大于字小于句的语法单位，叫作字组。（徐通锵，1994）这四个音节在 wǒmen 和 Hànzì 中的作用是参与组合。我们认为，参与组合也是独立运用。理由是：既然能够参与组合，就说明它们并不是只能凝固在某个特定的组合之中，而是还可以跟意思相关的其他音节组合成别的字组;音节与音节组合成字组,必须遵循一定的组合规则,这样的组合规则也属于语法规则;音节与音节既然可以按照一定的语法规则互相组合,那么,把它们作为一级语法单位,即最小的语法单位,就是顺理成章的事。

　　汉语的绝大多数音节都可以跟意思相关的其他音节组合成字组。也就是说,汉语的绝大多数音节都可以作为最小的语言单位和语法单位在口头汉语中独立运用。

　　需要强调的是,我们这里是在讨论音节的性质及其在口头汉语中的作用,而不是讨论对应于某个汉字的具体音节。在讨论音节的性质和作用问题时,不应当把它们联想成与之相对应的某个特定的汉字,因为音节与汉字并不总是一一对应的。仍以上面的 Hànzì 和 wǒmen 为例,我们讨论的是"hàn、zì、wǒ、men"这四个音节的性质和作用,而不是说这四个音节只能与"汉、字、我、们"这四个汉字相对应。作为音节的 hàn,它不但可以跟 zì 组合成 Hànzì,而且还可以跟意思相关的其他音节组合成 Hànyǔ(汉语)、hǎo hàn(好汉)、hànshuǐ(汗水)、gānhàn(干旱)等等。这里有三个不同的汉字与 hàn 相对应,这三个汉字就代表不同的概念。作为音节的 zì,相对说来义项较少,但是在《现代汉语词典》中,与之相对应的汉字有九个,最常用的有"文字"的"字"和"自己"的"自"。wǒmem 中的 wǒ 可以独立运用自不必说,就是 men,虽然有很强的黏着性,而且只有一个汉字与之相对应,但它也不是完全封闭的,甚至可以说它是表示复数的一种语法标记。

1.2 汉字是书面汉语(写的汉语)的基本单位

　　文字是记录语言的符号。与拼音文字记录语言的方式不同,汉字记录汉语的方式是直接记录音节。除了个别情况以外,说出来的一个音节,写下来就是一个汉字;反过来说,写下来的一个汉字,念出来就是一个音节。汉字与音节的这种对应关系决定了汉字所记录的是音节所代表的概念,具有音节赋予的意义和作用,是书面汉语的基本单位。

　　虽说各种语言的文字都是形、音、义的结合体,但是由于造字原则不同,表音和表意的方法也不完全相同。拼音文字的造字原则是直接记音,通过记音来表意,文字本身直接表意的功能很弱。汉字的造字原则是直接表意,兼顾直接表音(通过形声字的音符)。因此,拼音文字可以见其形而知其音,汉字则可以见其形而知其义,其中形声字还可以见其形而知其音。当然,这只是就造字原则而言。随着语言文字的发展变化,文字的表音、表意功能也在发生变化。现代书面英语的 word 并不是所有的都能见其形而知其音,现代汉字也不是所有的都能见其形而知其义或知其音。此外,汉字的表音方法与拼音文字的表音方法不同,拼音文字是通过字母及字母组合来表音,汉字是借用已有的字作新字的音符来表音。因此,要了解一个形声字的读音,需要首先了解它的音符的读音。尽管如此,还是不能否认汉字具有一定的表意和表音功能。汉字的表意和表音功能不但使其作为书面汉语基本单位的性质得到了强化,而且具有便于理解和记忆的优势。

当然,并不是百分之百的汉字都有义理可解。例如,沙发、玛瑙、玻璃、葡萄等音译外来词中的汉字就只起表音的作用,并不代表任何概念。这是借用外来词而形成的例外。实际上,任何规律都有例外。这类汉字为数有限,不能因为这些例外的存在就从整体上否认汉字具有书面汉语基本单位的性质。徐通锵先生曾经对我说:"汉语借用外来词也往往要用汉语的规律对其加以改造而使其汉化。汉语改造外来词的基本办法就是从外来词的音节中选取一个适当的音节并配以相应的汉字,使原本没有意义的音节具有表意的功能,或者实现'字化'。历史留下来的外来词,如佛、塔、僧等,都是受汉语规律改造的结果。美、英、法、意、西、葡等都是外来词的音节字化的结果。'奥林匹克'是外语词的音译,其中的每一个字都无意义,但是'奥运会''申奥办公室'中的'奥'都具有'奥林匹克'的意义。'沙发''玛瑙'等现在还没有'字化',但是理论上完全有字化的潜能。"汉语改造外来词的办法从另一方面说明了汉字具有书面汉语基本单位的性质。

1.3 汉字使汉语书面语保持传承关系

书面语要求精炼、严谨和尽可能优美,所以发达语言的书面语与口语之间都存在一定程度的差别。例如,书面表达讲究结构规则,要求表达简洁,而口头表达则允许一定程度的任意性,允许颠倒、重复,容忍冗余成分;书面表达时一句话可以长达几十个字,口头表达时一般不会使用这样的长句。汉语书面语与口语差别的形成,除了一般的原因之外,还因为汉字长期相对稳定,使现代汉语书面语与古代汉语书面语保持着一定的传承关系。例如:现代汉语书面语中还保留着大量的文言成分;历代文化典籍中的名言、成语、典故等文化精粹,都成为语言积淀而在现代汉语书面语中被广泛沿用(有些也扩散到口语中)。读书较多的人,因为身在其中,对汉语书面语的特殊性往往习而不察,就是努力用口语写作,有时也会不自觉地流露出书面语痕迹。第二语言学习者却能感受到两者的巨大差别。例如,说的时候用"应该",写的时候却可以用"应";说的时候用"但是",写的时候却常常用"但"。"需要"和"需"、"是不是"与"是否"、"有没有"与"有无"、"……的时候"与"……时"等也是如此。为什么大夫说"一天吃三次,一次吃两片",而装药的纸口袋上却写着"日服三次,每服二片"? 为什么朋友对我说的是"美国总统下个月要来中国访问",而报纸上写的却是"美国总统将于下月访华"? 如此等等。书面语中常常出现的"雄伟壮丽""光彩夺目"等描写性成分,在口语中一般是听不到的。现代汉语书面语的特殊性,跟汉字作为书面汉语基本单位的特性是分不开的。汉语语音的发展变化和众多方言的继续存在都未能改变汉语书面语的传承关系,这跟汉字作为书面汉语基本单位的特性也是分不开的。

　　一种语言的特点,就是跟其他语言不同的方面。我们把"字本位"看作汉语的特点之一,甚至认为是汉语的基本特点,就是因为汉语在这方面与许多其他语言截然不同。例如英语最小的语法单位是 word(词),word 由 morpheme(语素)构成,morpheme 由 syllable(音节)构成。汉语最小的语法单位是"字","字"以音节和汉字为标记,"字"以上不存在相当于英语 word 的单位,"字"以下不存在相当于英语 morpheme 的单位。由此可见,汉语的"字"——音节和汉字——在英语中找不到完全的对应物,英语的 word、morpheme 和 syllable 在汉语中也找不到完全的对应物。汉字在作为一级书写单位这一点上可以与书面英语的 word 相对应,但是汉字不仅仅是书写单位,而且也代表音节,作为最小书写单位的笔画无表音功能。而英语的 word 不代表音节,作为最小书写单位的字母有表音功能。这说明汉字在总体上与书面英语的 word 又不相对应。正如赵元任先生(1975)所说:印欧系语言中 word 这一级单位"在汉语中没有确切的对应物","在说英语的人谈到 word 的大多数场合,说汉语的人说到的是'字'。这样说绝不意味着'字'的结构特性与英语的 word 相同,甚至连近于相同也谈不上"。

　　朱德熙先生(1986)明确指出:"研究汉语不关心汉字是不对的……我觉得过去研究语言的人恐怕对汉字的重要性估计不足。"他还强调:"尤其要研究汉字和汉语的关系。"

　　石定果教授(1993)也指出:"建立在印欧语系基础上的普通语言学,通常把文字排除在语言的要素之外,而只强调语音、词汇、语法,因为这些语言所使用的拼音文字只是单纯记录其音系的符号。但是就汉语而言,文字却存在特殊性。""汉字也应视为汉语的要素之一。”

　　徐通锵先生(1994)对"字"的语法地位进行了专门的研究和系统的论述。他说:"汉语语义句法的结构单位是'字',而不是'语素'之类的东西。""'字'实际上是形、音、意三位一体的结构单位,仅仅把它看成一种文字的书写单位是没有道理的。传统的汉语研究,不管是文字、音韵、训诂、方言,还是别的什么,都以'字'为基础,从来不讲语素和词,不讲与此相联系的主、谓、宾和名、动、形,这绝不是我们的祖宗'落后','没有语法观念',而是汉语的结构本身允许做这样的研究,需要这样的研究。"

　　潘文国先生(2002)认为:"从汉语出发,20世纪给我们的一个深刻教训是必须还汉字以应有的地位,必须尊重汉字作为汉语'第二语言'的地位和特色。"他多次引用索绪尔的话说:"对汉人来说,表意字和口说的词都是观念的符号;在他们看来,文字就是第二语言。"

　　以上引文的共同点就是都强调字或汉字在汉语中的重要地位,这对汉语教学具有极其重要的意义,也代表了对汉语特点再认识的新突破,虽然这种突破来得太迟。

　　对汉语特点的认识,我们的外国同行往往比我们敏锐。法国白乐桑教授(1996)曾经尖锐地指出:"从教学理论的角度看,尤其是在对外汉语教材编写原则这一最关键的问题上,笔者认为目前对外汉语教学面临着危机。""无论在语言学和教学理论方面,还是在教材的编写原则和课程设置方面,不承认中国文字的特殊性,以及不正确地处理中国文字和语言所特有的关系,正是汉语教学危机的根源。"他早已开始进行"字本位"教学实验,他根据自己的教学经验和研究成果与我国张朋朋先生合作编写的"字本位"汉语教材《汉语语言文字启蒙》于1989年出版后,受到了广泛的欢迎和好评。(张朋朋,1992;刘社会,1994;王若江,2000)相比较而言,我国对外汉语教学工作者对汉语特点的认识似乎十分迟钝。受到国外同行的启发后,我们才逐渐把研究的眼光投向对汉语特点的再认识。我们现在赞成"字本位"的主张,就是出于对汉语特点的再认识。我们对汉语特点的再认识首先来源于国外同行的启发和一些权威语言学家的理论指导,同时也来源于我们自己的教学体验,包括对"语文一体"和"词本位"教学路子的反思。也就是说,我们对汉语特点的再认识来源于理论和实践的相互印证。

　　根据上面的讨论,我们有理由认为:进行汉语教学,无论是进行作为第一语言的汉语教学,还是进行作为第二语言的汉语教学,都应当把汉语的"字本位"特点作为语言学基础。

二、关于汉语教学路子

把"字本位"特点作为汉语教学的语言学基础,我们就应当重新认识和处理汉字教学与汉语教学的关系,重新认识和处理书面汉语教学与口头汉语教学的关系,设计出新的教学路子。

重新认识和处理汉字教学与汉语教学的关系,首先要承认汉字的双重身份,即承认汉字既是汉语的书写符号,又是书面汉语的基本单位。以此为前提,把汉字教学作为书面汉语教学的基础和基本组成部分。

把汉字教学作为书面汉语教学的基础和基本组成部分,就是初始阶段的书面汉语教学以汉字教学为起点,以汉字教学为主线编排教学内容的先后顺序,根据汉字的固有特点,突出形、音、义、用的教学。汉字形体的教学要从笔画教起,同时先教笔画较少的独体字,笔画较多的独体字和较为复杂的合体字适当靠后,并突出部件和汉字结构规则的教学。这样就可以使汉字形体的学习化难为易。适当介绍汉字的造字原则,提示汉字的表意和表音方法,可以帮助学生更好地理解和记忆汉字。汉字用法的教学是一种组合教学,组合教学也就是按照一定的语法规则把字组合成字组的教学。因为把字组合成字组必须遵循一定的语法规则,所以组合教学也是一种语法教学。这样,组合教学既是语法教学和字组教学的基本方法之一,也是语法教学和字组教学的基本内容之一,可以帮助学生更好地理解汉语的结构规则,迅速扩大字组量。

以字为基本单位进行组合教学之所以能迅速扩大字组量,是因为这种办法不但更符合汉语的特点,而且也更符合成年人对汉字和字组的认知规律。我们用下图表示在字本位路子下和在词本位路子下学习书面汉语的区别。图1表示在字本位教学路子下学习,图2表示在词本位教学路子下学习。图1中的"字组"相当于图2中的"词"和"词组",图2中的"词"是指双字词和多字词。

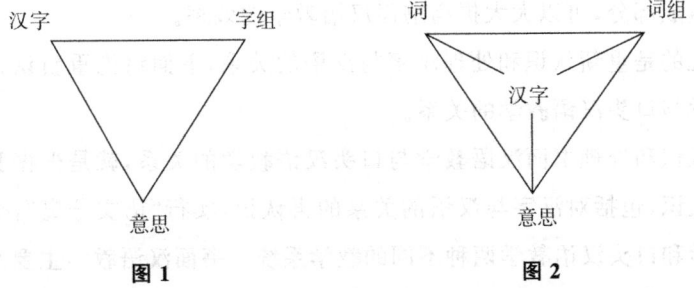

图 1　　　　　　　　　　**图 2**

在以上两种不同教学路子下学习的主要区别是：

（1）汉字是形、音、义统一体，在字本位教学路子下，以字为基本教学单位，学习汉字就是直接学习汉字的形、音、义；由汉字到字组，主要是建立字义与字组义的联系。（当然，字组中的字音与单字的字音也有不完全相同的，不同点主要在变调和轻重，这对学习的影响不会太大）在词本位路子下，以"词"为基本教学单位，学习双字词和多字词主要是建立词形、词音与词义的联系；由词到词组，主要是建立词义与词组义的联系。在把汉字作为单纯书写符号的情况下，不专门介绍双字词和多字词中汉字的形、音、义关系，因此，在双字词和多字词中，汉字的形、音、义基本上是脱节的。如果要掌握双字词和多字词中的汉字，还需要单独建立字音与字义、字义与词义、字义与词组义的联系。跟在字本位教学路子下学习相比，这个过程显然要复杂得多。

（2）多数汉字有一定程度的表意、表音功能，学习时有一定的理据可循，汉字的理据性有助于学习者对汉字的理解和记忆。字组是由汉字组合而成的，有一定的组合规则，字组的组合规则和其中的汉字的理据性使字组也具有一定的理据性，这种理据性也有助于学习者对字组的理解和记忆。汉字和字组的理据性不但有助于学习者对汉字和字组的理解和记忆，而且能够帮助学习者在学习汉字和字组的过程中举一反三。这对成年人的学习尤其重要。在词本位路子下，汉字不过是单纯的书写符号，不单独介绍双字词和多字词中汉字的形、音、义关系，因此学习双字词、多字词和词组都没有理据可循，只能靠死记硬背来分别建立语音与"词义"的联系，以及双字词、多字词和词组与其中的汉字的联系。跟在字本位教学路子下学习相比，学生记忆的负担显然要重得多。

以上情况说明，在字本位路子下学习汉语比在词本位路子下学习汉语要容易得多。由此可以推断，正确处理汉字与汉语的关系，把汉字作为书面汉语教学的基础和基本组成部分,可以大大提高书面汉语教学的效率。

以上说的是重新认识和处理汉字与汉语的关系,下面讨论重新认识和处理书面汉语教学与口头汉语教学的关系。

重新认识和处理书面汉语教学与口头汉语教学的关系,就是根据我们对汉语特点的再认识,包括对汉字与汉语的关系的再认识,实行"语文分离",分别建立书面汉语教学和口头汉语教学两种不同的教学系统。书面汉语教学主要承担汉字教学、阅读教学和写作教学的任务,口头汉语教学主要承担语音教学、听力教学和说话教学的任务。两者都要进行语法教学,但是语法教学的内容各有侧重。这两种教学系统既相对独立,又互相补充。

实行"语文分离"是突出汉字形、音、义、用教学的需要,也是汉字教学与阅读和写作教学相结合的需要。因此可以说,"语文分离"是"字本位"教学所导致的必然结果。

实行"语文分离"不但是汉语特点的要求,而且也符合语言教学的一般规律。理由是:

(1)书面语言与口头语言虽然具有内部一致的语音系统、语法系统和语用系统,但是,它们之间毕竟存在严格的区别。主要的区别是:第一,它们的载体不同,必须用不同的渠道传递和接收信息。书面语言的载体是文字,必须通过文字和视觉系统传递和接收信息;口头语言的载体是语音,必须通过语音和听觉系统传递和接收信息。书面语言与口头语言的这一区别对汉语尤其重要,因为汉语学习中公认的巨大障碍是汉字,而汉字只跟书面汉语有关,不应使其成为口头汉语教学的障碍。第二,书面语言虽然也使用口语,但是毕竟以书面语为主。同样,口头语言虽然也使用书面语,但毕竟以口语为主。而书面语和口语在字、字组、句子等方面都有明显的区别。况且,书面语言中的口语跟说话时使用的口语也不完全相同。上述区别说明,书面语言和口头语言的内涵并不完全相同。它们的内涵不完全相同就意味着教学内容不完全相同。教学方法是由教学内容决定的,只有实行语文分离,建立起书面汉语教学和口头汉语教学这两种不同的教学系统,才能把不同的教学内容区别开来,使教学方法与教学内容保持一致。对汉语教学来说,语文分离后,口头汉语教学就自动摆脱了本来与己无关的汉字的干扰,从而使书面汉语教学与口头汉语教学的关系从互相制约改变为互相补充和互相促进。

(2)语言教学不但要传授知识,而且要训练技能,而知识传授和技能训练都有自己的系统。(详见本书《汉语教学中技能训练的系统性问题》一文)我们过去对知识传授系统研究得较多,而对技能训练系统的研究重视不够,更没有自觉地研究知识传授系统和技能训练系统的关系。这是一个严重的缺点。言语技能和言语交际技能与语言知识具有内在的从属关系,前者必须受后者的支配。也就是说,读写技能必须受书面语言知识的支配,听说技能必须受口头语言知识的支配。只有实行语文分离,才能理顺知识传授和技能训练的关系,把读写训练与书面语言知识联系起来,把听说训练与口头语言知识联系起来,从根本上解决技能训练的系统性问题。

笔者在《汉语教学路子研究刍议》一文中初步讨论了对语言教学路子的认识,对现在占主流地位的对外汉语教学路子进行了初步的反思,指出这种教学路子存在的要害问题是"语文一体"和"词本位"教学。我们现在主张把"字本位"特点作为汉语教学的语言学基础,以"字本位"教学代替"词本位"教学,以"语文分离"代替"语文一体",就是主张对现行教学路子进行根本性改革,建立起一种新的教学路子——"字本位"教学路子。设想中的"字本位"教学路子包括以下主要特点:

(1)以帮助学生获得语言能力和语言交际能力为直接目的。

(2)以"字"为基本教学单位。

(3)严格区分书面汉语教学和口头汉语教学,分别建立书面汉语教学和口头汉语教学两种不同的教学系统,这两种教学系统分别承担各自特定的教学任务,既相对独立,又相互补充。

(4)结合语言教学和语用教学,进行跟语言理解和语言表达相关的文化知识的教学。

(5)语法教学既不是结构主义的,也不是功能主义的,而是字本位的。字本位语法的主要特点是以字为最小的语法单位,以语义为出发点和落脚点,达到形式结构与语义结构的统一。

(6)不追求教学法的唯一性,包容一切适用的教学原则和教学方法。

三、余论

我们主张建立"字本位"教学路子的直接目的是通过改革汉字教学和加强书面汉语教学来全面提高汉语教学的效率。有人可能会认为,外国人急需的是口语,而不是书面语,实行"字本位"教学就会削弱口语教学。我们的看法与此相反。首先,"字本位"教学既包括书面汉语教学,也包括口头汉语教学,并不存在削弱口语教学的问题。其次,我们主张加强书面汉语教学,一是因为书面汉语有用,二是因为只有学好了书面汉语,才能真正学好口头汉语,也才能全面提高汉语学习的效率。再次,如果只教口头汉语,不教书面汉语,或者把书面汉语教学放在次要的地位,这样的汉语教学肯定是不完备的,绝不是常规的汉语教学发展的方向。

我们说书面汉语有用,是因为多数外国人学习汉语,除了要用汉语进行口头交际以外,还希望能用汉语进行书面交际。有些外国人只要求学习口头汉语,不要求学习书面汉语,是因为他们觉得汉字难学,并不是满足于只学习口头汉语。然而,所谓汉字难学,并不是汉字本身固有的特点所决定的,而是汉字教学不得法所造成的。正因为如此,才需要对汉字教学进行改革,通过改革使汉字学习化难为易,打破"汉字难学"的神话。

如果只学习口头汉语,不学习书面汉语,口头汉语的提高就会受到限制。学一些日常生活用语或几句"马路语言"的确比较容易,但是如果没有书面汉语的功底,不能通过阅读吸收更多的字组、更多的表达方式和相应的文化背景知识,就难以提高口头汉语的水平。所以说,只有学好了书面汉语,才能真正学好口头汉语。我们主张改革汉字教学,加强书面汉语教学,也是为了通过提高书面汉语教学的效率来促进口头汉语能力的发展。从前面的讨论也可以看出,因为汉字和字组有很强的理据性,便于理解和记忆,所以在具备了一定的书面汉语基础以后再开始学习口头汉语,效果会更好。

当然,总会有人只要求学习口头汉语,不要求学习书面汉语。"字本位"教学对只要求学习口头汉语者并无妨碍,因为"字本位"教学有书面汉语教学和口头汉语教学两种教学系统,这两种教学系统是互相补充而不是互相捆绑,所以学生可以根据自己的需要有选择地学习,不但可以只学习口头汉语,而且也可以只学习书面汉语。

总之,建立"字本位"教学路子是为了全面提高汉语教学的效率。教学效率提高了,就能在不增加课时和不增加学生负担的情况下,让他们既学好书面汉语,也学好口头汉语。

跟其他社会科学研究一样,语言教学理论和方法的研究不同于数学计算,不可能通过公式推导一次性地获得准确无误的数据。但是不能因此就认为语言教学理论和方法的研究只能是经验主义的、不科学的。语言教学理论和方法的研究需要来自实践的语言理论、语言学习理论和一般教育理论的指导,并且要跟其他科学研究一样首先提出理论假设,再根据理论假设进行教学实验,通过教学实验对原来的设想加以检验、补充和修正。这正是科学研究通行的方法,也是实践—认识—再实践的认识路线在科学研究中的应用。本文提出的"字本位"教学路子就是一种假设,而这种假设并非凭空想象,也不是纯经验主义的,而是以许多前辈和时贤的研究成果为理论依据的。当然,提出假设只是研究过程的第一步,下一步应当进行教学实验,只有经过教学实验,才能证明这一假设是正确的还是错误的,以及正确或错误的程度。我们现在提出这一假设,就是希望以此为根据进行教学实验,通过实验对它加以检验、补充和修正。

从"字本位"到"组合汉语"

二合的生成机制和组合汉语 [*]

(2006.6)

一、概述

"组合汉语"是指一种汉语理论,也是基于组合汉语理论的汉语教学路子和汉语教学方法的简称。

作为一种汉语理论,"组合汉语"包括以下要点:

(1) 字本位。即以字为基本语法单位。基本语法单位也就是最小的语法单位。

(2) 组合生成。字和字以上的语法单位——词和句——都是由小到大逐级组合生成的。

(3) 二合机制。各级语法单位的组合生成,基本上都遵循"1+1=1"的组合方法。"1+1=1"就是合二为一,我们把这种合二为一的组合方法叫作"二合法"。"二合"是汉语的天然生成机制。

字本位、组合生成和二合机制可以代表汉语的基本特点。

作为一种教学路子,"组合汉语"包括以下要点:

(1) 以字为基本教学单位。

(2) 区分口头汉语和书面汉语。

作为一种教学方法,"组合汉语"包括以下要点:

(1) 按照二合法,由字的生成元素到字,由字到词,由词到句,逐级组合生成。

(2) 直接用汉字教音节。

(3) 汉字教学从笔画教起,注重形、音、义、用的结合。

(4) 各级语法单位的结构分析都遵循形式结构和语义结构相统一的规则。

---

* 本文原载《数字化汉语教学的研究与应用》(语文出版社,2006)。徐通锵先生看过本文初稿后说:"你抓住了汉语的基本脉络。"题目中的"二合的生成机制"是徐先生建议加上的。

二、关于"字"和"字本位"

我们把用于口头交际的汉语叫作口头汉语（说的汉语），把用于书面交际的汉语叫作书面汉语（写的汉语）。口头汉语以音节为载体，书面汉语以汉字为载体。

我们通常所说的"字"，就包括作为汉语载体的音节和汉字。我们可以说："这个人说话吐字不清。"这里的"字"就是指音节。我们也可以说："他写得一手好字。"这里的"字"就是指汉字。由此可见，字既代表音节，也代表汉字，是音节和汉字的合称。

作为音节的"字"具有下列性质：

（1）是可以感知的音义单位。例如，dàjiā hǎo 是一串声音，我们从中可以感知到 dà、jiā、hǎo 这三个不同的声音和它们的意思。这三个不同的声音就是三个音节。因为它们都有各自的意思，所以每个音节都是一个音义单位。这种可以感知的音义单位是最小的信息单位。

（2）是原本性的音义单位。"原本性"是"天生如此"的意思。原本性的音义单位是音、义黏着的天然整体，而非人工合成所致。我们虽可从中分出声母、韵母和声调，不过这是用声学原理对其中的语音成分进行分析的结果，并不能说明音节是以人工方式对三者的合成。就像一株植物，虽可指出它的根、茎、叶，但不能认为它是由根、茎、叶合成的。原本性的音义单位是不可切分的最小的音义单位和最小的音义认知单位。

（3）是生成性的音义单位。生成性的音义单位就是可以用来进行"组合生成"的音义单位。它可以按照一定的组合规则与意思相关的其他音节进行组合，生成较高一级的音义单位——"音节组合"；它还可以按照一定的组合规则与意思相关的"音节组合"进行再组合，生成更高一级的音义单位。例如，xué 是一个音节，它可以与相关的音节组合生成 xuéshēng（学生）、xuéxí（学习）、xuéixào（学校）、dàxué（大学），还可以与相关的"音节组合"组合生成 xué yóuyǒng（学游泳）、róngyì xué（容易学）等等。原本性和生成性的音义单位也就是口头汉语（说的汉语）最小的语法单位。

作为汉字的"字"具有下列性质：

（1）是与音节相对应的形、音、义单位。例如，"大家好"这三个汉字就对应于

dà、jiā、hǎo 这三个音节。

（2）是书面汉语（写的汉语）中具有生成性的形、音、义单位。也就是说，书面汉语中大于汉字的语法单位都是由汉字组合生成的。例如：

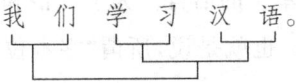

以上大于汉字的各级语法单位——我们、学习、汉语、学习汉语、我们学习汉语——都是以汉字为基本单位逐级组合生成的。

（3）是书面汉语最小的认知单位。例如：我们看书的时候，如果遇到不认识的汉字，就可能形成阅读障碍；文本中如果漏写一个汉字或写错一个汉字，读者就无法理解或产生误解。

作为生成性的形、音、义单位和最小的认知单位，汉字是书面汉语最小的语法单位。

音节和汉字的上述性质说明它们具有同一性。这种同一性主要表现为：

（1）它们都是汉语最小的认知单位；

（2）它们都是汉语最小的语法单位；

（3）它们都是具有生成性的结构单位。

音节和汉字都可以叫作"字"，就是因为它们具有同一性。吕叔湘先生（1964）曾经指出："汉字、音节、语素形成三位一体的'字'。""三位一体"实际上是指同一性。

与印欧系语言相比，"字"是汉语特有的概念。它不同于英语的词，也不同于英语的语素。英语的词（word）由语素（morpheme）构成，语素由音节（syllable）构成，词、语素、音节是包容关系；汉语的字以音节和汉字为标记，字与音节和汉字是对应关系，字以上不存在相当于英语词的单位，字以下不存在相当于英语语素和音节的单位。由此可见，汉语的字在英语中找不到完全的对应物，英语的词、语素和音节在汉语中也找不到完全的对应物。汉字作为一级书写单位可以与书面英语的词相对应，但汉字不仅仅是书写单位，而且还代表音节，作为最小书写单位的笔画没有表音功能。而英语的词不代表音节，作为最小书写单位的字母有表音功能。这说明汉字在整体上与书面英语的词又不相对应。正如赵元任先生（1975）所说，印欧系语言中 word 这一级单位"在汉语里没有确切的对应物"，"在说英语的人谈到

word 的大多数场合,说汉语的人说到的是'字'。这样说绝不意味着'字'的结构特性与英语的 word 相同,甚至连近于相同也谈不上"。

音节和汉字的上述性质说明,它们就是汉语的基本单位。换句话说,汉语是以字(口头汉语的音节和书面汉语的汉字)为基本单位的语言。为了从俗和称说的简便,我们把"以字为基本单位"简略为"字本位"。也就是说,所谓"字本位",就是以字(音节和汉字)为基本单位的意思。

字本位是一种语言观。这种语言观认为:并不是所有的语言都以词为基本单位;包括英语在内的印欧系语言是以词为基本单位的语言,而汉语却是以字为基本单位的语言。王力先生(1986)早就说过:"汉语基本上是以字为单位的,不是以词为单位的。"

字本位是一种语言理论体系。这种语言理论体系反映了汉语的基本特点。汉语的其他特点,例如语义结构方式,数目的表达,口头汉语和书面汉语的对流,无形态变化,与古代汉语保持着密切的传承关系,方言的发展不影响书面汉语的统一,等等,都是"字本位"特点所决定的。

字本位理论是对我国传统汉语研究的继承和发展,也是对近百年来一直流行的"词本位"理论的"反动"。字本位理论体系的首创者徐通锵先生(1994)指出:"汉语语义句法的结构单位是'字',而不是'语素'之类的东西。""'字'实际上是形、音、义三位一体的结构单位,仅仅把它看成一种文字的书写单位是没有道理的。传统的汉语研究,不管是文字、音韵、训诂、方言,还是别的什么,都以'字'为基础,从来不讲语素和词,不讲与此相联系的主、谓、宾和名、动、形,这绝不是我们的祖宗'落后','没有语法观念',而是汉语的结构本身允许做这样的研究,需要这样的研究。"徐先生(2005)还指出:"基本结构单位是统率语言结构的'纲',纲举目张,所以'词'与'字'虽然仅仅是一字之差,但却与两个不同的'纲'相联系,体现语言理论研究的不同走向。我们为什么要弃'词'而选'字',倡导'字本位'呢? 就是由于'词'是一种舶来品,在汉语中没有'根',而形、音、义三位一体的字是汉语的载体,而且也是汉文化的'根',因而需要以'字'这个'纲'为基础探索汉语的结构规律、演变规律、习得机制、学习规律和运用规律,不然就难以有效地实现语言研究的预期的目标,找到普遍有效的规律。百年来汉语研究的实践已为此积累了丰富的经验和教训。"

字本位理论是对汉语研究传统的回归,但是这并不意味着是对词本位研究成果的全面否定。汉语研究除了必须与传统接轨以外,还必须吸收现代语言学研究的一切有用的成果。在吸收现代语言学成果方面,词本位理论发挥了不可替代的作用。可以说,没有词本位研究的成果,就难以建立现代字本位理论。事实上,现代字本位理论的许多思路和概念,包括本文提出的一些思路和概念,也是在词本位研究成果的启发下逐渐形成的。就像词本位研究并没有完全切断与传统的字本位研究的联系一样,现代字本位理论也不能完全切断与词本位研究的联系。现代字本位理论实际上有三个主要的来源:传统的字本位研究的成果,现代词本位研究的成果,汉语教学实践对理论的反馈。在汉语教学实践方面,正面的例子如法国白乐桑教授开展的字本位教学。(见本书《汉语的特点与汉语教学路子》一文)

三、关于组合生成和二合法

音节和汉字以及词和句子等各级语法单位的组合生成,"二合"是一贯制。用二合法进行汉语教学是顺理成章的,可以使汉语的教和学变得更加容易。

3.1 音节结构的二合法和音节的组合生成教学

音节是口头汉语的基本单位,音节教学是口头汉语教学的基础和基本组成部分。

汉语的音节由声母、韵母和声调三部分组成,声母、韵母和声调都是生成元素。首先由声母和韵母相组合,生成"声韵组合"(简称"声韵")。例如:m-a → ma。"声韵"不是音节,而是生成音节的基础,属于基本结构。再由"声韵"与声调相组合,生成有意义的音节。例如:mā、má、mǎ、mà、ma。音节是复合结构。由声母和韵母组合生成"声韵",由"声韵"和声调组合生成音节,都是"二合"。

现代汉语普通话共有 21 个声母、35 个韵母、四个基本声调[①]。这四个基本声调分别叫作阴平、阳平、上声、去声,在教学中也叫第一声、第二声、第三声、第四声。还有一个轻声和一个半三声。半三声是相关音节连读时的变调,不是音节的组成成分。21 个声母和 35 个韵母组合生成 379 个"声韵",这 379 个声韵与四个基本声调和轻声组合生成 1333 个音节。21 个声母、35 个韵母、四个基本声调、一个轻声和一个半三声、379 个声韵组合、1333 个音节,基本上可以代表汉语语音教学的全

---

① 笔者后来发现轻声也应列为基本声调,认为汉语的基本声调是五个而不是四个。(作者补注)

部内容。这里说的是语音教学的全部内容,而不是语音研究和语音学教学的全部内容。语音研究和语音学教学的内容当然不止这些。语音教学还应包括句调、语调和逻辑重音等,但句调、语调和逻辑重音的教学要与语法教学相结合。句调、语调和逻辑重音都与声调有密切的关系,第二语言学习者的洋腔洋调,毛病主要出在声调上,声调掌握好了,句调、语调和逻辑重音就不会出现太大的问题。

用组合生成法教音节,就是把声母、韵母、声调作为既定的教学单位,把声母和韵母的组合以及"声韵"和声调的组合作为基本的教学方法。采用组合生成的教学方法,379 个声韵和 1333 个音节不必一个一个地教,也不必一个一个地记。真正需要花功夫模仿和记忆的,主要是 21 个声母、35 个韵母、四个基本声调、一个轻声和一个半三声变调。

因为音节是口头汉语的基本单位,所以用组合生成法教音节不是单纯地教语音,而是同时教口头汉语。只有把音节作为口头汉语的基本单位,而不是作为单纯的语音符号,才能提高教学效率。把音节作为口头汉语的基本单位,就是在教每一个音节的时候,不但要教这个音节的读音,而且要教它的意思和用法。如果直接用汉字教音节,还可收到事半功倍之效。

我们主张直接用汉字教音节,是出于以下考虑:

(1) 汉字与音节有对应关系,汉字包含音节,音节不包含汉字;

(2) 汉字有义理可解,容易理解和记忆,音节无义理可解,只能靠死记硬背;

(3) 直接用汉字教音节可以避免受拼音字母发音和拼音的干扰,从而保持音节发音的原本性;

(4) 直接用汉字教音节,既教了汉字,又教了音节,把两道程序变成了一道,必然省时省力。

3.2 汉字结构的二合法和汉字的组合生成教学

汉字是书面汉语的基本单位,汉字教学是书面汉语教学的基础和基本组成部分。

汉字的结构也包括基本结构和复合结构。笔画是汉字的生成元素,基本结构由笔画与笔画直接组合生成,复合结构由笔画与基本结构或由基本结构与基本结构组合生成。汉字结构的二合法,就包括由笔画与笔画相组合,生成基本结构;由基本结构与基本结构相组合,或者由笔画与基本结构相组合,生成复合结构。例如：由"竖、横竖、横"相组合，生成"口"；由"横竖、竖横弯钩、横"相组合，生成"马"；由"口"和"马"相组合，生成"吗"；由"丿"和"厶"相组合，生成"么"。"口、马、厶"是基本结构，"吗、么"是复合结构。

笔画与笔画组合生成基本结构，有以下几种方式：

（1）相交。例如：十（横和竖相交）。

（2）相接。例如：人（撇和捺相接）。

（3）相离。例如：八（撇和捺相离）。

在基本结构中，笔画与笔画之间的位置有以下几种关系：

（1）上下。例如：二、三。

（2）左右。例如：人、八。

（3）内外。例如：日、月。

在复合结构中，基本结构之间的位置有以下几种关系：

（1）上下。例如：家、父。

（2）左右。例如：你、好。

（3）内外。例如：国、同、这。

（4）特殊。例如：我、里、坐。

复合结构中包含的基本结构，有的是独立的汉字，有的是独立汉字的变体，有的只是复合结构的组成成分。例如：复合结构"吗"中的"口、马"既是"吗"的组成成分，也是独立的汉字；复合结构"他"中的"亻"是独立汉字"人"的变体；复合结构"家"中的"宀"既不是独立的汉字，也不是独立汉字的变体，只是复合结构的组成成分。

用组合生成法教汉字的形体，就是把笔画、基本结构和复合结构作为既定的教学单位，把由笔画到基本结构的组合、由笔画和基本结构到复合结构的组合作为基本的教学方法。

基本结构教学要说明笔画与笔画相组合的方式（相交、相接、相离）和笔画与笔画之间的位置关系（上下、左右、内外），复合结构教学要说明其中包含什么基本结构，以及基本结构与基本结构之间的位置关系（上下、左右、内外、特殊）。

因为汉字是书面汉语的基本单位，所以教汉字不是单纯地教书写符号，而是同时教书面汉语。只有把汉字作为书面汉语的基本单位，而不是作为附属于"词"的单纯的书写符号，才能使汉字和汉语的学习变得更加容易。把汉字作为书面汉语的基本单位,就是在教每一个汉字的时候,不但要教这个汉字怎样写,而且要说明它的意思和用法,并且尽可能根据字形(包括整字和部件)解释字义。例如,"氵"代表"水","冫"代表"冰","宀"代表屋子,屋子里有"豕"(猪)就是"家"。为什么屋子里有"豕"(猪)就是"家"?因为猪原来是野生动物,把野生动物收到屋子里饲养,是定居的开始,定居就是"家"的形成。根据字形解释字义,可以帮助学生理解和记忆汉字,同时也是进行中华传统文化的教学,还可以作为介绍汉字创造者的思维方式和开发智力的一种手段。

3.3 词的结构的二合法和词的组合生成教学

我们这里所说的"词"是指字组(zi-group),而不是与英语的 word 相对应的那种"词"。zi-group 和 word 的内涵不完全相同。我们所说的"字"相当于迄今通行的语法书上所说的"语素"和"单音节词","词"相当于迄今通行的语法书上所说的"双音节词""多音节词"和"词组"(短语)。因为"字"包括一般语法书上所说的"语素",所以把"字"作为基本单位就不必再使用"语素"的概念。

汉语词的结构也包括基本结构和复合结构。属于基本结构的词是基本词,属于复合结构的词是复合词。基本词的生成元素是字(音节或汉字),复合词的生成元素是字和基本词。词的二合法就包括字与字相组合生成基本词,字与基本词、基本词与基本词相组合生成复合词。例如:"学习、汉语"是字与字组合生成的基本词,"学汉语"是字与基本词组合生成的复合词,"学习汉语"是基本词与基本词组合生成的复合词。

在汉语中,意思相关的字都可以按照一定的方式互相组合生成基本词,意思相关的字与基本词、基本词与基本词也都可以按照一定的方式互相组合生成复合词。所谓"一定的方式",主要包括限定(中国、中国朋友)、支配(看书、学习汉语)、后补(看见、看得见)、连动(去看、开车进城)、并列(朋友、学习、冰天雪地)、主述(日出、经济落后)、附加(老张、面子)、重叠(哥哥、天天、看看、常常)等不同的方式。

用组合生成法教词,就是把字、基本词和复合词作为既定的教学单位,把由字到基本词、由字和基本词到复合词的组合作为基本的教学方法。

并不是所有的词都是以"二合法"组合生成的。例外至少有以下两类:

第一类是音译外来词。例如"新加坡、意大利"。如果是意译的,也是"二合法"。例如"联合国"。

第二类是并列成分为奇数的并列结构。例如"教·科·文""柴·米·油·盐·酱·醋·茶"。这两个例子都是并列结构。在并列结构中,各组成成分之间是平等关系,没有主次之分。

教词不是单纯地教语言单位,而是同时教语法,因为字与字的组合,以及字与词、词与词的组合有一定的规则,这样的规则也属于语法规则。组合规则的教学也是语法教学,教学的重点是字与字、字与词、词与词相组合的语义结构关系。

词的数量是无限的,因为几乎每天都在产生新词;字的数量却是有限的,通常不会产生新的音节和汉字。汉语的音节只有 1333 个,最常用的汉字也只有 2500 个左右。数量有限的字可以组合生成数量无限的词。以字为基本单位进行组合生成教学,可以培养自动识词的能力。学生学会了一定数量的字以后,多数词都可无师自通。例如,学了"父、母、父母",又学了"子、女"之后,就能自动理解"父子、父女、母子、母女、子女"。这些词不必一个一个地教,也不必一个一个地记。以字为基本单位进行组合生成教学,学生的词量就会像滚雪球那样,由少到多,越滚越大。学的汉字越多,自动识词的能力越强,能够认识的词可以成几何级数增加。只要学会了 2500 个左右最常用的汉字和它们的用法,就可以基本上达到无障碍阅读的目标。这正是汉语的特点之一,也是汉语不难学的原因之一。以字为基本单位进行汉语教学,汉字不但不是汉语学习的障碍,而且会成为汉语学习的有利因素。

3.4 句子结构的二合法和句子的组合生成教学

能表示一个完整意思的独立的语言单位是句子。在书面汉语中,以句号、问号、叹号等作为句子的标记。

跟音节、汉字和词的结构特点一样,汉语句子的结构也包括基本结构和复合结构两类。

由一个主体和一个述体直接组合生成的结构单位叫基本结构。例如:

① 日│落

② 经济│发达

③ 世界│和平

④ 人│来·人│往

主体和述体是两个互相依存的语义单位。在上面的例子中,竖线前面的都是主体,竖线后面的都是述体。"主体—述体"是一种固定格式,我们把这种固定格式叫作主述结构。大部分主述结构也是独立的句子。例如:

① 我|懂。
② 他们|是老师。
③ 米饭|不吃了。
④ 八点|上课。
⑤ 东面|有警察。
⑥ 一万年|太久。

从上面的例子可以看出,主述结构具有以下特点:

(1) 主体代表"谁"或"什么",述体用来说明它的主体"做什么"或"怎么样"。因此,主述结构的语义关系可以概括为"谁(什么)—做什么(怎么样)"。

(2) 字、词都可以担任主体;担任主体的字、词可以是代表人的,也可以是代表事物的。

(3) 主体可以是施动者,也可以是受动者,还可以是受述者(非施非受者)。

(4) 表示时间、方位、数量的语义单位也可以担任主体,放在述体的前面作为述体陈述的对象。

上面的例子都是由一个主体和一个述体组合生成的,所以都是基本结构。由主体和述体组合生成基本结构,是基本结构的二合法。

如果要表达相对复杂的意思,就要使用相对复杂的主体或相对复杂的述体。我们把由相对复杂的主体或相对复杂的述体组合生成的结构单位叫作复合结构。相对复杂的主体或相对复杂的述体是指包含其他基本结构的主体或述体。例如:

① 你来|我就不来。
② 我|不愿看日落。
③ 他父亲|身体很好。
④ 人们|把"五一""十一"和春节放假的一周叫作黄金周。

上面各例因主体或述体都包含用下划线标出的基本结构,所以它们都属于复合结构。这类复合结构无论多么复杂,其组合生成也都是二合法。

根据结构特点,汉语的句子可以分为基本句和复合句两类。

把基本句与基本结构、复合句与复合结构分开来讨论,是因为句子类型和句子结构类型不是完全对应的。复合句都是复合结构,但复合结构不一定都是复合句;复合句中包含基本结构,有些基本句中也包含复合结构。基本句和复合句与基本结构和复合结构是从不同的角度分出的类,从不同的角度分类是为了更好地把握句子内部的语义关系。

由一个主体和一个述体组合生成的句子是基本句。有些基本句的主体或述体还包含其他基本结构,这类基本句的结构就不是基本结构,而是复合结构。例如:

① 人来人往的 | 不安静。

② 十乘以十 | 等于一百。

③ 秋天 | 天气不冷也不热。

④ 经济发达的国家 | 要帮助经济落后的国家。

上面的例子都是复合结构基本句。

在语言环境清楚的情况下,一个句子的主体或述体可以省略,省略了主体或述体的句子也是基本句。例如:

①(听见敲门的人问)谁 | ?

②(敲门的人答)我 | 。

③ | 要下雨。

④ | 太好了!

在上面的例子中,第一句和第二句只有主体,没有述体;第三句和第四句只有述体,没有主体。我们把这类结构形式叫作"0+1"结构,"0+1"结构的组合生成也是"二合法"。"0+1"结构在汉语中有一定的普遍性,除了"零主体"和"零述体"句子以外,还有零声母音节和零韵母音节。前面谈到,汉字的基本结构是笔画组合,但是"一"和"乙"都只有一个笔画,只有一个笔画的基本结构也属于"0+1"结构。每一种语言都有节约性的特点,"0+1"现象是汉语节约性特点的表现之一。

由基本句与基本句或由两个以上的述体组合生成的句子是复合句。例如:

① 南方人 | 喜欢吃米,‖ 北方人 | 喜欢吃面。

② 俗语 | 说:‖"人生七十 | 古来稀。"

③ 一会儿 | 说来,‖ 一会儿 | 说不来,‖ 你 | 到底来不来?

④ 东部 | 沿海,‖ 经济 | 比较先进,‖ 人民的生活水平 | 比较高;‖ 西部 | 多

山，‖经济│比较落后，‖人民的生活水平│比较低。

以上复合句中双竖线前后的都是基本句。复合句中的基本句也叫分句，我们用双竖线把分句隔开。又如：

⑤ 我们│常常到西郊和北郊旅行，还没有去过东郊和南郊。

⑥ 我们去医院看她的时候，│她刚从昏迷中醒来，还在病床上躺着。

上面例⑤和例⑥中带双下划线的结构单位都是述体。这两句的主体和述体虽然不都是基本句，但因为句中不止一个述体，所以也是复合句。

并不是所有的复合句都是以"二合法"组合生成的。例如：

⑦ 小河边│有树，‖小河上│有桥，‖小河里│有鱼。

例⑦由三个分句组合生成，这三个分句是并列关系。并列分句为奇数的复合句就不是以二合法组合生成的，这跟并列结构词的组合生成是同样的道理。

用组合生成法教句子，就是把主体、述体、基本结构、复合结构、基本句、复合句作为既定的教学单位，把由主体与述体到基本结构的组合生成、由词和基本结构到复合结构的组合生成、由主体和述体到基本句的组合生成、由基本句与基本句或由主体与述体到复合句的组合生成作为基本的教学方法。基本结构和基本句的教学要在词的结构教学的基础上进行，复合结构和复合句的教学要在基本结构和基本句教学的基础上进行。基本结构和基本句教学要把主体与述体的语义关系作为重点，复合结构和复合句的教学除了要把主体与述体的语义关系作为重点以外，还要介绍各分句之间的语义关系。

各级语法单位的教学都要突出"字"的作用。大于字的语法单位都是以字为基本单位层层组合起来的，所以字是基础。字为本，合为用，这是汉语最大的特点，也是汉语教学必须遵循的原则。无论是汉语研究还是汉语教学，如果不以字为基础，就是最大的失误。字包括音节和汉字，其中最重要的又是汉字，因为汉字可以包括音节，音节却不能包括汉字。对于习惯了拼音文字的人来说，入门阶段最难学的也是汉字。以笔画为生成元素的汉字和以字母为生成元素的拼音文字有根本的不同，笔画与字母，平面组合与线形组合，是两套不同的文字理念和文字习惯。笔者强调入门阶段最难学，就是因为拼音文字使用者学习汉字要有一个建立新的文字理念和形成新的文字习惯的过程。从这个意义上来说，汉字难就难在入门。一旦入了门,汉字就不但不难学,而且因为便于理解和记忆,还会成为汉语学习的有利因素。

四、结束语

作为一种全新的理论体系、教学路子和教学方法,"组合汉语"还需要一个继续研究和完善的过程。我们深信,只要坚持以"字为本,合为用"的思路开展研究,就能逐渐揭示汉语的结构规律、演变规律、习得机制、学习规律和运用规律,大大提高汉语教学的效率,并进而为普通语言学的研究,以及语言教学路子和教学方法的研究做出贡献。

语言的系统特征与汉语研究[*]

(2007.7)

我们讨论语言的系统特征，是为了用系统观念研究汉语。

一、关于系统和系统特征

1.1 什么是系统

我们所说的系统，是指由相关要素组成的一种统一体。例如：一个国家就是一个系统；一个企业、一个学校也是一个系统；一头牛、一株植物、一个细胞等也都是系统；一个专业、一门课、一部教材、一项工程，乃至一堂课、一次讨论，以及一起车祸、一场战争；等等，同样是系统。我们每个人都是一个系统，我们使用的语言也是一种系统。漫漫时间长河中的"其大无外、其小无内"的整个物质世界和精神世界，就是一个经纬交织的无比庞大的系统，这个无比庞大的系统又是由难以数计的、各种各样的、大大小小的系统交织组成的。系统无所不在，我们每个人都生活在系统之中，谁也不能跳出系统之外。这就是我们的系统观念。只有用系统观念观察世界，分析事物，才有可能正确认识世界和事物，才有可能正确处理相关的事务，才有可能从必然王国走向自由王国。无论做事，还是做人，都要树立系统观念。树立系统观念，就是承认客观规律的存在，一切从实际出发，尽可能做到按规律办事。

系统具有层次性，大系统下面有小系统，小系统下面有更小的系统。系统无论大小，都是由一系列既相对独立而又以一定的方式互相联系的子项组成的。系统由子项组成，又以一定的方式统摄和规约子项。在较大的系统中，子项也是系统，

---

    * 此文系根据《谈谈汉语的系统特征》(载《汉字文化》2007年第6期)修改，曾在笔者的博客上发表。笔者所著《汉语语法新解》(北京语言大学出版社，2015)第一章第五节是以本文为基础修改而成的。

作为系统的子项就叫子系统。与子系统相对,较大的系统就叫总系统。这就是系统的层次性。

无论是总系统,还是子系统,其内部各组成要素都以一定的方式互相联系,这些要素或动或静,对整个系统发挥支撑和制约作用,推动着该系统的有序运行。例如:人体就是一个包含许多子系统的总系统,其中的每一个子系统都跟相关的器官相联系,每一个器官都跟其他器官互相作用,任何一个器官的缺失或病变都会影响其他器官并因此改变整个人体的健康状况。中医治病不是"头疼医头,脚疼医脚",就是因为知道人体是一个总系统,知道这个总系统的各个子系统之间具有相互关系和它们是相互作用的。

1.2 什么是系统特征

每一个系统都有自己的特点,把有关的特点概括起来,就成为这个系统的系统特征。也就是说,一个系统的系统特征就是对这个系统的特点的概括。因为是对系统的特点的概括,所以一个系统的系统特征就是反映这个系统的特点的综合标志,它足以把这个系统跟其他系统区别开来。例如,企业和学校各有自己的特点,不同的企业和不同的学校又各有自己的特点,它们各自的特点就形成了它们各自的系统特征,成为它们各自的综合标志。人们正是根据这样的综合标志把企业和学校以及不同的企业和不同的学校区别开来。

二、关于语言系统和语言的系统特征

2.1 什么是语言系统

我们认为,每一种语言都是一个总系统,这个总系统包括语音系统、文字系统、词汇系统和语法系统等子系统。这些子系统下面还有更小的系统,相对于更小的系统,语音系统、文字系统、词汇系统和语法系统等也是总系统。无论是或大或小的总系统,还是或大或小的子系统,其内部各组成要素都以一定的方式互相联系,对整个语言系统发挥支撑和制约作用。凡系统都有规约性,每一项规约都因其与其他规约相关而有它存在的理由。例如,汉语的量字就是汉语词法系统的要素之一,其作用是:与数字和名字相组合,生成"数量名"短语,表示事物的数量;与动字和数字相组合,生成"动数量"短语,表示动作的数量。"数量名"短语的语法作用相当于一个名词,"动数量"短语的语法作用相当于一个动词。有人因为量字对第二语言学习者太难,就主张把它取消。可是汉语表示数量不能没有量字。我们总不能把"一张桌子、一间屋子"说成或写成"一桌子、一屋子",也不能把"看了一次、去了两趟"说成或写成"看了一、去了两"。语言不可能没有表示数量的功能,只是不同的语言表示数量的方法不一定相同。汉语如果不用量字而用别的方法表示数量,就将是另一个样子。这就是说,取消量字不但会破坏汉语的词法系统,而且会破坏整个汉语系统。一个小小的量字在汉语系统中就有牵一发而动全身的作用!这就是语言系统的组成要素对整个语言系统的支撑和制约作用,也显示了语言系统的规约力量。

2.2 什么是语言的系统特征

因为每一种语言都是一个总系统,所以一种语言的系统特征就是这种语言的总系统的特征。总系统的特征是对显现在各个子系统之中的这种语言特点的概括,因此,只有全面显现在各个子系统之中的统一特征才能成为总系统的特征,才能成为这种语言的综合标志。凡特征都体现区别性,一种语言的系统特征就是这种语言跟其他语言不同的方面。特征的区别性要通过比较才能被发现,一种语言的系统特征就是在跟其他语言的比较中被发现的。特征都是显性的,只有显性现象才便于分析和比较。因此可以说:**一种语言的系统特征就是这种语言区别于其他语言并全面显现在各个子系统之中的统一特征和综合标志。**

2.3 为什么说语言系统也包括文字系统

并不是所有的语言学家都承认语言系统也包括文字系统。在许多语言学家的术语中,语言仅指口头语言,尽管所用的语料全部或部分来自书面语言。有人甚至认为文字跟语言毫无关系。被我国语言学普遍认同的西方普通语言学,把语言要素仅仅概括为语音、词汇、语法三要素,这就意味着只承认语音系统、词汇系统和语法系统的存在。如果有人把汉字列为汉语的要素之一,就会被认为缺乏语言学常识。

我们认为,把文字系统排除在语言系统之外的理论观点不符合客观实际,不利于语言学的发展,也不利于语言教育和教学的发展。汉语(二语)教学中普遍存在不重视书面汉语教学、把汉字当成词汇的附属品和单纯书写符号的现象,就是受这种理论观点影响的结果。朱德熙先生(1986)说过:"研究汉语不关心汉字是不对的,……我觉得过去研究语言的人恐怕对汉字的重要性估计不足。"他还强调:"尤其要研究汉字和汉语的关系。"

我们指出语言系统也包括文字系统,是基于下面的认识:

(1)书面语言也是语言。语言交际有口头交际和书面交际两种方式,口头交际使用口头语言,书面交际使用书面语言。因此,所谓语言,自然包括口头语言和书面语言。书面语言有口头语言无法替代的作用。语言是信息的载体,要使信息传至远方和保留长久,多半要靠书面语言。书面语言是不可缺少的话语标志,书籍、报刊、网络、公文、合同、函件等使用的都是书面语言,各国在文化、科技等方面的国际传播多半要靠书面语言。用现代技术复制的有声语言并不能完全代替书面语言,音像媒体有时还要附加字幕。随着社会的发展,书面交际的作用越加重要。不要说文盲,就是文字能力较差的人,要在现代社会中拓宽发展的空间,也会遇到困难。书面语言虽然是用书写符号写成的,但是在语音(书面语言也不能没有语音)、词汇、语法、语用等方面都跟口头语言具有高度的一致性和兼容性,否则就无法用于常规交际。因此,不但不能否认书面语言的存在,而且也不能认为书面语言不是语言。无视书面语言的存在,否认书面语言也是语言,轻视书面语言的教学与研究,不是实事求是的明智之举。

(2)文字是书面语言的物质外壳。口头语言通过语音传递和接收信息,书面语言通过文字传递和接收信息。就像没有语音就没有口头语言一样,没有文字就没有书面语言。因此,如果说语音是口头语言的物质外壳,那么,文字就是书面语言的物质外壳。文字之所以能够成为书面语言的物质外壳,是因为文字是用于转写口头语言的符号,跟口头语言有匹配关系,这种匹配关系能够使书面语言跟口头语言保持一致并进行对流("对流"即互相作用和互相影响)。如果文字跟口头语言没有匹配关系,就可以用任意的符号代替文字。事实并非如此。人类已经创造了各种各样的传递信息的符号,但不是所有能够传递信息的符号都是文字。例如,用于注音的音标,用于计算的数学符号,用于软件编程的计算机语言,计算机软件加载的制表符和特殊符号,民用和军用的电报码以及路标和商标,等等,都可以传递信息,但是这些符号都不是文字。这些符号不是文字,就是因为它们不是直接转写口头语言的,不能跟口头语言直接匹配,在通用性方面无法跟文字相比。

　　我们说文字与口头语言有匹配关系,并不是认为文字与口头语言的匹配必然有一对一的天然模式。文字是为转写口头语言而创造的,怎样根据口头语言创造文字,或者说,用什么样的文字转写口头语言,由文字创造者决定。这就是说,同一种口头语言实际上可以用不同的文字匹配。但是文字与口头语言的匹配存在是否科学和科学程度高低的问题。如果说文字也需要改革或改进的话,那么,改革或改进的目标之一就是谋求与口头语言的科学匹配,或提高匹配的科学程度。

　　如果上面的认识是正确的,我们就可以得出这样的结论:只要承认书面语言的存在,只要承认书面语言也是语言,只要承认文字是书面语言的物质外壳,就必须承认语言系统也包括文字系统,就应当把文字系统列为语言总系统的组成部分。因为文字跟口头语言有匹配关系,所以一种文字的特性可以从一个特定的角度反映其所属语言的系统特征。

　　(3) 尊重更为现实的客观事实。我们赞成语言先于文字的观念。既然语言先于文字,在文字产生之前,哪来的文字系统?不过我们这里所说的语言,是指现实存在和使用的语言,不是指数万年之前的语言。我们也知道,在现实存在和使用的数千种语言之中,多数语言还没有文字,没有文字的语言同样不存在文字系统。既然并不是所有的语言都有文字,还强调语言系统也包括文字系统,岂不是违背客观事实?我们认为,强调语言系统也包括文字系统,不但没有违背客观事实,恰恰是尊重更为现实的客观事实。更为现实的客观事实是:现实存在和使用的所有的发达语言都有文字系统;文字是人们创造出来的,没有文字的语言都可以创造文字,在文字创造出来之前,其文字系统只是处于虚位状态;语言研究的任务之一,就是为那些还没有文字的语言创造文字,要为没有文字的语言创造文字,就不能不研究跟该语言匹配的文字系统。所有这些,都是更为现实的客观事实。这些更为现实的客观事实告诉我们:不承认语言系统也包括文字系统,不承认文字是语言的要素之一,才是真正违背客观事实。

　　(4) 关于汉字研究。我们指出语言系统也包括文字系统,并不是否认文字学的独立地位。语言的各个子系统都有各自的独立性,文字系统也不例外。文字学早已成为一门专门的学科,就像语音学、词汇学和语法学早已成为专门的学科一样。只不过,从语言学的角度研究文字和从文字学的角度研究文字,研究的目的、内容和方法等不一定完全相同。事实上,就汉字而言,我们可以分别从文字学、语言学和语言教学的不同的角度进行研究。从文字学的角度研究汉字,属于把汉字作为总系统的汉字本体研究,就要研究汉字的结构及其生成元素,汉字的造字原则和造字方法,汉字的起源、演变和改革,等等;从语言学的角度研究汉字,属于把汉字作为子系统的汉语本体研究,就要在文字学研究的基础上,进一步研究汉字跟汉语的关系,尤其要研究汉字在汉语中的地位和作用;从汉语教学的角度研究汉字,属于把汉语教学作为总系统的汉语教学研究,就要研究怎样把文字学和语言学的相关研究成果应用于汉语教学,怎样根据汉字的性质、特点和规律进行汉字教学,尤其要研究汉字教学跟汉语教学的关系,包括汉字教学在汉语教学中的地位和作用。从文字学、语言学和语言教学的不同角度进行汉字研究,并不是各自孤立的研究。实际上,这几个方面的研究既有递进关系,也有互动关系。递进关系表现为:后者的研究要以前者的研究为基础。互动关系表现为:前者的研究也可以从后者的研究中得到启发,不断从后者的发现中汲取新的营养,深化自己的研究。作为汉语教学工作者,我们既看重汉字本体研究,也看重汉字跟汉语关系的研究。这是因为汉语教学需要这两个方面的研究成果,汉字教学研究也可以反馈汉字本体研究和汉字跟汉语关系的研究。我们认为,如果把三者结合起来进行综合研究,就更能开阔视野,推动相关研究的深化。把三者结合起来进行综合研究,就要把汉语教学作为结合点,因为实践是检验真理的唯一标准,汉字本体研究和汉字跟汉语的关系的研究都要为汉语教学服务,其研究成果都要用汉语教学来加以检验并从汉语教学中获得反馈信息。

说明上述三者的关系,并指出把三者结合起来进行综合研究的重要性,是系统观念使然。

三、用系统观念研究汉语

3.1 系统观念人皆有之

前面提到,无论做事,还是做人,都需要树立系统观念。其实,系统观念人皆有之。例如:走进任何一个像样的家庭,都会发现室内的家什摆放有序。客厅有客厅的家什,卧室有卧室的家什,厨房有厨房的家什,而且都分类摆放。家什摆放有序就是系统观念使然。由此可见,系统观念并不是什么神秘的东西。再打个比方:你有各类书籍,如果有一个书房,就会把中文书籍跟外文书籍分开,把文学书籍跟语言学书籍分开,把语言学书籍跟语言教学书籍分开,工具书则单放一处。这样,你不但能看到很多书,而且能看到哪些类别的书,用起来十分方便,要用什么书,随手可以拿到。书籍分类摆放也是系统观念使然。如果你的住房面积有限,一个小小的房间不但要用来工作,而且要用来做饭、吃饭,你的各类书籍就只能堆放在一起。这样,你只能看到一堆书,而看不到哪些类别的书,要找到一本急用的书,就不是那么方便。同样有很多书,却有一个是不是便于查找的问题,是不是便于查找,就在于是不是按照一定的系统分类摆放。如果没有分类摆放,不是因为没有系统观念,而是因为没有客观条件。

3.2 用系统观念研究汉语

系统观念虽然人皆有之,却不是所有的人都能自觉地用系统观念观察和研究相关的事物。我们提出语言的系统特征,就是为了用系统观念研究汉语。任何系统都有其复杂性,不同系统的构成要素大不相同,各构成要素的特性(包括"动静状态"等),以及要素之间的相互关系和相互作用,也大不相同。因此,不可能用同样的方法去研究所有的系统。怎样用系统观念研究汉语?我们认为,用系统观念研究汉语,首先要确认汉语是一个包括字法系统(语音系统和汉字系统)、词法系统和句法系统等子系统的总系统,在此前提下,具体分析汉语总系统及其各个子系统的内部结构以及各结构单位的特性,同时研究各结构单位之间的相互关系和相互作用,从中发现各结构单位之间相互关系和相互作用的原理。不同语言的区别,就在于其内部结构单位的特性和各结构单位之间相互关系和相互作用的原理不完全相同。例如,印欧语系语言都有形态变化,而汉语没有形态变化,汉语没有形态变化是由汉语基本结构单位的特性决定的。这说明汉语内部结构单位的特性,以及各结构单位之间相互关系和相互作用的原理,不同于印欧语系语言。如果不了解汉语内部结构单位的特性,不了解汉语各结构单位之间相互关系和互相作用的原理,就不能把汉语跟其他语言区别开来。如果不把汉语跟其他语言区别开来,就等于把各类书籍堆放在一起,让人只能看到一堆书,而看不到不同类别的书。

前面提到的系统的层次性说明总系统和子系统具有相对性。就语言而言,向上看,人类语言是一个总系统,具体语言是子系统;向下看,每一种语言都是一个包含许多子系统的总系统。语言研究既要研究人类语言总系统的特征,也要研究具体语言的系统特征,人类语言总系统的特征是从各个具体语言的系统特征中概括出来的,只有研究具体语言的系统特征,才能为研究人类语言总系统的特征提供依据。共性就存在于个性之中。现阶段,我们更重视研究汉语的系统特征,因为在事实上存在着用印欧语系语言的眼光看待汉语,用印欧语系的语言理论指导汉语研究,用教印欧语系语言的方法教汉语,对印欧语系的语言理论和语言教学理论跟之犹恐不及的现象。这说明,我们不但对汉语的系统特征缺乏基本的认识,而且还缺乏用系统观念研究汉语的自觉性。不消除这样的现象,不但不利于汉语和汉语教学自身的研究,而且也不利于对人类语言共性的研究。相对于人类语言这个总系统,印欧语系语言也是子系统,这个子系统的系统特征不能完全代表人类语言总系统的特征。

说"字"*

(2008.4)

我听了李润新教授《破解汉字难学论》的讲演以后，主动申请为他的讲演做一个注脚。申请做注脚的目的是想具体说明汉字为什么不难学。后来又为这个注脚想了一个题目，就叫《说"字"》，把题目定为《说"字"》，是为了说明什么是"字"，同时说明"字"的性质和特点。只有说明什么是"字"，并且说明"字"的性质和特点，才能说明汉字与汉语的关系。为什么要说明汉字与汉语的关系？因为我们讲汉字不难学，是为了讲汉语不难学。只有联系汉字与汉语的关系，讲汉字不难学才有意义；也只有联系汉字与汉语的关系，才能更好地说明汉字为什么不难学。朱德熙先生(1986)也说过，研究汉字"尤其要研究汉字和汉语的关系"。

一、什么是"字"

1.1 "字"是汉语音节和汉字的合称

提到"字"，人们首先想到的是汉字。因为首先想到的是汉字，所以当徐通锵先生提出"'字'是汉语的基本结构单位"的时候，就有人问道：口头汉语算不算汉语？如果承认口头汉语也是汉语，那么，什么是口头汉语的基本结构单位？如果把"字"仅仅理解为汉字，提出这样的问题当然不无道理。不过我个人一直认为，汉语的"字"不但包括汉字，而且也包括音节。"字"是音节和汉字的合称。对口头汉语来说，"字"是指音节；对书面汉语来说，"字"是指汉字。也就是说，所谓"字"是汉语的

* 本文系根据 2008 年 4 月 27 日在北京"语言文字大论坛"上的讲演稿改写，原载《汉字文化》(2009 年第 1 期)，收入本书时又在文字上做了一些修改。胡双宝、杨自俭等先生对本文初稿提出过宝贵的修改意见，特此致谢。

基本结构单位,是说音节是口头汉语的基本结构单位,汉字是书面汉语的基本结构单位。

为了说明"字"是音节和汉字的合称,这里不妨再次引述吕叔湘先生(1964)的话。吕先生说:"汉字、音节、语素形成三位一体的'字'。""三位一体"是什么意思?"三位一体"就是三者具有同一性。因为它们具有同一性,所以都可以叫作"字"。"语素"是"词本位"的概念,"字本位"所说的"字"就包括"词本位"所说的"语素",所以"字本位"就不再使用"语素"的概念。这样,"汉字、音节、语素"三位一体就剩下了"汉字、音节"两位一体。我们用表1说明"字"和"语素"的包容关系。

表 1　字和语素

要素	字本位	词本位
音节	字	语素
汉字		(单音节词)

把汉字和音节都叫作"字",也完全符合汉语母语者对"字"的称说习惯。例如,我们可以说"这个字写得不对",也可以说"他说话总是两个字一顿"。"字写得不对"中的"字"指汉字,"两个字一顿"中的"字"指音节。由此可见,我们说"字"是音节和汉字的合称并不是杜撰,当然也不是什么新发现。

1.2 "字"是汉语的基本单位

什么是基本单位? 我们所说的基本单位,是指基础性的单位。汉语的基本单位就是汉语的基础性的单位。根据需要,可以从不同的角度把基础性的单位分别叫作基本结构单位、基本语法单位、基本组合单位、基本认知单位。这就是说,作为基础性的单位,"字"(音节和汉字)是汉语的基本结构单位、基本语法单位、基本组合单位和基本认知单位。有一点需要补充说明:作为汉语基本单位的"字"是语内单位。"字"以下的单位,包括音节的声母、韵母和声调,汉字的笔画和部件,也都是结构单位,不过它们是字内结构单位,不是语内结构单位。字内结构单位是字法单位,不是语言单位和语法单位。

我国讲现代汉语的语言学著作以及各种现代汉语教科书,都是把"词"作为汉语的基本单位。这一点已经深入人心,想改变都不太容易。"词"的概念是从西方语言学引进的,相当于英语的 word。"词"(word)是印欧语系语言的基本单位,引进到汉语中来,也把它作为汉语的基本单位。这就成了问题。什么问题? 就是汉语中到底什么是"词",至今还没有一个统一的说法,也无法提出统一的说法。一个多世纪过去了,我们还不能解释到底什么是"词",仅此一点就足以说明,相当于英语 word 的"词"的概念对汉语不适用。

为了说明相当于英语 word 的"词"的概念对汉语不适用,下面我再次引述三位语言学大师的话。

吕叔湘先生(1964)说:"汉语里的'词'之所以不容易归纳出一个令人满意的定义,就是因为本来没有这样一种现成的东西。其实啊,讲汉语语法也不一定非有'词'不可。"

赵元任先生(1975)说,印欧语系语言中 word 这一级单位"在汉语中没有确切的对应物","在说英语的人谈到 word 的大多数场合,说汉语的人说到的是'字'。这样说绝不意味着'字'的结构特性与英语的 word 相同,甚至连近于相同也谈不上"。

王力先生(1986)说:"汉语基本上是以字为单位的,不是以词为单位的。"

以上就是三位大师各自积一生之研究心得分别得出的同样的结论。他们明明白白地告诉我们:相当于英语 word 的"词"在汉语中根本不存在;汉语的基本单位是"字",不是"词"。

以上两点——"字"是汉语音节和汉字的合称,"字"是汉语的基本单位——说的是"字"的内涵,以及"字"在汉语中的地位和作用。这就是我们对"字"的解释。

二、"字"的性质和特点

因为"字"是汉语音节和汉字的合称,所以讨论"字"的性质和特点,就要分别讨论汉语音节和汉字的性质和特点。

2.1 汉语音节的性质和特点

2.1.1 汉语音节是口头汉语的基本单位

我们说汉语至少要说一个音节,小于音节的单位不是语言单位,大于音节的单位都是由音节组合生成的。例如:

在上面的例子中，用汉语拼音书写的每一个音节都是一个最小的语言单位。连接线是表示，大于音节的结构单位都是以音节为基本单位按照"二合"方式层层组合起来的。除了音译外来词、联绵字和结构成分为奇数的并列结构以外，找不到其他的结构方式。由此可见，我们指出"汉语音节是口头汉语的基本单位"是以语言事实为根据的。

2.1.2 汉语音节具有双重身份

汉语音节既是语音单位，也是言语单位——作为口头汉语基本单位的音节就是言语单位。这就是汉语音节的双重身份。我们把作为语音单位的音节叫作语言音节，把作为言语单位的音节叫作言语音节。语言是对言语的抽象，与此相一致，语言音节是对言语音节的抽象。言语音节处于言语之中，具有表音和表意的双重作用。表音作用体现为在听觉上是一个响峰，可以用声学原理对其中的语音成分加以分析；表意作用体现为可以听出它的意思，可以用相应的汉字加以转写。因为具有表音和表意的双重作用，所以言语音节是音意单位。语言音节对言语音节的抽象只提取语音成分，把言语音节的意思隐含了起来，所以只能表音，不能表意，是单纯的语音单位。言语音节和语言音节的区别，如表2所示。

表2 言语音节和语言音节

言语音节(音义单位)	语言音节(语音单位)
(hàn)yǔ 语	yǔ
(xià)yǔ 雨	
xià(yǔ) 下	xià
xià(tiān) 夏	

上面的 hànyǔ 和 xiàyǔ 都是两个音节，其中的 yǔ 是同一个音节；xiàyǔ 和

xiàtiān 也是两个音节,其中的 xià 是同一个音节。我们都知道要把 hànyǔ 的 yǔ 写成"语",要把 xiàyǔ 的 yǔ 写成"雨";也都知道要把 xiàyǔ 的 xià 写成"下",要把 xiàtiān 的 xià 写成"夏"。这就是因为这里的 yǔ 和 xià 都处在言语之中,是既表音也表意的言语音节,所以知道应该用什么汉字转写。如果单说 yǔ,或者单说 xià,我们就不知道说的是什么 yǔ、什么 xià,因此也不知道要用什么汉字转写。这就是因为单说的 yǔ 和单说的 xià 是从言语音节中抽象出来的,只提取了语音成分,所以是只表音、不表意的语言音节。

具有双重身份是汉语音节能够成为口头汉语基本单位的决定性因素。汉语各级单位的组合都是意义的组合,意义相关的单位才能互相组合。如果汉语的音节仅仅是语音单位,就不能作为言语单位用于组合。由此可见,了解汉语音节的双重身份是理解汉语组合特征的关键之一。

汉语音节具有双重身份是汉语跟印欧语系语言的重要区别之一。印欧语系语言的音节是词内单位,作为词内单位的音节可以是单纯的语音单位。汉语言语音节是语内单位,语内单位必然是音义单位。我们指出汉语音节是口头汉语的基本单位,许多人不理解。不理解不是因为别的,就是因为西方语言学中的音节是语音单位。音节既然是语音单位,怎么能成为言语单位呢?所以我们要反复说明:汉语音节具有双重身份,与印欧语系语言音节的性质不完全相同。

在汉语教学中,只有看到汉语音节的双重身份,才会把音节教学作为口头汉语教学的基础和基本组成部分,也才能提高口头汉语教学的效率。

2.1.3 言语音节是原本性结构单位

作为音义单位的言语音节是音、义黏着的天然整体,并非人工合成所致。就像一株植物,虽可指出它的根、茎、叶,却不能认为它是由根、茎、叶合成的。这就是言语音节的"原本性"——原本如此。原本性不但表现在音、义黏着上,而且表现为在发音方法上的一气呵成,中间没有任何停顿,在听觉上是一个整体,没有任何合成的痕迹。言语音节的原本性告诉我们,汉语语音教学要把言语音节作为整体来教,因为只有把言语音节作为整体来教,才能保持音节发音的原本性。汉语作为第二语言学习者的洋腔洋调,跟我们的教学不是毫无关系。借助于汉语拼音把声母、韵母和声调拆开来教,学生在发音时就要同时想着声、韵、调。因为汉语拼音符号就刻在头脑里,头脑里要想着以汉语拼音为代表的声、韵、调,发音时就不但不能一气呵成,而且还会因为处理不好三者的关系,以及对汉语拼音字母不可避免的误读而出错。如果不是借助于汉语拼音而是借助于汉字把音节作为整体来教,学生头脑中没有汉语拼音符号,只觉得一个汉字就是一个音,就不会出现这样的问题。

2.1.4 语言音节由极少的生成元素组合生成

作为音、义黏着的天然整体,言语音节无法切分;但是任何音节的语音成分都可以分析。汉语音节可以分析为声母、韵母和声调这三大要素。这三大要素就是汉语音节的生成元素。这三大要素之所以能够成为汉语音节的生成元素,是因为它们都具有生成性的自由形式,可以根据组合规则互相组合。同一个声母可以与不同的韵母相组合,同一个韵母可以与不同的声母相组合,由声母和韵母组合生成"声韵";同一个"声韵"可以与不同的声调相组合,由声韵和声调组合生成音节。现代汉语普通话共有 1333 个语言音节,这 1333 个语言音节就是由 21 个声母、35 个韵母和五个基本声调组合生成的。五个基本声调是指第一声、第二声、第三声、第四声和轻声。为什么把轻声也算成基本声调?因为轻声不都是变调。例如,"de、le、ma、ne"等一大批轻声音节都是原调,原调轻声音节是 1333 个语言音节不可缺少的组成部分。轻声的高低程度虽然不十分固定,要跟前一个音节相适应,句尾轻声的高低程度除了要跟前一个音节相适应以外,还要跟句调相适应。但是这种不固定性并不能改变轻声音节"轻"的特点。因此,不应当把轻声排除在基本声调之外。五个基本声调以外还有一个半三声。半三声是变调,虽然也有独立的调值,但是对语言音节总数的构成不产生影响,所以不属于基本声调。由第三声变来的第二声与原调第二声调值相同,所以不是独立的调型,并且不影响语言音节总数的构成。"一、不"等的变调也不是独立的调型,也不影响语言音节总数的构成。变调是音节组合中出现的语音现象,并非音节本身固有的特点。区分基本声调和非基本声调必须有明确的标准,我们的标准只有一个,就是看它是原调还是变调。原调都是基本声调,变调都是非基本声调。这就是我们把原调轻声也归入基本声调的原因。总起来说,汉语的全部语言音节就是由 21 个声母、35 个韵母和五个基本声调组合生成的。

汉语学习者在学习音节发音的过程中的语音偏误,都集中在声母、韵母和声调这三个方面。这三个方面的偏误不一定同时发生,所以纠正偏误应当有针对性地纠正。有针对性地纠正就是哪一方面出现偏误,就纠正哪一方面。我们从汉语教学的角度分析汉语音节的生成元素不是为了把这些生成元素拆开来教,而是为了科学地编排语音练习的内容和有针对性地纠正学习者的发音偏误。

2.2 汉字的性质和特点

2.2.1 汉字是书面汉语的基本单位

就像说汉语至少要说一个音节一样,写汉语至少要写一个汉字。小于汉字的符号不能成为书面汉语的单位,大于汉字的单位都是由汉字组合生成的。把前面的例子用汉字转写出来就可以清楚地看到,书面汉语的基本单位与口头汉语的基本单位是完全一致的。

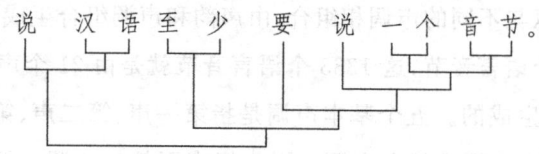

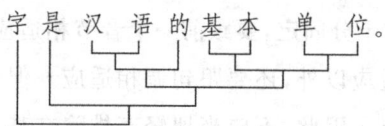

从上面的例子不难看出,我们指出"汉字是书面汉语的基本单位"也是以语言事实为根据的。

2.2.2 汉字是整体转写言语音节的文字

文字的作用是转写口头语言。汉字转写口头汉语是整体转写言语音节,而不是转写大于或小于言语音节的语音成分。从上面的例子可以看出,汉字之所以能够成为书面汉语的基本单位,就是因为汉字是整体转写言语音节的文字,与言语音节有对应关系:一个言语音节写下来就是一个汉字,一个汉字读出来就是一个言语音节。再举例如下:

yǐ rén wéi běn
以 人 为 本
hé xié shè huì
和 谐 社 会
kē xué fā zhǎn
科 学 发 展

因为汉字是对言语音节的整体转写,所以含有与之相对应的言语音节所赋予的音和义,成为形、音、义单位。这说明汉字也具有双重身份:它既是汉语的书写符号即表形单位,也是形、音、义单位。汉字具有双重身份是汉字能够成为书面汉语基本单位的决定性因素。如果仅仅是书写符号,汉字就不能作为书面汉语的基本单位用于组合。可见,了解汉字的双重身份也是理解汉语组合特征的关键之一。

在汉语教学中,只有承认汉字的双重身份,而不是把汉字看成单纯的书写符号和词汇的附属品,才能把汉字教学作为书面汉语教学的基础和基本组成部分,才能提高汉字和汉语教学的效率。我国对外汉语教学存在的最大问题之一,就是把汉字看成单纯的书写符号和词汇的附属品。(吕必松,2005)把汉字看成单纯的书写符号和词汇的附属品,是"词本位"理论使然。

2.3 汉字是形、音、义三位一体的文字

有一种颇为流行的说法,就是拼音文字是表音文字,汉字是表意文字。这样的说法给人的印象是:拼音文字只表音,不表意;汉字只表意,不表音。实际上,每一种语言的文字都有一定的形体结构,也都有一定的表音和表意的方法。从这个意义上说,每一种文字都有表音功能,也都有表意功能。一种文字如果没有表音功能,就无法读出它的声音来;如果没有表意功能,就不能通过字形(词形)识别字义(词义)。具有表音和表意功能是不同文字的共性。不过,不同的文字往往用不同的方法,也就是用不同的形体结构表音和表意。形体结构不同,就意味着表音和表意的方法不同,这样就形成了不同文字的个性特点。人们学习一种语言的文字,就是要掌握这种文字的形体结构及其表音和表意的方法。因此,从语言教学的角度研究文字,就必须研究文字形体结构的特点和表音、表意方法的特点。我们从汉语教学的角度研究汉字,最重要的是研究汉字形体结构的特点以及汉字表意和表音方法的特点。

汉字形体的结构单位有笔画、部件和整字,组成整字的笔画和部件都按上下、左右、内外的位置排列。这样的结构特点就是汉字表意和表音的物质基础。

汉字表意和表音方法的主要特点是义符表意和音符表音的统一。这也是汉字的造字原则之一。古人把汉字分为六类,叫作"六书"。"六书"包括象形、指事、会意、形声、假借和转注。假借字是指借用原来的汉字代表新的意思,不再创造新字。例如:"六"本来是"庐"的意思,后来借用来代表数目字"六",数目字"六"就叫假借

字。转注字是指可以用来互相解释字义的汉字。例如:"老"和"考"可以用于互相解释字义,说明"老"是"考"的意思,"考"是"老"的意思,"老"和"考"就叫转注字。其他四类汉字,包括假借字和转注字的本字,都体现了义符表意和音符表音相统一的造字原则。

在座的各位都有关于"六书"的知识,本来不需要我来介绍。但是为了把这些具体知识归结到汉字的性质和特点上来,还是想占用大家一点儿时间,解释一下象形字、指事字、会意字和形声字的造字原则。

(1)象形字。在最早的汉字中,有一类是用线条描画出来的人和事物的形状,用人和事物的形状代表字义。后来人们就把这类用人和事物的形状代表字义的汉字叫作象形字。例如,"人"是用线条描画出来的"人"的形状,"马"是用线条描画出来的"马"的形状,"日、月"是用线条描画出来的太阳和月亮的形状。"人、马、日、月"就叫象形字。在汉字发展的过程中,线条逐渐演变为笔画和笔画组合,字形就发生了不同程度的变化,但是仍然保留着大致的轮廓。我们可以通过对字形的联想识别字义和帮助记忆。

(2)指事字。在最早的汉字中,还有一类是用线条描画出来的人和事物特点的形状,用人和事物特点的形状代表字义。后来人们就把这类用人和事物特点的形状代表字义的汉字叫作指事字。例如:"一、二、三"是用横线的数量表示数目,"上、下"是分别在横线上面和下面添加符号指示方位。"一、二、三"和"上、下"都是描画事物特点形状的象形符号。又如:"木"是用线条描画出来的树的形状,在"木"(树)的底部添加一个符号就成为"本",代表树根;"食"是用线条描画出来的碗上有盖的形状,用碗上有盖的形状代表食物。在"木"(树)的底部添加一个符号代表树根,是因为树根的特点之一是位置在树的底部;用碗上有盖的形状代表食物,是因为食物的特点之一是可以盛在碗里,可以用碗上加盖的方法保温和保洁。跟象形字一样,指事字的线条也逐渐演变为笔画和笔画组合,字形也随着发生了不同程度的变化。指事字多半要通过对字形的解析才能理解字义,形体变化较大的指事字还要通过追溯原形才能帮助理解和记忆。

象形字和指事字数量不多,但是多半都可以与其他汉字组合生成会意字和形声字。因为会意字和形声字中包含着象形字或指事字(以及它们的变体),所以在象形字和指事字的基础上学习会意字和形声字就更加容易。

(3)会意字。会意字是由象形符号与象形符号组合生成的汉字,用象形符号与象形符号的组合表示字义。例如:"从"由两个"人"组成,两个"人"一前一后,代表跟从。"多"由两个"夕"组成,"夕"的古字同"月","多"代表两个月亮,意为多出了一个。"活"由"氵"(氵=水)和"舌"组成,用"舌上有水"代表存活。"话"由"言"(讠=言)和"舌"组成,因为说话要用舌头,所以就用"舌"和"言"的组合代表说话。这是根据现行汉字的形体所做的解释。"活"和"话"原本是形声字,其中的"舌"原为"昏"(音 guā),是音符,后来隶变为"舌"。又如:"信"由"人"(亻=人)和"言"组成,从中可以看到古人有"人言为信"的准则。"和"由"禾"和"口"组成,我们可以解释为"禾"代表庄稼,"口"代表人,人和庄稼相互依存,相依为命,代表人与大自然的正常关系,也比喻人与人的正常关系。"谐"由"言"和"皆"组成,"皆言"即人人都有发言权。通过解析"和、谐"二字的造字原则就可以更好地理解"和谐社会、和谐世界"的深刻含义。

(4) 形声字。由义符(形旁)和音符(声旁)组成生成的汉字叫作形声字。形声字的义符代表意类,音符代表音类。例如:"功、攻"中的"力、攵"是义符,"工"是音符;"铜、桐"中的"钅(钅=金)、木"是义符,"同"是音符。有些会意字也是形声字。例如:"和"是会意字,但是"和"中的"禾"也是音符,所以"和"是会意兼形声字。又如:"躬"由"身"和"弓"组成,有把身体弯成弓形的意思,是会意字。"弓"又充当音符,所以"躬"也是会意兼形声字。再如:"富"由"宀"和"畐"组成,"宀"代表屋子,"畐"的古字像装满实物的瓶子,意为充盈,用屋内充盈代表富有,是会意字。"畐"(fú)又充当音符,所以"富"也是形声字。

会意字和形声字中的象形符号都是义符。会意字是义符与义符的组合,形声字是义符与音符的组合。无论是义符与义符的组合,还是义符与音符的组合,其组合规则都是"二合"。

用象形符号与象形符号组合表意都是直接表意,这是汉字跟拼音文字的重要区别之一。拼音文字是通过记音表意,由音生义;汉字是通过画形表意,由形生义。由音生义是间接表意,由形生义是直接表意。直接表意就是直接反映客观世界,具有便于理解和记忆、能够快速反映的优势。有大量的汉字即使不知道它们的读音,我们也可以根据字形猜到它们的大意,根据上下文猜测字义的把握性更大。不需要或者不必单纯依靠语音转换就能理解字义而达到快速反映,这就充分显示了汉字表意方法的科学性。

汉字的笔画不代表音素,因此有人认为汉字没有表音功能。这是对文字表音功能的误解,也说明对汉字的表音特点缺乏认识。汉字不是用笔画或字母表音,而是用整字表音。整字表音有两种方法。一种方法是用整字的读音代表音节的读音,这是形、音合一;另一种方法是用整字作形声字的音符表音,这是形、音结合。象形字、指事字和会意字都是形、音合一,形声字(包括会意兼形声字)是形、音结合。无论是形、音合一还是形、音结合,都是形和音的统一。因为义符有直接表意的特点,所以形、音统一也就是形、音、义的统一,形、音、义统一就是三位一体。我们认为,能够达到形、音、义高度统一的文字才是最科学的文字。

有些形声字的音符在现代汉字中已不再表音。现代汉字中仍有表音功能的音符有以下四种类型。

(1) 全表音音符。与整字的读音完全相同的音符是全表音音符,如表3所示。

表 3　全表音音符及例字

音符	例　字
成	城 诚 晟 盛 铖 宬
唐	鄌 塘 搪 溏 瑭 糖 螗 醣
凶	匈 讻 汹 恟 胸
肖	削 逍 消 宵 绡 硝 销 蛸 霄 魈
章	鄣 獐 彰 漳 嫜 璋 樟 蟑

(2) 半表音音符。在声母、韵母、声调这三项当中,有一项与整字的读音不同的音符叫半表音音符,如表4所示。

表 4　半表音音符及例字

声母不同		韵母不同		声调不同	
形声字	音符	形声字	音符	形声字	音符
草(cǎo)	早(zǎo)	伯(bó)	白(bái)	吗(ma)	马(mǎ)
现(xiàn)	见(jiàn)	宾(bīn)	兵(bīng)	哪(nǎ)	那(nà)
客(kè)	各(gè)	英(yīng)	央(yāng)	花(huā)	化(huà)

(3) 近似音音符。与整字的读音相近的音符叫近似音音符。所谓读音相近,就是只有声母或韵母的读音相同或相近,如表5所示。

表5 近似音音符及例字

音符	形声字
井	进(声母相同,韵母相近)
广	旷(韵母相同,声母相近)
戋	钱(韵母相同,声母相近)
斤	听(声调相同,韵母相近)
尚	躺(韵母相同)
果	棵(声母相近)

（4）部件音音符。有些音符的读音与该音符的本音虽然不同，但是做部件时的读音具有内部一致性，代表做部件时的统一读音。我们把这类音符的读音叫作"部件音"，如表6所示。

表6 部件音音符及例字

部件	原字音	部件音	例字
白	bái	bó	伯泊柏铂帛舶鲌
并	bìng	píng	屏骈洴瓶
亥	hài	gāi	该陔垓荄赅
斤	jīn	xīn	诉忻昕欣锌炘新妡
开	kāi	xíng	刑邢形型钘
难	nán	tān	摊滩瘫
反	fǎn	bān、bǎn	扳攽颁,阪坂板贩版钣舨
句	jù	gōu、gǒu、gòu	佝枸狗枸苟笱岣,够
尚	shàng	tāng、tǎng、tàng	鞱,倘淌躺,趟
生	shēng	xīng、xìng	星狌,性姓
少	shǎo	chāo、chǎo	抄钞,吵炒
亡	wáng	māng、máng	牤,邙芒忙盲氓茫杗硭铓
襄	xiāng	rāng、ráng、rǎng	嚷,襄瀼禳穰瓤,嚷壤攘
炎	yán	tán、tǎn	倓谈郯埮锬痰,菼毯
且	qiě	zū、zǔ	租,阻诅组祖俎
我	wǒ	é、è	俄莪涐娥峨哦铗哦蛾鹅,饿

上表中的部件音,有的读音完全相同,有些只是声调不同。

现代汉字义符表意和音符表音的功能已经弱化。弱化现象表现为:由于字形的发展变化,象形符号要通过联想或联系原形进行解析才能理解字义;由于语音的发展变化,多数音符只能表示近似音,有的已不再表音。尽管如此,现代汉字中仍然保留着大量表意和表音的成分,这些表意和表音的成分仍然有助于汉字的理解和记忆。尤为重要的是,汉字义符表意和音符表音的功能虽已弱化,但是义符表意和音符表音相统一的科学原则依然存在,为通过汉字改革恢复和强化这一科学的造字原则预留着空间。

2.4 汉字是区别性和节约性高度统一的文字

所有的文字都必须同时具备区别性和节约性。所谓区别性,就是把代表不同音、义的字词区别开来;所谓节约性,就是用尽可能少的符号满足区别性的需要。文字如果没有区别性,不能把不同音、义的字词区别开来,就没有存在的价值;如果没有节约性,要给学习和使用带来无法承受的重负,就没有使用的价值。

汉语语言音节为数有限,节约性有余而区别性不足。为了弥补为数有限的语言音节区别性不足的缺陷,我们的祖先就想出了用汉字转写言语音节的办法。用汉字转写言语音节不但可以把同音字区别开来,而且可以把同音词区别开来。例如:

> 不详　不祥(详 祥)
>
> 大道　大盗(道 盗)
>
> 食堂　食糖(堂 糖)
>
> 石油　食油(石 食)
>
> 因素　音素(因 音)
>
> 原因　原音　元音(原 元,因 音)
>
> 中心　忠心　衷心(中 忠 衷)
>
> 住房　驻防(住 驻,房 防)
>
> 向前看　向钱看(前 钱)

用汉字转写言语音节,就是为了区别字义和词义。如果转写的是语言音节而不是言语音节,就成为单纯记音的文字,就无法区分同一个音节的不同的意思,不要说古代汉语和大量的诗词、对联、标牌等都无法理解,就是上面列举的现代人日常生活中常用的词语,也都难以从意义上加以区分。通过转写言语音节而使汉字具有更大的区别性,就能充分满足书面交际的需要。汉语文字拼音化的道路走不通,原因之一就是单纯记音的文字无法取代汉字的区别性特征。

前面提到,汉字形体的结构单位包括笔画、部件和整字。我们把整字分为基本字和复合字两类,再把复合字分为基本复合字和多重复合字两类。部件是与整字相对的概念,大部分部件由整字充当。由基本字充当的部件是基本部件,由基本复合字充当的部件是基本复合部件,由多重复合字充当的部件是多重复合部件。也有非整字部件,例如"汉语"二字中的"氵、讠","提高"二字中的"扌、亠、冂"等,都是非整字部件。汉字到底有多少笔画、多少部件,因为分析的角度、标准和方法不同,得到的数量也不同。我们根据教学的需要把汉字的笔画归结为 28 个,其中基本笔画(书写时笔向基本不变的笔画)6 个,基本复合笔画(书写时笔向改变一次的笔画)9 个,多重复合笔画(书写时笔向改变两次以上的笔画)13 个;我们对《现代汉语常用字表》(国家语言文字工作委员会汉字处编,1988)中的 3500 个常用和次常用汉字进行初步分析、统计,得到非整字部件 220 个左右。经初步核查,3500 个以外的非常用汉字,不再出现新的笔画,只出现少量非整字部件。简化字中出现了不少新的部件,使汉字的部件数量不是减少而是增加了,所以繁体字部件的总数只会小于此数。大体上说,所有的汉字就是由这 28 个笔画和 220 个左右的非整字部件组合生成的,这 28 个笔画和 220 个左右的非整字部件就是汉字的全部生成元素。为数有限的生成元素能够组合生成数量充足的汉字,充分满足书面交际的需要,这显示了汉字的高度节约性。

汉字为什么具有高度的节约性?一是因为汉字不是拼音字母的线形组合,而是笔画和部件按上下、左右、内外位置排列的平面组合,这就使形、音、义表达的自然空间得到了充分的利用。二是因为部件都是具有生成性的自由形式,多半是一身多任。所谓一身多任,就是既是独立的汉字或独立汉字的变体,又充当整字的部件;作为整字的部件,还充当音符或义符。例如:"村"由"木"和"寸"组合生成,"木"既是独立的汉字,也是"村"的部件,又充当"村"的义符;"寸"既是独立的汉字,也是"村"的部件,又充当"村"的音符。由此可见,"木"和"寸"都是一身多任。利用现成的符号担任多种角色,就使汉字生成元素的数量得到了有效的控制。

上面的事实说明,汉字确实是区别性和节约性高度统一的文字。汉字区别性和节约性的高度统一是由汉字形体结构的特点决定的。

2.5　汉字是与口头汉语科学匹配的文字

文字的主要作用是转写口头语言，必须与口头语言相匹配。我们说文字与口头语言有匹配关系，不是说文字和语言只能是一对一的匹配关系。同一种语言可以用不同的文字匹配，但是文字与口头语言的匹配有是否科学和科学化程度高低的问题。文字改革的目标之一就是谋求文字与口头语言的科学匹配，或提高匹配的科学化程度。汉字与口头汉语的匹配相当科学，其科学性至少表现在以下几个方面：

（1）保证了基本单位的一致性和视、说、听的一致性。口头汉语以言语音节为基本单位，汉字整体转写言语音节，正好与言语音节相一致，成为书面汉语的基本单位。这样就使以汉字为代表的书面汉语的基本单位跟以言语音节为代表的口头汉语的基本单位完全一致，使汉语使用中的视、说、听完全一致。所谓视、说、听完全一致，就是视觉上的一个直观表意的符号，说出来就是一个音节，在听觉上就是一个响峰。基本单位的一致性和视、说、听的一致性有利于书面汉语和口头汉语的兼容和对流。"对流"即互相影响。例如，"与时俱进、以人为本"等在书面汉语中出现以后，很快就融入了口头汉语。如果不是先见于书面汉语，一般人就听不懂，也就难以进入口头汉语。听不懂的话写下来就能看懂，并且马上会说，是屡见不鲜的汉语现象。这正是汉字的表意特点和区别性所决定的。单纯记音的文字不可能具有这样的优势，听不懂的话语，写下来照样看不懂。

（2）弥补了语言音节区别性不足的缺陷。汉语音节数量有限，基本上都具有多义性，而汉字除了能够跟言语音节相对应以外，还具有义符表意和音符表音相统一的特点以及由此决定的更大的区别性，可以用不同的汉字把同一个语言音节的不同的意思区别开来。这就弥补了为数有限的语言音节区别性不足的缺陷。

（3）使众多方言的存在不影响书面汉语的统一。因为汉字与言语音节有对应关系，所以同样的汉字可以用不同的方音识读。众多方言的存在，包括跟普通话语音差别很大的方言的存在，并不影响书面汉语的统一，原因就在于此。而书面汉语的统一又使普通话和方言能够兼容和对流。

（4）使现代汉语能够跟古代汉语保持有效的传承关系。汉字与言语音节的对应性以及义符表意和音符表音相统一的特点，使现代汉语能够跟古代汉语保持有效的传承关系，使历代文化典籍中最精彩的部分，包括成语、典故、常用字词和词语结构方式等,都成为语言自身的积淀而在现代书面汉语和口头汉语中被广泛沿用,使现代书面汉语和口头汉语更加简练、丰富和多姿多彩。"人法地、地法天、天法道、道法自然",这类最古老而又最深刻的道理,都可以通过汉字去加以理解。

书面汉语和口头汉语的兼容和对流,普通话和方言的兼容和对流,古代汉语及其承载的传统文化通过现代汉语绵延传承,使汉语在使用中不断发展,使源远流长的中华文化在与时俱进中发扬光大,所有这些,都要归功于与口头汉语科学匹配的汉字。

说明汉字的性质和特点,是为了证明汉字是科学的文字,而不是落后的文字。汉字的科学性又决定了汉字是容易学的文字,而不是难学的文字。从本文关于汉字的性质和特点的论述中不难理解汉字为什么容易学。

鸦片战争之后,我国一度处于危难时期。有些爱国志士误认为汉字是造成国家落后的根源,于是把废除汉字当成了医治落后、振兴国家的良方。病急乱求医,情有可原。时至今日,汉字容易学已为许多理论研究和教学实践所证明。在这样的情况下,如果还在把汉字贬为落后的文字,还在把至宝当祸害,还在主张用拼音文字替代汉字,这就不是与时俱进而是倒行逆施了。

对外汉语教学的新思路[*]

——组合汉语教学路子

(2008.11)

一、为什么要"图新"

我今天要跟大家讨论的题目是"对外汉语教学的新思路"。这是施家炜给我命的题，这个题目虽然有点像广告语言，但是我认为很好，所以还是欣然接受了，同意按她的命题作文来。我加了一个副标题——组合汉语教学路子，加这个副标题是为了标明"新思路"的具体内容。

我欣然接受"新思路"这个题目，是因为我国对外汉语教学需要新思路，我自己也有"图新"的强烈愿望，希望有机会跟大家一起讨论。一个早已退休的老头子为什么还要图新？是不是为了赶时髦？不是为了赶时髦。我的图新思想由来已久，退休后仍不放弃，是因为心里还装着对外汉语教学这项事业，还想沿着一生所走的道路继续往前走，还想弥补自己在这条道路上犯下的过失。什么过失？我的过失就在于在对外汉语教学的理论和实践上起过一些误导作用。我虽然不想继续误导别人，但是如果不图新，必然会继续误导，因为许多人还在看我过去写的书。明知误导而不改正，还要继续误导，就是丧失学术良心。我不是说自己过去写的书都是错的，但是必须把已经认识到的错误改正过来。

再过两年，新中国的对外汉语教学就要过 60 岁生日了。将近 60 年来，我们在教学理论和教学方法上一直跟在外国人后面追赶，在课程设计、教材编写等方面一直在忙忙碌碌地搞花样翻新，但是教学效率还是没有得到明显的提高，教学效果还是不能令人满意。我从 1964 年走上对外汉语教学岗位，到 1995 年退休，在对外汉语教学岗位上工作了 30 多年。在这 30 多年中，还有多年我在担任影响对外汉

---

[*] 本文系根据 2008 年 11 月 19 日在北京语言大学的讲演稿改写。

教学全局的领导职务,还曾被誉为学科带头人。因此,无论从哪一个角度说,我对我国对外汉语教学的落后状况都负有不可推卸的责任。每每思过,无法释怀,愧疚之心,难以言表。我在许多场合都做过检讨,可是检讨并不能解决问题。我也不想拿客观原因做借口,拂袖而去,因为那是不负责任的态度。

人们很容易把汉语教学效率难以提高的原因归结为汉字难学。所谓汉字难学,并由此推及汉语难学,似乎已成了不争的事实。我也说过:对外汉语教学的效率难以提高,根本原因是汉字与汉语的矛盾造成了听说训练与读写训练的矛盾,使两者互相制约。因为认为汉字难学,才使听说训练与读写训练互相制约,才使汉语教学的效率难以提高。在这一思想的指导下,我过度重视从技术层面上优化听说训练和读写训练的关系,并且把别人的注意力也引向这里。我在理论和实践上对对外汉语教学的误导,这是主要的一条,也是根本的一条。

二、为什么赞成"字本位"

"汉字难学论"像一剂迷魂药迷住了我们的心窍,使我们在提高汉语教学效率上束手无策。"汉字难学论"又像一块巨石沉甸甸地压在人们的心里,不但使我们在提高汉语教学效率上束手无策,而且使许多希望学习汉语的人产生了畏难情绪,对汉字和汉语学习望而生畏。

徐通锵先生提出的"字本位"理论就像一剂解药,替我解开了"汉字难学"的心结。"字本位"首先是一种汉语观,这种汉语观认为:汉语是以"字"为基本结构单位的语言,而不是以"词"为基本结构单位的语言。我对徐先生的"字本位"理论领会不深,但他关于"字"是汉语基本结构单位的观点,对我可谓一"字"唤醒梦中人。我投徐通锵先生"字本位"理论的赞成票,就是因为"字本位"汉语观让我认识到汉字教学是汉语教学的基础和基本组成部分。直白地说,教汉字也是教汉语。为什么无视汉字的特点先教"你好、谢谢、再见"才是教汉语,而从汉字的特点出发先教"一、二、三"就不是教汉语?我们长期生活在"词本位"汉语观之中,一直把"词"作为汉语的基本单位。把"词"作为汉语的基本单位,就不能正确认识汉字在汉语中的地位和作用,就不能正确处理汉字教学与汉语教学的关系。基于"词本位"汉语观的汉语教学把"词"作为基本教学单位,这就使汉字成了词汇的附属品和单纯的书写符号,就无法构建科学的汉字教学系统,就无法按照汉字的特点和规律进行汉字教学。不按汉字的特点和规律进行汉字教学,就使汉字成了难学的文字,就使听说训练与读写训练互相制约,就使汉语教学的效率难以提高。追根溯源,"词本位"汉语观和"词本位"汉语教学才是造成汉字难学和汉语教学效率难以提高的真正原因。

为了培养学生的汉语交际能力,我国对外汉语教学把"交际"二字看得极重,而对"交际"的理解又偏重于口头交际。因此,第一课就要教"你好、谢谢、再见"一类能够进行口头交际的话语,好像不这样教,就是背离了交际性原则。这就带来了教学口头汉语与教学汉字的矛盾:话好说,汉字却被认为都像图画,难认、难写、难记。为了解决听说训练与读写训练的矛盾,有人想出了"先语后文"的办法。"先语后文"就是把汉字教学推后,先用汉语拼音教口头汉语,等口头汉语有了一定的基础以后,再教书面汉语。这种办法可以收到加快口头汉语发展的短期效应,但是从整体和长远看,学生学习和习得的速度不是更快,而是更慢。原因是:"先语后文"虽然把汉字教学推后,但是在词本位汉语观的支配下,仍然把词作为基本教学单位,仍然不构建科学的汉字教学系统,仍然不按照汉字的特点和规律进行汉字教学;汉字教学虽然推后,但终究不能不学。有了一定的口头汉语基础以后再学习汉字,虽然可以不必在汉字读音上多下功夫,但是不可能自动识别用于转写拼音词语的汉字,要把汉字的字形跟字义、词义联系起来,还要当作生字、生词重学一遍。这样,对形、音、义的识别、理解和记忆就是两道程序,用两道程序完成本应由一道程序完成的任务,必然更加费时费力。

三、从"字本位"到"组合汉语"

我在学习"字本位"理论的过程中,带着对外汉语教学中存在的问题,研究用"字本位"理论指导汉语教学的可能性。为了对可能性加以验证并把可能性变为现实,我试着编写对外汉语教材。编写对外汉语教材,必须根据汉语学习和习得的特点整合语言材料,并对有关的语言现象进行解释,在整合语言材料和解释语言现象的过程中,"字本位"汉语观又使我看到了汉语的三大特点。这三大特点是:

(1) 汉语是组合型语言。认为汉语是"组合型"语言,是因为组合生成是汉语的生命线,是汉语无限活力的源泉。汉语的各级单位(字、词、句)都是由小到大逐级组合生成的;汉语组合的基本单位(音节和汉字)是由为数有限的生成元素组合生成的,无限多的词语和句子都是在音节和汉字的基础上由少到多地组合生成的;

语言单位之间的组合都是直接组合,不需要通过字形和词形变化。

(2) 汉语组合的基本单位是"字"。我们所说的"字"包括音节和汉字,是音节和汉字的合称。音节是口头汉语组合的基本单位,汉字是书面汉语组合的基本单位。组合的基本单位是指最小的组合单位,最小的组合单位也就是最小的语言单位和最小的语法单位。"字"以下的结构单位,包括音节的声、韵、调,汉字的笔画和部件,也都是组合单位,不过它们是字内组合单位,不是语内组合单位。字内组合单位是字法单位,不是语言单位和语法单位。

(3) 汉语组合的基本方法是"二合"。汉语的组合生成,包括由字的生成元素到字的组合生成,由字到词的组合生成,由字词到句子的组合生成,基本上都是"1+1=1"。"1+1=1"就是"合二为一",简称"二合"。"二合"是汉语的天然生成机制。"二合"是从组合的角度说的,如果从分析的角度说,就是"二分"。

我们把上面的三项内容概括为"以'字'为基本单位的二合机制"。后来又发现,"以'字'为基本单位的二合机制"就是汉语的系统特征。以字为基本单位,按照二合机制进行组合生成,这样的特点贯穿在汉语的字法系统(语音系统和汉字系统)、词法系统和句法系统之中,是全面的而不是局部的,是系统的而不是零散的,是彰显的而不是隐含的,并且显示了汉语与许多其他语言——例如印欧语系诸语言——的根本区别。这就足以证明:"以字为基本单位的二合机制"就是汉语的系统特征。

因为汉语系统特征的核心是组合,我们就把反映汉语系统特征的汉语理论叫作组合汉语,把根据组合汉语理论设计的教学路子叫作组合汉语教学路子。

以上就是组合汉语教学路子形成的教学背景和理论背景。首先介绍教学背景和理论背景,是为了用尽可能少的篇幅介绍组合汉语教学路子。

四、组合汉语教学路子的核心内容

我们把组合汉语教学路子的核心内容概括如下:

4.1 直接用汉字教发音和说话

在对外汉语教学中,可以用汉语拼音教发音和说话,也可以直接用汉字教发音和说话。我们把用汉语拼音教发音和说话的方法叫作"拼音法",把直接用汉字教发音和说话的方法叫作"直音法"。我们主张用"直音法"教发音和说话。实践证明,用"直音法"教发音和说话效果更好。下面具体说明用"直音法"教发音和说话的可行性、必要性和教学效果。

4.1.1 可行性

汉字是转写言语音节的文字,与言语音节不但有对应关系,而且有包容关系。例如,"张三李四"包含 zhāng sān lǐ sì,而 zhāng sān lǐ sì 不包含"张三李四"。汉字与言语音节的这种对应和包容关系使直接用汉字教发音和说话成为可能:教"张三李四"这四个汉字的读音也就是教 zhāng sān lǐ sì 这四个言语音节的发音。

汉语学习者的发音偏误,都集中在声母、韵母和声调这三个方面,用"直音法"教发音和说话并不妨碍从这三个方面辨别学生的发音和纠正发音偏误。例如,可以分别把声母相同、韵母相同、声调相同的汉字放在同一组进行声母、韵母和声调的练习,也可以按声调组合规则(例如,第一声加第一声,第一声加第二声……第二声加第一声,第二声加第二声……)把有关的字词组合成不同的序列进行相应的声调组合练习。举例如下:

(1) 声母练习

家 见 姐 今 九 (j)

七 期 气 请 去 (q)

先 想 向 小 星 姓 (x)

(2) 韵母练习

八 牙 马 怕 (a)

开 来 买 在 (ai)

女 去 语 玉 (ü)

(3) 声调练习

第一声

一 三 八 七 工

第四声

不 个 六 四 二

第三声＋第一声(半三声变调)

我家 你家 我说 你说 我来 你来

所有的声母、韵母以及声调和声调组合都可以用上面的方法进行练习。

用"直音法"教发音和说话同样可以有针对性地纠正学生的语音偏误。学生的声、韵、调偏误不一定同时出现，所谓有针对性地纠正，就是哪里出现偏误，就纠正哪里。

4.1.2 必要性

上面说的是可行性，可行的方法不一定都是必要的。我们主张用"直音法"教发音和说话，不但是因为可行，而且还因为必要。必要性如下：

（1）可以避免汉语拼音对正确发音的误导

实践证明，汉语拼音对正确发音有误导作用。误导作用至少表现在以下几个方面：

① 引起学生对汉语拼音字母的误读、误拼。汉语拼音字母是拉丁字母，学生第一语言文字的字母或学过的其他语言文字的字母如果也是拉丁字母，他们看到汉语拼音字母时，首先想到的是他们习惯了的拉丁字母的发音和拼音。因为有拉丁字母发音和拼音的习惯，他们对汉语拼音字母就容易误读、误拼，一旦误读、误拼，就难以纠正。

② 使学生误认为汉语音节的发音就是声母、韵母和声调的拼合。用"拼音法"教发音和说话，把音节的声母、韵母和声调分开来教，就使学生误认为汉语音节的发音就是声母、韵母和声调的拼合，发音时就要同时想着声、韵、调，就要想着怎样把三者拼合在一起。想着怎样把三者拼合在一起，发音时就不但不能一气呵成，而且还会因为处理不好三者的关系而不可避免地误读、出错。

③《汉语拼音方案》的部分拼写方法对音节读音有误导作用。例如：

u 导致对 ü 的误读。ü 自成音节时要写成 yu，在 j、q、x 后面要写成 ju、qu、xu，都会导致把 ü 读成 u。这当然跟他们原有的语言中没有 ü 音有关，而难以纠正却跟拼写方法的误导有一定的关系。

iu 导致对 iou 的误读。iou 在 j、q、x 后面都写成 iu，使学习者误认为 iu 是 i 和 u 的拼合，发音与英文字母 u 的发音相似。

ui 导致对 uei 的误读。第二语言学习者发 dui、gui、tui、zui 等音节普遍开口度偏小，正是把 uei 写成 ui 的结果。

用"直音法"教发音和说话，就是借助于汉字把音节作为整体来教，学生头脑中没有汉语拼音，只觉得一个汉字就是一个音，就不会出现上述误导现象。

(2) 加快理解和记忆

有研究证明,最能帮助理解和记忆的是形象和事件。汉字有义符(形旁)表意和音符(声旁)表音相统一的特点,义符表意主要是象形符号表意。象形字、指事字都是象形符号表意,会意字和形声字都是象形符号组合表意。象形符号表意和象形符号组合表意都是直接表意,具有便于理解和记忆的优势。由此可见,用"直音法"教发音和说话不但可以保持音节发音的原本性,而且有利于把形、音、义统一起来加快理解和记忆。

(3) 使汉字教学成为通向书面汉语教学和口头汉语教学的"直通车"

前面提到,汉字教学是书面汉语教学的基础和基本组成部分,因此,进行汉字教学就是进行书面汉语教学的起点;同样,音节教学是口头汉语教学的基础和基本组成部分,因此,用"直音法"教发音和说话,汉字教学也就成为口头汉语教学的起点。因为用"直音法"教发音和说话既是书面汉语教学的起点,也是口头汉语教学的起点,所以汉字教学就成了直接通向书面汉语教学和口头汉语教学的"直通车"。

4.1.3 直接用汉字教发音和说话效果更好

早在 20 世纪 70 年代,北京语言学院就进行过一次"直音法"教学实验。《对外汉语教学发展概要》(吕必松,1990b)和《组合汉语知识纲要》(吕必松、赵淑华、林英贝,2007)都有下面的记载:

> 北京语言学院在 20 世纪 70 年代曾经做过这样的实验:一点儿汉语都没有学过的同一个国家的学生分为两个班,在两个星期的语音教学阶段(共计 48 课时,每课时 50 分钟),一个班完全用汉语拼音教语音,另一个班完全用汉字教语音,用汉字教语音的班在最后两天教《汉语拼音方案》。结果是:拼音班的学生虽然学会了《汉语拼音方案》,但是一个汉字都没有学;汉字班的学生不但学会了 100 多个汉字和几十个句子,而且也学会了《汉语拼音方案》,发音至少不比拼音班的学生差。

2007 年,北京新亚研修学院用新编"组合汉语"教材《48 小时汉语速成・基础篇》(初稿)进行过教学实验,任课教师袁媛在实验报告中提道:"教材不利用《汉语拼音方案》教语音,采用直音法借助于汉字进行语音练习,减少了英语语音的干扰作用;学生的声、韵、调都比较标准,没有怪声怪气的发音。"

2008 年,吕效东和郝晓梅两位老师用同一教材在新加坡进行了试教,负责前

10 课教学的吕效东老师在教学总结中说:"虽然没有系统地教授汉语语音和汉语拼音方案,但是大部分学生能够较好地掌握单音节语音的发音要领。"负责后 12 课教学的郝晓梅老师在教学总结中说:"用'直音法'教学,将语音教学融入到其他语言要素(字、词和句子)教学中,既省时省力,又避免了学生受英语发音的影响而产生发音错误,这样掌握的汉语语音更准确,更深刻。"

我们不主张用汉语拼音教发音和说话,只不过是认为不应当把汉语拼音作为练习发音和说话的工具,而不是主张废止《汉语拼音方案》教学。因为《汉语拼音方案》有广泛的使用价值,所以不能不教。为了防止汉语拼音对发音练习的干扰和误导,我们主张尽量滞后《汉语拼音方案》的教学,最早也要放在学生语音基本过关以后。《汉语拼音方案》教学的主要任务是介绍拼音和拼写规则,教师不必在发音练习上多下功夫,对熟悉拉丁字母的学生,整套方案最多用三四个课时就能教完。然后再结合中文软件,让他们通过拼音录入练习,逐渐达到巩固和熟练。

4.2 用汉字教学带动书面汉语教学

汉字是书面汉语的物质外壳,用汉字教学带动书面汉语教学是汉字教学的应有之义;如果不带动书面汉语教学,汉字教学就毫无意义。用汉字教学带动书面汉语教学,就是通过由字到词、由字词到句子的组合生成教学,培养阅读和写作能力。

汉语由字到词、由字词到句子的组合,都是意义的组合,组合规则与其说是语法规则,毋宁说是语义规则。语义规则有以下特点:

(1)词的组合多半是利用旧概念生成新概念。因此,只要理解了字义,就容易理解词义。因为汉字的字义容易理解,所以只要掌握了一定数量的汉字,多数词都能自动理解,不需要一个一个地死记硬背。

(2)词和句子的组合有扩展和组装两种方式。扩展是滚雪球式的,组装是搭积木式的。意思相关的语言单位在一定的条件下都可以用扩展和组装的方式进行组合。这就是说,只要懂得了字义和词义,就能顺利地进行扩展和组装。

(3)扩展和组装的字序都遵循语义上的"整体—部分"原则。我们所说的"字序"也包括词序,语义上代表整体的字词在前,代表部分的字词在后。

(4)汉语句法结构的核心是由主体和述体两个互相依存的语义单位构成的主述结构。主体代表"谁"或"什么",是已知信息和述体陈述的对象;述体代表"做什么"或"怎么样",是使知信息并用于陈述主体。主述结构的语义关系也是"整体—

部分"。

上述语义规则的特点告诉我们,书面汉语的组合,一切都是随意而合,顺理成章。其中的关键就是汉字的作用。书面汉语教学可以采用不同的方法,但是无论采用什么样的方法,都不应脱离汉字以及汉字与汉字的组合生成。只要抓住了汉字以及汉字与汉字的组合生成,就算抓住了书面汉语教学的"牛鼻子",书面汉语教学的效率就可以大大提高;如果脱离了汉字以及汉字与汉字的组合生成,就不可能取得理想的教学效果,即使我们在课程、教材和教学方法上搞花样翻新,也只能事倍功半。

4.3 用书面汉语教学带动口头汉语教学

初级阶段的汉语教学,要教的书面汉语与口头汉语基本上是一致的。就像汉字与言语音节有包容关系一样,书面汉语与口头汉语也有包容关系。这就是说,初级阶段所教的书面汉语就包括口头汉语。因此,书面汉语教学可以带动口头汉语教学。跟单纯的书面汉语教学相比,用书面汉语教学带动口头汉语教学只需要在以下几个方面进行强化训练:

(1) 强化语音训练。书面汉语用于书面交际,即使语音不标准,也不会影响阅读和笔头表达,所以从书面汉语教学的角度说,对语音可以不做严格要求。口头汉语用于口头交际,如果发音不标准,别人就听不懂,甚至会引起误解。因此,要用汉字教学带动口头汉语教学,就必须强化语音训练。

(2) 强化听力训练。口头交际就是交际双方面对面谈话,面对面谈话不都是自己说,还要听别人说。如果听不懂别人说的话,交际就不能继续。说话的人有可能语音不太标准,还可能语速太快或吐字不清,这些都要能适应。因此,要用书面汉语教学带动口头汉语教学,就不能不强化听力训练。

(3) 强化口头表达的流利性训练。书面交际的方式是读和写,读不懂或不会写的可以查字典,还可以边想边读、边想边写,速度由自己控制。口头表达不便查字典,如果总是边想边说,听话的人可能不耐烦,交际就不能顺利进行。因此,口头表达必须用正常语速。要用书面汉语教学带动口头汉语教学,使学生能用正常语速进行口头表达,就必须强化流利性训练。

(4) 强化口语训练。我们在前面一直在使用"书面汉语"和"口头汉语"的概念,这是语用概念。除了语用概念以外,还有"口语"和"书面语"两个语体概念。汉语口语与口头汉语不完全相同,有些词语和表达方式只在口语中使用;汉语书面语和书面汉语不完全相同,有些词语和表达方式只在书面语中使用。随着学生汉语水平的提高,书面汉语教学要逐渐增加"书面语"的内容,口头汉语教学要逐渐增加"口语"的内容。要推动口头汉语的发展,就必须增加只在口语中使用、在书面语中一般不用的词语和表达方式。

用书面汉语教学带动口头汉语教学,除了要增加以上几个方面的强化训练以外,其他都是顺理成章,不需要给学生额外增加理解和记忆的内容和程序。用书面汉语教学带动口头汉语教学,可以使学生的口头汉语与书面汉语同步发展。

迄今通行的"语文一体"教学路子,语音教学阶段之后都是用书面汉语教授口头汉语。不过,"语文一体"教学路子与组合汉语教学路子有本质的不同。"语文一体"的特点是:不区分书面汉语和口头汉语;因为是以"词"为基本教学单位,而不是以"字"为基本教学单位,这就使汉字教学处于无序状态,汉字教学无序就是没有科学的汉字教学系统;把"词"的教学孤立起来,既不讲双音节和多音节词的内部组合,也不讲词与词的外部组合,"词"的记忆只能靠死记硬背。近万个常用词语要一个一个地死记硬背,学习效率可想而知。

汉字在汉语中的地位和作用决定了汉字教学和汉字与汉字的组合教学是组合汉语教学路子的核心。我们提出组合汉语教学路子,不但是因为看到了汉字在汉语中的地位和作用,而且还有另一个思想前提,这就是认为汉字是容易学的文字。当然,不是说汉字可以自动成为容易学的文字。要使汉字容易学,还必须构建科学的汉字教学系统,以便按照汉字的性质和特点以及汉字自身的规律有序地进行汉字教学。

汉字教学的有序性主要是指汉字形体结构教学的有序性,汉字形体结构教学的有序性主要包括笔画教学、部件教学和整字教学的科学搭配和有机统一,能体现由易到难、循序渐进的教学原则。其实,只要选好一两百个汉字就能实现汉字教学的有序性,因为有一两百个汉字就能涵盖汉字的全部笔画,并能涵盖常用部件和汉字的形体结构类型,也能涵盖由笔画到部件和整字的各项组合规则,还可以兼顾汉字表意和表音方法的全面介绍。学会了经过精心选择的一两百个汉字,就等于打好了汉字学习的初步基础,以后的汉字学习就相对容易。

要实现汉字教学的有序性,初始阶段的汉语教学就要以汉字教学为纲。组合汉语教学同样重视交际能力的培养,同样把培养交际能力作为汉语教学的直接目

的。从培养交际能力的角度说,以汉字教学为纲会遇到以下两个方面的矛盾:

(1) 汉字教学的有序性与语音教学的系统性的矛盾。要按照有序性的要求教汉字,就不能照顾语音教学的系统性。解决的办法是用归纳法突出语音练习,即把学过的带同样声母和同样韵母的汉字归纳起来进行声母和韵母练习,把学过的带同样声调和声调组合的字词归纳起来进行声调和声调组合练习。语音教学本来就不能一蹴而就,应该贯穿于汉语教学的全过程,在初始阶段不能进行系统的语音教学不会影响大局。其实,语音习得顺序跟语音表上排列的音素和音位顺序并不完全一致,因此,也不能把按语音表的顺序进行语音教学作为衡量语音教学系统性的标准。

(2) 汉字选择与语言材料选择的矛盾。培养交际能力必须重视语言材料的选择、组织和排序。按照有序性的要求教汉字虽然可以适当兼顾语言材料的选择,但是语言材料选择的自由度毕竟很小。培养交际能力不能急功近利,用一段时间打汉字基础不但是必要的,而且是值得的。有了一两百个汉字的基础,以后选择语言材料的自由度就会越来越大,学习的速度也会更快。

组合汉语教学路子是个新生事物,任何新生事物都不可能一诞生就十全十美。根据组合汉语教学路子编写的个别教材只是经过初步的实验,要使组合汉语教学路子成熟起来,还需要编写更多的教材,进行更多的实验。

汉字是容易学的文字[*]

(2008.12)

大家都说汉字难学,中国人比外国人说得还多。所谓汉字难学,似乎已成了不争的事实。我自己也曾经说过:汉语作为第二语言教学的效率难以提高,根本原因是汉字与汉语的矛盾造成了听说训练与读写训练的矛盾,使两者互相制约。这实际上也是认为"汉字难学",因为汉字难学,才使听说训练与读写训练互相制约,才使汉语教学的效率难以提高。

多年的研究使我逐渐醒悟,使我认识到:"汉字难学论"是一种不真实的理论,也是一种有害的理论。说它不真实,是因为汉字实际上是容易学的文字;说它有害,是因这种不真实的理论误导了并且还在误导着汉语文字发展方向的研究,也误导了并且还在误导着我国语文教学和汉语作为第二语言教学。

一、为什么说汉字容易学

说汉字容易学,有什么根据?事实就是根据。我们可以用下面的事实说明汉字容易学。

第一,中国儿童可以在学前阶段养成自主阅读能力。

有大量的事实证明,中国儿童如果从三四岁开始学习,就可以在学前阶段(六七岁之前)轻轻松松地学会一两千甚至两三千个汉字,养成自主阅读能力。三四岁至六七岁的儿童正处于阅读发展的最佳时期,在阅读发展最佳期内养成自主阅读能力,对适时开发智力和加快智力发展意义重大。所谓汉字难学,主要是跟拼音文字比较,但是拼音文字国家的儿童不一定都能在学前阶段养成自主阅读能力。如果汉字真的比拼音文字难学,为什么中国儿童能在学前阶段养成自主阅读能力而

---

* 此文曾在笔者的博客上发表,收入本书时又在文字上做了一些修改。

拼音文字国家的儿童反而不能呢?

让中国儿童在学前阶段养成自主阅读能力,不是能不能的问题,而是做不做的问题。不做,就因为有"汉字难学论"在作怪。认为汉字难学,就不让幼儿园教汉字,小学里还要先教好几个星期的汉语拼音,然后才教汉字。这不但浪费了儿童的大好时光,而且压抑了他们的智力发展。这就是"汉字难学论"对我国语文教学误导的结果。

第二,外国人也能很快地学会汉字。

2007年,北京新亚研修学院用新编"组合汉语"教材《48小时汉语速成·基础篇》(初稿)对来自美国等国家的9名6—18岁的汉语初学者进行了一次短期(2—3周,每周12课时)试教。试教前设想,这个阶段平均每课时最多学会3.5个汉字。后来惊喜地发现,实验结果比预想的还好。任教的袁媛老师在实验报告中说:"学完2周24课时的学生基本上都能认读120个左右的汉字,最好的能认读200多个汉字和由这些汉字组合生成的400多个词。"这就是说,即使按120个汉字计算,也达到了平均每课时学会认读5个汉字。我们知道,汉字学习有一个由慢到快的过程,有了一定的基础,以后会学得更快。袁媛老师的实验报告还说:教材不利用《汉语拼音方案》教语音,采用直音法("直音法"就是直接用汉字教发音和说话的方法)借助汉字进行语音练习,减少了英语语音的干扰作用;学生的声、韵、调都比较标准,没有怪声怪气的发音。结业时要求每个学生做5分钟的发言,有的学生还用汉字写了发言稿,发言时语音都比较清楚,洋腔洋调不太明显,语法错误也很少。

2008年,吕效东和郝晓梅两位老师用同一教材在新加坡对来自英国、法国、俄罗斯、澳大利亚、马来西亚、印度尼西亚、新加坡等国家的12名学生进行了第二次试教,也取得了喜人的效果。学生年龄从20多岁到60多岁不等,大部分为公司职员或经理,有较为沉重的工作压力,没有时间预习和复习。只有4名华裔学生有点方言基础,其他人都是零起点。两位老师先后共计用72课时(包括复习)基本教完了全书。负责前10课(3课时教1课)教学的吕效东老师在教学总结中说:学生对汉字笔画的识别程度很好,能够较好地区分形近笔画,书写时较少犯错。虽然没有教汉语拼音,但是大部分学生能够较好地掌握汉字的发音要领。在很短的时间内学生不但学习了大约140个汉字和260个词,而且对汉语的组合特点开始有所领悟。例如,在学习了"好人"之后会自动生成"好车、好老师"等新词语。虽然学生基本上没有时间复习、预习,但是对所学字词的掌握程度还比较理想,也能用学到的词语和句型与老师交流。学了四五课,学生就能在老师的帮助和引导下用由十多个句子组成的语段进行自我介绍和相互介绍;学了 10 课之后就能够跟老师和同学进行简单的交流。负责后 12 课(也是每课教 3 课时)教学的郝晓梅老师在教学总结中说:用"直音法"教学,将语音教学融入其他语言要素(字、词和句子)教学中,既省时省力,又避免了学生受英语发音的影响而产生发音错误,这样掌握的汉语语音更准确,更深刻。学生在 72 课时内共计学习了 373 个汉字,不仅学习了汉字的发音和意义,对汉字笔画、结构、部件、造字法等相关汉字知识也有了较为全面的认识,具备了良好的书写能力。由字到词的组合教学,更有助于学生对词汇的理解和记忆。学生彻底消除了汉字难认、难写、难记的心理障碍,增强了学好汉语的信心。

上述两次教学实验都已证明,在听、说、读、写全面要求的前提下,让外国学生用 500 课时学会 2500 个左右的汉字并非难事。我国高校的对外汉语教学,一学年的课堂教学时间不少于 720 课时,"组合汉语"的目标就是用 720 个课时让学生基本达到听、说、读、写全面过关。如果能达到这一目标,就不但可以证明汉语容易学,而且也可以证明汉字容易学,"汉字难学论"也就不攻自破。从上述两次教学实验的结果可以推断,用 720 个课时让学生基本达到听、说、读、写全面过关并不是难事。

二、汉字为什么容易学

上面说的是"汉字容易学"的事实根据。如果要问汉字为什么容易学,我们可以指出两个原因:第一,学习汉字需要理解、模仿和记忆的要素少;第二,理解、模仿和记忆这些要素的难度小。学习一种语言和文字,难易程度的决定因素就是需要理解、模仿和记忆的要素的多少,以及理解、模仿和记忆这些要素的难度的大小。

先说学习汉字需要理解、模仿和记忆的要素少。国家语言文字工作委员会颁布的《现代汉语常用字表》(语文出版社,1988)共收汉字 3500 个,其中常用字 2500 个,次常用字 1000 个。我们认为,无论是第一语言学习者,还是第二语言学习者,一般只需要学习 2500 个左右最常用的汉字。这是因为:各种统计都说明,2500 个左右最常用的汉字的覆盖率可以达到 99％以上。掌握了 2500 个左右最常用的汉字,阅读非专业书刊就基本上没有文字障碍了;即使遇到个别没有学过的汉字,也可以根据字形猜到字义,在上下文中猜测字义的把握性更大;掌握了 2500 个左右最常用的汉字,就具备了查字典的能力,即使阅读专业书刊,也可以通过查字典解决生字问题。因此,我们可以把 2500 个左右最常用的汉字作为汉字教学的数量目标。这里是讲需要学习的汉字的数量,需要学习的汉字的数量少,就意味着需要理解、模仿和记忆的要素少。除了常用汉字数量少以外,汉字生成元素的数量也少。汉字的生成元素是笔画和部件。我们对 3500 个常用和次常用汉字进行初步分析、统计,得到笔画 28 个,这 28 个笔画只有"横、竖、撇、捺、点、提、弯、钩"8 个概念,这 8 个概念既是笔画的名称,也是笔画形状和笔画书写方法的名称。大部分汉字部件也是整字,非整字部件只有 220 个左右,其中常用的不到 70 个。经核对,3500 以外的非常用汉字不再出现新的笔画,只出现少量非整字部件。大体上说,所有的汉字就是由这 28 个笔画和 220 个左右的非整字部件组合生成的。也就是说,学习现代汉字需要理解、模仿和记忆的要素只有 28 个笔画、220 个左右的非整字部件和由这些笔画和部件组成的 2500 个左右最常用的汉字。当然,笔画与笔画的组合,以及笔画与部件、部件与部件的组合还有一些规则,这些规则也需要理解和记忆。不过,因为常用汉字数量有限,由笔画到部件再到整字的组合只有上下、左右、内外 3 种主要的组合方式,所以并不繁杂,只要按照循序渐进的原则进行教学,就不会成为沉重的记忆负担。

再说学习汉字理解、模仿和记忆的难度小。有关研究证明,最能帮助理解和记忆的是形象和事件。汉字有义符(形旁)表意和音符(声旁)表音相统一的特点,义符表意主要是象形符号表意。象形字是用线条描画人和事物形状的汉字,用人和事物的形状代表字义。例如"人、日、月、马"都是用线条描画出来的人和事物的形状,可以通过字形理解字义。指事字是用线条描画人和事物特点形状的汉字,用人和事物特点的形状代表字义。例如"一、二、三"是用线条的数量代表数目,"上、下"是分别在横线的上面和下面添加符号指示方位,也可以通过字形理解字义。会意字是用象形符号组合表意的汉字。例如,"从"由两个"人"组成,两人一前一后,代表"跟从";"众"由三个"人"组成,代表人多,人多为众。"国"由"囗"和"玉"组成,"囗"是围起来的形状,代表边界;"玉"是一串玉的形状,代表资源和财富。中国古人把拥有固定边界并拥有资源和财富的地方叫作"国"。"家"由"宀"和"豕"组成,"宀"代表屋子,"豕"是猪的意思,屋子里有猪就是家。为什么屋子里有猪就是家?因为猪原来是野生动物,后来被收到屋子里饲养。有屋子养猪就意味着定居,定居就是家的形成。懂得了"国"和"家"的意思,再学"国家"就不难。形声字是用象形符号组合表意兼表音的汉字。例如,"和"由"禾"和"口"组成,"禾"是禾苗的形状,代表庄稼;"口"是嘴的形状,代表人。人和庄稼互相依存,代表人和大自然的正常关系,也比喻人与人的正常关系。"禾"也是音符,代表"和"的读音。又如,"谐"由"讠"和"皆"组成,"皆"由"比"和"白"组成。"讠"(言)是用舌发音的形状,代表说话;"比"由两个"人"("匕"是"人"的倒写)组成,代表二人;"白"的古字与"口"通用,因此"皆"可以解释为两人一口,即都在发言;这样,"谐"就可以解释为人人都有发言权。"皆"也是音符,代表"谐"的发音(在现代汉字中只有韵母相同)。懂得了"和"和"谐"的意思,就能更好地理解"和谐社会、和谐世界"的深刻含义。象形符号代表形象,象形符号组合代表事件,都可以像讲故事那样解释字义。由此可见,组成汉字库的象形字、指事字、会意字和形声字,多半都比较容易理解和记忆。

三、为什么认为汉字难学

既然汉字是容易学的文字,人们为什么认为汉字难学? 人们认为汉字难学,也有两个原因。

认为汉字难学的第一个原因是,我们对汉字在汉语中的地位和作用认识有误,更不了解汉字组合生成的性质和特点,以及便于理解和记忆的优势。汉语作为第二语言教学都是以"词"为基本单位,把汉字作为单纯的书写符号和词汇的附属品,使汉字教学无法形成科学的教学系统。汉字教学无序,不按照汉字的特点和规律进行汉字教学,学生就难以掌握汉字的结构规则,就会觉得汉字都像图画。把汉字当图画学,当然会觉得很难。实践证明,只要知道汉字是书面汉语的基本单位,只要把汉字作为书面汉语的要素之一,只要按照汉字的特点和规律进行汉字教学,读写训练和听说训练就可以由互相制约转化为互相促进,汉字就不但不是学好汉语的障碍,而且还是学好汉语的有利条件。

认为汉字难学的另一个原因是在跟拼音文字比较时产生了误解。拼音文字用一个或几个字母代表一个音素,音素就代表读音。用一个或几个音素组成一个词,代表这个词的读音。因为拼音文字的字母代表音素,所以人们就把拼音文字叫作表音文字,并认为表音文字既然有表音作用,学起来必然容易。大家都说英文只有26 个字母,26 个字母学起来还不容易吗? 这就是误解,也是想当然。其实,拼音字母只相当于汉字的笔画,26 个英文字母只是字母名称。就书写方法而言,英文字母不是 26 个,而是 104 个,因为英文字母有大写和小写以及印刷体和手写体之分。就读音而言,英文字母的数量也很大,因为同一个字母在不同的词中,甚至在同一个词中的发音不一定相同。例如:在 common 这个词中,同一个字母 o 就有两种不同的读音,在 commode 这个词中,同一个字母 o 也有两种不同的读音,在这两个词中,同一个字母 o 有 3 种不同的读音。英文字母没有书写方法的名称,没有名称的事物不便于记忆。学习 28 个汉字笔画和学习 26 个英文字母哪一个容易,可想而知。

　　一定有人会说,英文字母有表音作用,汉字笔画没有表音作用,所以不能比较。这样说当然也有道理。不过,并不是所有的拼音文字都具有词的读音与字母读音完全一致的特点。拼音文字的词由字母组成,词的读音与字母读音不一致,就是形、音脱节。英文词形、音脱节的现象就相当严重。例如:

　　　　write、right

　　　　or、work

　　　　gentleman、ground

　　　　phonetic、five

　　在上面的例子中,write 和 right 读音完全相同,所用字母和字母组合却不完全相同;or 单独成词时的读音和在 work 中的读音也不相同;在 gentleman 和 ground 中,同一个字母 g 的发音却有天壤之别;在 phonetic 和 five 中,同一个字母 i 的读音截然不同,f 和 ph 的发音却又完全相同,e 在 phonetic 中表音,在 five 中却不表音,如此等等。这类情况在英语中普遍存在,是常规而非特殊。正因为英语文字存在严重的形、音脱节现象,学习现代英语文字的读音就不能完全依靠字母的读音。如果英语文字都能根据字母直接发音,就不必专门记忆每一个词的拼法。而事实正好相反,我们学习英语的时候,不但要记住每一个词的读音和意思,而且要记住每一个词的字母组合,所以要花费很多的时间和精力去背诵单词。汉字有一字一音的现象,学习一字一音的汉字要死记硬背;英文词则有一词一音的现象,学习一词一音的英文词同样要死记硬背。不同的是,一字一音的汉字为数有限,一词一音的英文词数量庞大。正因为如此,学过多年英语的人书写时有时还要查字典,也难免出现拼写错误。就是以英语为第一语言的人,包括文化程度很高的人在内,书写有时也要查字典,也免不了出现拼写错误。

　　我们认为,文字的难易程度是由形体结构、表音方法、表意方法等多种因素决定的,因此不能把表音作用的大小作为评判文字难易程度的唯一标准,更不能把表音作用的大小作为评判文字优劣的唯一标准。

　　汉字的表音作用不是体现在笔画层面上,而是体现在整字层面上。整字表音有两种方法,一是用整字的读音代表音节的读音,这是"一字一音"。例如,"一、二、三、你、我、他",都是一字一音。二是用音符代表整字(形声字)的读音,这是音符表音。例如"成"是"城、诚"等字的读音,"唐"是"糖、塘"等字的读音。现代汉字音符表音的功能已经弱化,弱化现象主要表现为多数音符只有半表音作用,或者只能表示近似音,有的已不再表音。尽管如此,在占汉字总数 90％左右的形声字中,仍有一定数量的音符是全表音音符,其余多数是对读音有提示作用的半表音音符。不再表音的音符毕竟是少数。由此可见,并不是所有的汉字都是一字一音。即使都是一字一音,2500 个左右最常用汉字的记忆负担也有限。

　　也一定有人会说,汉字与英文词并不处于同一个层面,因此也不能比较。可是要知道,汉语中大于字的语言单位都是由字组合生成的,词(字组)义与字义有内在的联系,懂得了字义,就容易理解词义。掌握了一定数量的汉字以后,多数词都可以自动理解,几乎每天都在出现的新词,并不需要一个一个地专门学习。这正是汉字的一大优点。

　　我们说明汉字是容易学的文字,不但是为了破除"汉字难学论",而且也是为了指出:只有正确认识汉字在汉语中的地位和作用,只有按照汉字的特点和规律进行汉字教学,才能提高汉语教学的效率;我国语文教学和汉语作为第二语言教学都有很大的改革空间。

对外汉语教学研究今昔谈[*]

(2008.12)

我今天要跟各位讨论的题目是"对外汉语教学研究今昔谈"。"谈"就是闲谈，就是聊天。欢迎大家随时打断，自由插话，一起讨论。

我把闲谈的内容分为下面两个具体问题：

(1) 20 世纪 50—80 年代的对外汉语教学研究。

(2) 从"词本位"到"字本位"再到"组合汉语"。

第一个问题是讲"昔"，就是回顾历史。回顾历史我只能讲 20 世纪 50 年代到 80 年代这一段，因为这段时间内的大部分事件是我亲身经历的，有些是我亲手操作的。这段时间的对外汉语教学有不小的进步，但是也必须承认，我们在理论和方法上还很不成熟，说得严重一点儿，还在一种误区中迷茫徘徊。误区是指用西方语言学的眼光看待汉语，用西方语言学的理论指导汉语研究，用教西方语言的方法教汉语。所谓在误区中迷茫徘徊，就是想改变却找不到正确的方向。在误区中迷茫徘徊有我的参与，我还是七八十年代的学科带头人之一，所以跟我个人的理论缺陷和误导有密切的关系。我现在指出在误区中迷茫徘徊是做自我批评，不涉及他人。20 世纪 90 年代以后的对外汉语教学，我相信又有了不少的进步，但是因为我早已离开了对外汉语教学的主要岗位，没有条件再进行调查研究。没有调查就没有发言权，所以我对 20 世纪 90 年代以后的对外汉语教学研究不敢加以评说。

第二个题目讲从"词本位"到"字本位"再到"组合汉语"，这是讲"今"。讲"今"只讲我个人的研究情况。我于 1995 年退休以后，虽已身处边缘，但是对我一生从事的这项国家和民族的事业的深厚感情并没有消退，对这项事业的今后发展不是

---

* 此文由 2008 年 6 月 27 日在南京大学的讲演稿《对外汉语教学研究今昔谈》和 2008 年 12 月 19 日在深圳大学的讲演稿《对外汉语教学研究的回顾与展望》合并改写而成，曾在笔者的博客上发表，后来又做了一些文字上的修改。

没有想法。实际上，我从来没有停止过对历史的反思，没有停止过在反思的同时进行新的探索。近几年来，我自己觉得已经有所醒悟，在认识上产生了一个飞跃，主要是：在徐通锵先生的"字本位"理论的启发下，我逐渐形成了一套新的思路，提出了"组合汉语"和"组合汉语教学"的新概念。"组合汉语"是指在研究汉语的特点的基础上形成的一种新的汉语理论，"组合汉语教学"是指基于组合汉语理论的一种新的教学路子和教学方法。把个人的研究和对历史的回顾放在一起讲，是因为我现在的研究是对历史反思的结果，是在反思的过程中所进行的新的探索。在回顾历史的同时讲我个人现在的探索，也是为了避免用假大空的言辞检讨自己的理论错误，表明有一种跟大家一起走出误区的强烈愿望。

一、20世纪50—80年代的对外汉语教学研究

　　我国的对外汉语教学虽然有悠久的历史，但是把它作为一项国家的专门事业，并且进行系统的理论研究，实际上是在中华人民共和国成立之后，也就是20世纪50年代才开始的。半个多世纪以来，这项事业从无到有，从小到大，教学研究也步步深入。下面分阶段介绍20世纪50—80年代中国对外汉语教学研究的发展情况。

1.1 20世纪50年代的对外汉语教学研究——基础的建立

　　20世纪50年代是我国当代对外汉语教学的初创阶段。1950年清华大学设立了对外汉语教学的专门机构，该机构于1952年转移到北京大学。这时到中国留学的外国人很少，他们学习汉语是为了跟中国学生一起学习有关的专业，因此汉语教学是一种预备性质的教学。这一阶段的教学研究有打基础的作用。由北京大学编写、于1958年出版的《汉语教科书》，对后来的教学研究和教材编写发挥了持久的影响。根据《汉语教科书》以及有关的教学计划和论文，我们把这一阶段对外汉语教学研究的主要成就和教学法特点归结如下：

　　（1）明确了对外国学生和中国少数民族学生的汉语教学不同于对汉族学生的语文教学，对成年人的汉语教学不同于对儿童的汉语教学。因此，要根据非汉族成年人学习的特点进行汉语教学，并针对他们学习的难点开展汉语研究。

　　（2）明确了对外国学生和中国少数民族学生进行汉语教学的目的是培养他们实际运用汉语的能力。

　　(3) 通过编写《汉语教科书》建立了针对外国人学习的汉语语法体系。在我国,这是把汉语的科学语法转换为教学语法的第一个样板。

　　(4) 教学内容以词汇和语法为中心,语法教学又以句法为中心。句法教学包括介绍词类和句子成分、讲解词序和虚词的用法等。

　　(5) 言语技能训练的原则是全面要求、综合教学、阶段侧重。"全面要求"就是要求学生全面掌握听、说、读、写四种技能,"综合教学"就是在同一门课中对听、说、读、写四种技能进行综合训练,"阶段侧重"就是开始阶段侧重听说训练,逐步过渡到侧重听读或读写训练。

　　(6) 主张以理论指导实践,要求"讲练并重"。"讲"是指讲解汉语理论知识,主要是语音、语法知识;"练"是指在理论的指导下进行听、说、读、写的练习。"讲练并重"就是理论与实践并重。考试的内容也包括理论知识。

　　北京大学周祖谟教授(1953)的论文《教非汉族学生学习汉语的一些问题》和邓懿教授主持编写的《汉语教科书》是这一时期教学研究的代表作。

1.2 20 世纪 60 年代的对外汉语教学研究——在总结经验的基础上提出"实践性原则"和"相对直接法"

　　从 20 世纪 60 年代初期到 60 年代中期,到中国留学的外国学生有所增加。1962 年成立了一所专门教外国留学生汉语的学校——北京外国留学生高等预备学校,原来设在北京大学和北京外国语学院的对外汉语教学机构和教师都合并到这里。该校于 1965 年正式更名为北京语言学院,就是现在的北京语言大学。

　　初创阶段的对外汉语教学实行"讲练并重",要详细讲解汉语理论知识。因为用汉语讲解理论知识学生听不懂,所以如果任课教师不会外语,就要带翻译上课。进入 20 世纪 60 年代,随着学生人数和学生国别的增加,为所有的语种配备翻译已不太现实。积累了较多的教学经验之后,大家也开始认识到没有必要过多、过细地讲授语音、语法知识,于是提出了"实践性原则",把"讲练并重"改为"精讲多练",大大简化了语音、语法知识的教学,同时改为直接用汉语授课,不再配备专门的翻译。这也是因为受欧洲"直接法"的影响。当时把直接用汉语授课的方法叫作"相对直接法"。叫"相对直接法"而不叫"直接法",是因为虽然直接用汉语授课,但是不像欧洲的"直接法"那样完全排斥媒介语。教材中生词和语言知识讲解有外文翻译,上课的时候如果学生有听不懂的地方,教师也可以适当用外语进行解释,只是要求把外语的使用降到最低限度。

北京语言学院编写、1965—1966 学年在校内试用的《基础汉语》是贯彻"实践性原则"和"相对直接法"的第一部对外汉语教材。

1965 年,由于外国留学生人数急剧增加,接收外国学生的院校由原来的北京语言学院 1 所猛然增加到 20 多所。北京语言学院除了承担本校的教学任务以外,还承担了为其他院校制订教学计划的任务,并且还成为为其他院校培训汉语教师的基地。为了制订新的教学计划和培训汉语教师,北京语言学院在总结教学经验的基础上写出了一批专题报告,用作教师培训班的教材。主报告是钟梫(1965)执笔的《十五年汉语教学总结》。这些专题报告比较全面地反映了前 15 年的教学经验和新的教学法主张。

钟梫(1965)的《十五年汉语教学总结》和李景蕙、赵淑华等主持编写的《基础汉语》是这一时期教学研究的代表作。

1.3 20 世纪 70 年代的对外汉语教学研究——探索新的教学路子

由于发生了"文化大革命",从 1966 年夏天到 1972 年春天,对外汉语教学基本中断。1972 年 6 月恢复招收外国留学生(北方交通大学),从 1973 年开始,来自西方国家的学生数量明显增加。西方学生的特点和对教学的要求,与以前主要来自亚非和拉美国家的学生有明显的不同。老办法不能适应新的教学对象,于是学界开始了以探索新的教学路子为中心的教学研究和教学改革实验。

根据 1974 年到 1979 年在《语言教学与研究》上发表的 20 多篇论文,我们把这一阶段在教学研究上的主要进展归结如下:

(1)对实践性原则的认识有所加深。实践性原则不但包括"精讲多练"和归纳法等课堂教学的具体方法,而且包括教学内容和教学组织形式;不但体现在课堂教学中,而且体现在教材中,贯穿在整个教学体系中。贯彻实践性原则的目的是更好地培养学生运用所学语言进行社会交际的能力。社会交际属于社会实践,因此课堂实践要以社会实践为基础,为社会实践服务。这主要是指教学内容要符合学生社会交际的需要,要把课堂教学与校外语言实践活动结合起来。"文化大革命"中盛行"开门办学",外国留学生到校外参加语言实践活动也叫"开门办学"。

(2)对汉语教学中各种关系即矛盾的认识有所加深。当时提出的几种主要的关系是:理论和实践的关系,听说和读写的关系,单项训练和综合训练的关系,模仿和活用的关系,准确性和语速的关系。在美国"听说法"的影响下,学界讨论得最多的是听说和读写的关系,有"全面要求,突出听说","突出听说,读写跟上",以及"听说领先""听说先行"等不同的提法。这些提法的共同点是主张突出听说训练,后来又发展为分阶段侧重,即在预备教育的前期侧重于听说训练,后期侧重于听读训练。

(3) 开始了语言要素教学和言语技能训练的专项研究,以及文选课、写作课和翻译课等课程教学的专题研究。

这一时期教学研究的特点之一是与教学实验紧密结合。20 世纪 70 年代开展的教学实验有以下几项:

(1) 关于句型教学的实验。来自美国的《英语 900 句》是一部根据听说法编写的以句型教学著称的教材,在中国英语教学界流行以后,也引起了对外汉语教学界的兴趣。北京语言学院于 1973 年复校后,就在李德津的主持下立即着手编写体现句型教学特点的实验教材,定名为《汉语课本》。1974 年该套教材开始在少数班试用,根据试用的经验修改后,1975 年在校内推广,一度取代了"文化大革命"中编写的《基础汉语》(以 1965 年的同名教材为蓝本)和《汉语读本》。这套教材开创的句型教学理念为以后编写的教材所沿用。20 世纪 80 年代一度在国内外影响最大、使用面最广的汉语教材是李培元、赵淑华等主持编写的《基础汉语课本》,这套教材更为全面地反映了当时的教学法主张和到那时为止的教学和教材编写经验,其中也包括句型教学。在对外汉语教学中,句型教学不是一项教学原则,而是一种教学方法。这种教学方法之所以受欢迎,是因为它有利于帮助学生熟练掌握句子结构,也便于课堂操练和贯彻精讲多练的原则。这一时期的对外汉语教学受美国听说法的影响较大,但是没有照抄。我们对读写训练和语法教学仍然给予一定程度的重视,主张句型教学同语法教学相结合。

(2) 关于直接用汉字教语音的实验。过去,在两周左右的语音教学阶段,都是用汉语拼音教语音,基本上不出现汉字或者只出现少量汉字。有些教师认为,用惯了拼音文字的学生根据汉语拼音学语音要受母语文字发音和拼音的干扰,出现洋腔洋调跟母语文字的干扰有一定的关系。因此主张直接用汉字教语音,让学生通过对汉字发音的强迫记忆掌握汉语语音,等到语音基本过关以后,再教《汉语拼音方案》。《汉语拼音方案》只作为给汉字注音的工具,不作为练习发音和说话的工具。这些教师还认为,一开始就教汉字不会给学生带来不可克服的困难。北京语言学院恢复招生的第一年,即 1973 年秋季,就上述设想进行了一次实验。实验班和对照班的学生都来自阿尔巴尼亚。做法是：在头两个星期内，除了在最后两天教《汉语拼音方案》以外，生词和课文都用汉字，不出现汉语拼音。实验取得了令人难以置信的效果：在两周的时间内，实验班学生不但学会了一百多个汉字和几十个句子，而且也基本上掌握了《汉语拼音方案》，跟只教拼音、不教汉字的对照班相比，语音、语调也不差。这次实验初步证明，一开始就教汉字和直接用汉字教语音不但是可能的，而且会取得更好的效果。可惜的是，由于客观上的原因，这一实验只进行了一轮，没有总结就半途而废。

（3）关于分听说和读写两种课型进行教学的实验。通过综合课（一般叫"精读课"）对听、说、读、写进行综合训练的传统一直没有改变。有些教师认为，把听说和读写分开来教，教学效果可能更好，于是由王学作主持，在1975年进行了一次分听说和读写两种课型进行教学的实验。具体做法是：头两周用汉语拼音教发音和简单的日常生活会话，基本上不教汉字。然后分听说和读写两种课型，每天上四节课，头两节教听说，后两节教读写。读写课教汉字认读、书写、朗读和阅读，后期教写作，增加了构字法和构词法的教学以及阅读速度训练。听说课结合语音、词汇、语法教学进行听说训练，突出听力训练；前期不出现新汉字，只出现读写课中教过的汉字，读写课没有教过的汉字用拼音代替，两三个月以后逐步过渡到听说课本也全部用汉字。学年考试的结果表明，这次实验也取得了预期的效果，尤其是听和读的能力，比对照班的学生强得多。这次实验出现的缺点是：准备教材的时间太短，大部分教材是一边上课一边编写的，一使用就发现不少问题；由于采用了"听说先行"的办法，学过的拼音词用汉字写出来以后，学生不能把词形和词的音、义联系起来，几乎要当作生词重学一遍。这些缺点本来不难克服，但是由于客观上的原因，这一实验也是只进行了一轮，没有总结就半途而废。

（4）关于改革精读课、加强听力和阅读教学的实验。在整个20世纪70年代，我国的对外汉语教学仍然以汉语预备教育为主。汉语预备教育的目的是为学生学习专业打汉语基础。根据规定，准备学习理工和西医专业的学生要首先学习一年汉语，准备学习文科和中医专业的学生要首先学习一至两年汉语。外国学生学习专业对汉语的起码要求是能听懂专业课，能看懂专业教材。鲁健骥等一部分教师认为，当时流行的"全面要求，突出听说"的教学原则不符合学生学习专业的需要，主张一年制的汉语预备教育在第一学期侧重听说训练，在第二学期侧重听读训练。经过一段时间的酝酿，北京语言学院从1979年2月开始，在鲁健骥的主持下，按上述设想编写实验教材,次年 9 月开始在两个班试用。这套实验教材参考了 1975 年分听说和读写两种课型教学的设计思路,也吸收了那时编写的听说教材和读写教材的某些优点。因为原有的课型设计不能适应新编实验教材的需要,在使用新编实验教材的过程中,教师不得不对原有的课型设计进行调整。为了加强听、读训练,新的课型设计大大减少了精读课的课时,相应地增加了听力理解、汉字读写和阅读理解的课时。这是对以精读课为主的教学模式所做的一项重大改革。把汉字读写和阅读理解作为独立的课型并安排较多的课时,说明那时教师对汉字教学重要性的认识已有所加深。

在对外汉语教学中,如何处理听说和读写以及听和说、读和写的关系,一直是一个有争议的问题。这个问题外语教学中也有,但在汉语教学中显得更为突出。这跟人们对汉字的性质和特点的认识有关。当时的观点是:因为汉字形、音脱离,所以听说训练和读写训练互相制约,难以提高教学效率。研究如何处理听说和读写的关系,就是为了寻找解决这一矛盾的办法。希望解决的问题实际上有两个,一是教学要求:对听、说、读、写四项技能应该全面要求,还是应该突出重点? 如果突出重点,那么什么是重点? 二是教学路子:是综合训练好,还是分技能训练或综合训练与分技能训练相结合好? 是"语文一体"好,还是"语文分离"好? 如果实行语文分离,语和文是"齐头并进"好,还是"先语后文"或"先文后语"好? 如此等等。20世纪 70 年代开展的教学实验,基本上都是为了找到解决这些问题的办法。这些问题都是教学路子方面的问题,因此,有关的实验实际上都是在探索新的教学路子。

20 世纪 70 年代对外汉语教学研究的一项突破性的进展是 1978 年提出了"要把对外国人的汉语教学作为一门专门的学科来研究"。这一主张反映了对外汉语教学学科意识的形成,得到了语言学界特别是吕叔湘、王力等权威学者的积极扶持,为对外汉语教学学科的诞生创造了有利的条件。

1.4 20 世纪 80 年代的对外汉语教学研究——学科建设带动了教学改革

从 20 世纪 80 年代初开始,随着我国改革开放政策的实施,对外汉语教学也加快了发展的步伐。到 80 年代末期,招收外国学生的院校已增加到 100 多所。教学类型除了汉语预备教育和汉语进修班以外,80 年代还开办了短期汉语教学和四年制的现代汉语专业以及专门培养对外汉语教师的对外汉语教学专业,并开始招收以对外汉语教学为专业方向的硕士研究生。随着事业的发展,与全国改革开放的潮流相一致,对外汉语教学界的思想空前活跃起来。从 1978 年提出"要把对外国人的汉语教学作为一门专门的学科来研究"到 1983 年成立"对外汉语教学研究会"(对外汉语教学学会的前身),对外汉语教学作为一门专门的学科正式诞生,学科建设正式提上日程并受到高度重视,以学科建设为中心的理论建设、课程和教材建设、教师队伍建设等全面展开。

在教学研究方面,这一时期公开发表的论文有 300 多篇,正式出版的学术专著有十多部,终于结束了对外汉语教学没有学术专著的历史。300 多篇论文涵盖的内容至少可以概括为以下十个方面:

(1) 对外汉语教学的性质、特点和学科建设。

(2) 教学理论和基本教学法原则,国外语言教学法流派评介。

(3) 总体设计及相关理论、教学大纲的制订和教学评估。

(4) 教材、工具书的编写。

(5) 语言教学和文化教学。

(6) 言语技能训练。

(7) 课堂教学、课程和课型教学。

(8) 短期汉语教学、科技汉语教学、预科班和进修班教学、个别教学。

(9) 古代汉语教学。

(10) 考试。"中国汉语水平考试(HSK)"(初、中等)就是在这一时期完成的。

这一时期教学研究的特点之一是与教学改革紧密结合。改革的内容是多方面的,但是都跟寻找新的教学路子有关。最重要的改革有以下三项:

第一项是继续进行精读课改革,加强听力和阅读教学的实验。

20 世纪 70 年代末开始的这项实验,经过多年的实践和调整,到 20 世纪 80 年代形成的课型和教材体系,如表 1 所示。

表 1　20 世纪 80 年代形成的课型和教材体系

课型名称	周课时	教材
精读	10	初级汉语课本(1988,共 3 册)
听力理解	5	初级汉语课本·听力练习(1986,共 3 册)
汉字读写(第一学期)	5	初级汉语课本·汉字读写练习(1986—1987,共 2 册)
阅读理解(第二学期)	5	初级汉语课本·阅读理解(1989,共 1 册)

　　上表所列四种教材吸收了功能法的优点,突出了交际性原则,具有鲜明的特点,曾在国内外被广泛采用。新的课型设计代表了一种新的教学路子,这就是综合教学与分技能教学相结合的教学路子。这样的教学路子在我国对外汉语教学中至今仍有广泛的影响。

　　20世纪80年代进行的第二项改革是引进功能法,探索结构与功能相结合的教学路子。

　　20世纪70年代在欧洲兴起的"功能法"是一种全新的教学路子,其主要特点是把培养学生的交际能力作为教学的目的和手段,把功能、意念项目作为主要的教学内容,功能、意念项目的选择从学生的交际需要出发。我国对外汉语教学界在整个20世纪70年代所进行的探索,以及在探索中得到的启发和积累的经验,特别是对培养交际能力的重要性的认识,跟功能法的基本原则实际上是不谋而合。因此,这种新的教学法于70年代中期传到我国以后,很快就受到了对外汉语教学界的重视,对外汉语教学界提出了结构与功能相结合的教学路子(有的叫"结构、功能和文化相结合"或"语法、功能和文化相结合")。80年代以来编写的对外汉语教材,多半都包括功能、意念项目和交际性练习项目,同时增加了相关文化知识的教学内容。

　　我国第一部标明吸收功能法优点的教材是刘珣和邓恩铭编写、商务印书馆从1981年开始陆续出版的《实用汉语课本》。这是一套专为国外的汉语教学编写的教材,在结构与功能的结合上进行了精心的设计,在贯彻交际性原则和加强文化知识的教学等方面也进行了不少有益的创造,成为20世纪80年代以来在国外影响最大、使用面最广的汉语教材之一。

　　第一部体现纯功能教学法的教材是南京大学邱质朴编写的《说什么和怎么说?》。这部教材于1980年开始在南京大学校内油印试用,引起了学生的浓厚兴趣。1985年卞觉非、于康根据作者的委托(作者当时在美国)对这部教材做了初步修订,在校内铅印出版,后由作者本人修订,由南京大学出版社正式出版。

　　20世纪80年代进行的第三项改革是以分技能教学为特点的课型和教材改革。

　　为了提高管理水平和教学效率,从20世纪80年代初开始,北京语言学院开始注意理顺教学领域的各种关系,力图实现教学的科学化、规范化和标准化;陆续着手对汉语预备教育、汉语进修班、短期汉语班和现代汉语专业等各种教学类型进行系统的改革。下面以汉语预备教育的改革为例,介绍这次改革的特点。

汉语预备教育的改革是综合性的,内容涉及教学计划和教学大纲的制订、课型设计、教材编写、课堂教学和测试等各个教学环节。其中最重要的改革内容是:先后研究制订了理工汉语班、文科汉语班(一年级)、中医汉语班和西医汉语班的教学大纲,研究制订包括课型设置计划在内的教学计划,并针对不同专业的特点制订了包括语法范围、词汇范围和功能意念项目的教学大纲。理工汉语班分听说、阅读、听力三种课型,文科汉语班和中医汉语班分读写、听力、说话三种课型,西医汉语班分读写、听说、听力三种课型。这几种课型设计的共同特点是把以精读课为主的综合教学改为分技能教学。根据新的教学计划和教学大纲对外汉语教师们分别编写了《现代汉语教程》(李德津、李更新主编)、《科技汉语教程》(杜厚文主编)、《中医汉语》(王砚农主编)和《医学汉语教程》(杨靖轩主编)四套系列教材。这些教材都是首先进行试用,然后加以修改和出版发行。改革后的汉语预备教育的课型设置和教材,如表 2 所示。

表 2　改革后的汉语预备教育的课型设置和教材

教学类型	课型名称	周课时	教材名称
文科汉语班	读写	8	现代汉语教程·读写课本
	听力	4	现代汉语教程·听力课本
	说话	8	现代汉语教程·说话课本
中医汉语班	读写	8	中医汉语·读写课本
	说话	8	中医汉语·说话课本
	听力	4	中医汉语·听力课本
西医汉语班	读写	8	医学汉语教程·读写课本
	听说	8	医学汉语教程·听说课本
	听力	4	医学汉语教程·听力课本
理工汉语班	听说	8	科技汉语教程·听说课本
	阅读	8	科技汉语教程·阅读课本
	听力	4	科技汉语教程·听力练习本

20 世纪 80 年代对外汉语教学研究的主要成就是:学界对教学内部的各种关系和矛盾有了进一步的认识;比较系统地论述了对外汉语教学的性质和特点;提出

了总体设计理论;厘清了汉语教学的四大环节——总体设计、教材编写、课堂教学和考试;在语言教学与文化教学的关系、教学内容与教学方法的关系、结构与功能的关系、语言要素教学与言语技能训练的关系等方面也进行了比较深入的探讨。教学研究带动了教学改革,形成了结构与功能相结合的新的教学路子,其中又分出了分技能教学、综合教学与分技能教学相结合这两种并行的教学路子。综合教学与分技能教学相结合的教学路子是 20 世纪 70 年代开始研究,80 年代形成系统的。

从上面的介绍可以看出,20 世纪 50—80 年代的对外汉语教学研究,一直想解决的一个最突出的问题是如何处理听说与读写以及听和说、读和写的关系,这其实也就是如何处理书面汉语教学与口头汉语教学的关系问题。书面汉语教学与口头汉语教学的关系之所以成为最突出的问题,是因为书面汉语教学与口头汉语教学的互相制约导致了汉语教学的质量和效率难以提高。一切研究都是为了提高教学的质量和效率,这 40 年尽管我们提出了各种设想,也进行了各种实验,但是在提高教学的质量和效率方面并没有取得根本性的突破,人们依然觉得汉语难学,尤其是觉得汉字难学。

上面的介绍把每十年作为一个阶段,不是为了凑成整数,而是按照教学研究自身发展的特点划分的。每隔十年就出现新的特点,不知道是巧合,还是反映了某种发展规律,这需要智者进行专门的研究。

二、从"词本位"到"字本位"再到"组合汉语"

进行语言教学必须有一定的语言学依据。语言学上怎样说,语言教师就怎样教。语言教学研究也必须以一定的语言学理论为指导,语言学理论是语言教学研究的基础理论。20 世纪 50—80 年代的对外汉语教学研究,在基础理论方面,前 30 年基本上属于结构主义,后 10 年又加进了功能主义。无论是结构主义,还是功能主义,都源自西方语言学。西方语言学研究的主要对象是西方语言,不可能全面反映汉语的特点。对外汉语教学陷入误区,误就误在受基础理论的误导,没有按照汉语的特点教汉语。最突出的表现就是用"词本位"理论指导汉语教学,把汉字当成单纯的书写符号和词汇的附属品;用主、动、宾、定、状、补的固定格式分析汉语的句子,把西方语言的"时态"系统也套在汉语的脖子上。七八十年代的教学实验虽然反映了对汉字教学重要性的认识在不断加深,但是因为未能突破"词本位"理论的藩篱,所以学界对汉字教学在汉语教学中的地位和作用并没有形成明确的认识。

我过去也一直以为,汉语教学中听说与读写的矛盾,是语言与文字的矛盾在教学中的直接反映。例如,从听说训练的角度说,第一课可以教"你好、谢谢、再见";但是从读写训练的角度说,第一课教这些内容学生很难接受,他们觉得每一个汉字都像一幅图画,因此一开始就产生了"汉字难学"的心理障碍。我由此得出结论:汉语教学中听说训练与读写训练的矛盾,归根到底是由于汉字形、音脱离。因为汉字形、音脱离,所以听说训练和读写训练就互相制约,这是造成汉语教学效率难以提高的根本原因。20 世纪 80 年代及其以前进行的多次教学实验,都是为了探索怎样处理听说训练与读写训练的关系,也就是研究怎样处理语言与文字的矛盾。这类研究的出发点和角度都是技能训练,都是希望通过技术层面的调整和优化,找到能够兼顾听说训练和读写训练的最大公约数。想到的出路无非是"语文一体"或"语文分家"、"先语后文"或"读写打头"。但是,仍然没有看到哪一种办法终于使教学的效率得到了明显的提高,或者虽然看到了一些苗头,却没有进行认真的总结和进一步挖掘。我已多次检讨过我在理论和实践上所起的误导作用,**我的误导作用就在于实际上附和了"汉字难学论",一直沿着"词本位"的思路研究汉语教学,忽视了对汉语特点的深入研究,只是企图从课型设计的技术层面上解决听说训练与读写训练的矛盾,并且把许多人的注意力也引向这里。**

1994 年,徐通锵先生在《世界汉语教学》第 2 期上发表了《"字"和汉语的句法结构》的论文,指出:"汉语语义句法的结构单位是'字',而不是'语素'之类的东西。""'字'实际上是形、音、义三位一体的结构单位,仅仅把它看成一种文字的书写单位是没有道理的。""把'字'看成为汉语句法的基本结构单位,而把'词'置于一边或置于次要地位来考虑,这是汉语语言学观念的一次转变。"徐通锵先生的论述让我逐渐认识到,汉语教学中听说训练与读写训练的矛盾,并不是汉字和汉语的固有特点所决定的,而是因为我们对汉字的特点以及汉字与汉语的关系在认识上有误。我们一直把"词"作为基本教学单位,而不是把"字"作为基本教学单位;我们一直把汉字当作单纯的书写符号和词汇的附属品,而没有按照汉字的性质、特点和规律进行汉字教学;我们只是从技能训练的角度研究怎样处理听说和读写的关系,而没有从语用层面上深入研究书面汉语教学与口头汉语教学的区别和联系。

在 1996 年举行的第五届国际汉语教学讨论会上,法国白乐桑先生尖锐地指出:"从教学理论的角度看,尤其是在对外汉语教材编写原则这一最关键的问题上,笔者认为目前对外汉语教学面临着危机。""无论在语言学和教学理论方面,还是在教材的编写原则和课程设置方面,不承认中国文字的特殊性以及不正确地处理中国文字和语言所特有的关系,正是汉语教学危机的根源。"(白乐桑,1996)。白乐桑先生提到"危机"二字,让我深受刺激;但是他指出"不承认中国文字的特殊性,以及不正确地处理中国文字和语言所特有的关系,正是汉语教学危机的根源",又让我不得不进一步思考。我们天天讲汉字和汉语的特点,但是汉字到底有什么特点,汉字和汉语到底是什么关系,除了人们挂在口头上的那些套话以外,还有更深一层的思考吗?徐通锵先生提出的"字本位"理论为什么还没有引起对外汉语教学界的反响?

为了提高对外汉语教学的效率和成功率,我从 20 世纪 90 年代开始,研究用"字本位"汉语观指导对外汉语教学的可能性。写了几篇文章,却没有引起多少人的注意。于是我决定自己上马。从 21 世纪初开始,试着根据"字本位"理论编写对外汉语教材,目的是探索用"字本位"理论指导对外汉语教学的可能性。编写对外汉语教材,必须根据汉语学习和习得的特点整合语言材料并对相关的语言现象进行解释,在整合语言材料和解释相关语言现象的过程中,我不但进一步体会到"字本位"理论的重要,而且发现了汉语的三大特点。这三大特点是:

(1) 汉语是组合型语言。我在根据字本位理论试编对外汉语教材的过程中发现,汉语的字、词、句等结构单位都是由小到大一级一级地组合起来的。组合起来就是组合生成。汉语由字到词、由字词到句子的组合都是意义的组合,意思相关的字、词、句在一定的条件下都可以直接组合。所谓直接组合,就是语意表达和理解只需要通过字序和词序,不需要通过形态变化。这就是把汉语界定为组合型语言的根据。为了标明汉语是组合型语言,就把研究组合型语言的汉语理论叫作"组合汉语"。

(2) 汉语组合的基本单位是"字"。这里所说的"字",包括汉语音节和汉字。汉语音节是口头汉语组合的基本单位,汉字是书面汉语组合的基本单位。组合的基本单位是指基础性的组合单位。字以上的单位,包括词语和句子,是在字的基础上组合起来的,所以不是基础性的组合单位;"字"以下的单位,包括音节的声母、韵母、声调,汉字的笔画和部件,也都是组合单位,不过它们是字内组合单位,不是语内组合单位。汉语的组合单位是指语言单位,字内组合单位是字的生成元素,不是语言单位,语内组合单位才是语言单位。

（3）汉语组合的基本方法是"二合"。汉语的组合生成，包括由字的生成元素到字的组合生成，由字到词的组合生成，由字词到句子的组合生成，基本上都是"1＋1＝1"。"1＋1＝1"就是"合二为一"，简称"二合"。我发现，"二合"是由汉语社团的思维模式所决定的汉语的天然生成机制，所以就把它叫作"二合机制"。"二合"是从组合的角度说的，如果从分析的角度说，就是"二分"。

我把上面的三项内容概括为"以'字'为基本单位的二合机制"。后来又发现，"以'字'为基本单位的二合机制"就是汉语的系统特征。以字为基本单位，按照二合机制进行组合生成，这样的特点贯穿在汉语的字法系统（语音系统和汉字系统）、词法系统和句法系统之中，是全面的而不是局部的，是系统的而不是零散的，是彰显的而不是隐含的，并且显示了汉语与许多其他语言——例如印欧语系诸语言——的根本区别。这就足以证明："以'字'为基本单位的二合机制"就是汉语的系统特征。汉语系统特征的核心是组合，所以"组合汉语"这个概念也是对汉语系统特征的反映。

汉语的系统特征要求我们用组合的眼光看待汉语，用组合的观念研究汉语，用组合的方法教汉语。用组合的方法教汉语就是根据汉语的系统特征设计新的教学路子，创造新的教学方法。

根据汉语的系统特征设计的新的教学路子——组合汉语教学路子——的核心内容有三条，即：

（1）用"直音法"教发音和说话；

（2）用汉字教学带动书面汉语教学；

（3）用书面汉语教学带动口头汉语教学。

教学实验证明，这样的教学路子操作简便，行之有效，可以大大提高教学效率。原因是：

（1）按照汉字的性质、特点和规律进行汉字教学，可以使汉字学习化难为易。

（2）直接用汉字教发音和说话，既可以避免汉语拼音对发音的误导，又可以把汉字教学与书面汉语教学统一起来。

（3）汉字是书面汉语的基本单位，通过由字到词、由词到句的层层组合，可以使书面汉语学习化难为易。由字到词、由字词到句子的组合都是意义的组合，意思相关的字词在一定的条件下都可以直接组合，不必考虑词类和句子成分的对应关系。

（4）用书面汉语教学带动口头汉语教学，可以使口头汉语学习化难为易。

（5）汉语句子（基本句）的组合就是主体和述体的组合。主体和述体是两个互相依存的语义单位，主体是陈述的对象，代表"谁"或"什么"，述体用于陈述主体，说明主体"做什么"或"怎么样"。组合汉语语法研究和语法教学的重点除了由字到词的组合规则以外，就是主体和述体的组合规则。无论是由字到词的组合规则，还是主体与述体的组合规则，与其说是语法规则，毋宁说是语义规则。在汉字字义的基础上介绍语义规则有助于理解和记忆。

组合汉语教学路子的形成不但是用新的视角研究汉语特点的结果，而且也是用新的视角总结对外汉语教学历史经验的结果。例如：

（1）"直音法"就源自北京语言学院1973年的教学实验。这一实验给我们的最大启发是：汉字教学完全可以成为通向书面汉语教学和口头汉语教学的"直通车"。

（2）北京语言学院1975年的教学实验从正反两个方面提供了经验和教训。1975年的实验分听说和读写两种课型，读写课强调根据汉字的特点和规律教汉字，重视构字法和构词法的教学和阅读速度的训练，因而在提高学生的阅读能力方面取得了明显的效果。这项实验只因为采用了"听说先行"的办法，听说课实行拼音和汉字插花，以后再把学过的拼音词语用汉字写出来，学生不能把词形跟词的音、义联系起来，几乎要当作生词重学一遍，这才使教学效率的进一步提高受到了限制。这就是用汉语拼音教发音和说话的弊端之一。当时采用"听说先行"的办法有两个原因：一是思想深处有"汉字难学"论在作怪，这是内因；二是受了"听说法"的影响，这是外因。

（3）1979年开始的教学实验，尤其是《初级汉语课本》系列教材中的《汉字读写练习》（刘岚云执笔），对组合汉语教学路子的形成有更大的启发作用。《对外汉语教学发展概要》（吕必松，1990b）对该书有以下评论：

> 《初级汉语课本·汉字读写练习》的目的是培养学生认读和书写汉字的能力及阅读能力。每课由汉字知识、生字表、阅读、练习等部分组成。"汉字知识"结合每一课学习的内容简要地介绍汉字的构成、汉字的笔画和笔顺，以及偏旁部首等。有针对性地介绍汉字知识，可以使学生在理解的基础上认读和书写汉字，尽快掌握汉字规律，符合成年人学习的特点。生字表继承了汉字教学的传统方法，列出本课全部生字，对每个字的结构、笔画和笔顺加以分解，使

学生容易学会书写方法。书后附有描写和临写练习。汉字的选择贯彻由易到难的原则，先出独体字，后出合体字，复杂而常用的汉字放在后期教，复杂而不常用的汉字不教。阅读内容与《初级汉语课本》不完全一致，只作适当配合。没有学过的汉字用拼音代替。练习形式多样，内容也比较丰富，有形体结构方面的练习，也有认读和书写方面的练习。《汉字读写练习》的最大特点是把汉字知识的教学同汉字的认读、书写和阅读教学有机地结合了起来，创造了一个崭新的汉字教学系统，即理解—认读—书写—阅读系统。

从上面的评论可以看出：《初级汉语课本·汉字读写练习》实际上已为组合汉语教材的编写提供了雏形。

从上述多次实验中，我们已可看到"词本位"和"字本位"的双轨制的苗头。我们在前面提到的"在误区中迷茫徘徊"，就包括在"词本位"和"字本位"之间迷茫徘徊。实际上，这些实验的设计离"字本位"和"组合汉语"教学仅剩一步之遥。由此可见，组合汉语教学路子是从传统教学路子脱胎而来，由传统教学路子到组合汉语教学路子的变革是渐变而不是突变，这一变革也是努力走出"误区"、解决"危机"的必然结果。

试论汉语的象态范畴和状态表示法[*]

（2009.2）

在汉语研究和汉语教学中，常有套用英语时体概念的情况。其实，英语的时体表达在汉语中找不到全面对应的方式。用英语的时体概念解释汉语，对汉语（二语）学习者只能起误导作用。本文提出"象态范畴"和"状态表示法"的概念，就是为了从英语的时体概念中解脱出来。

一、什么是象态范畴

我们认为，语言是人脑（人的心智）对世界万物的反映。世界由万物组成，物与物之间都按照一定的方式互相联系，发生种种关系。反映到人脑（人的心智）中，世界万物，以及物与物之间的联系和关系就成为现象。所有的现象都处于一定的状态，语言反映世界万物，既要反映现象本身，也要反映现象所处的状态。组合汉语所说的"状态"，指的就是语言对"现象"所处状态的反映。例如："吃"是一种现象，"吃了、吃着、吃过"就是"吃"的状态；"热"也是一种现象，"热了、热过"就是"热"的状态。这就是汉语对现象以及现象所处状态的反映。

为了研究和解释汉语语法，我们就用"象"和"态"分别代表现象和现象所处的状态。这样，"象"和"态"就成了两个语法概念，"象态范畴"就是"象"和"态"这两个语法概念的统称。

现象有动有静，所以"象"有"动象"和"静象"之分。动象所处的状态是动态，静象所处的状态是静态。因此，"态"也有动态和静态之分。在汉语中，动象用状态动词表示，静象用状态静词表示。上面例子中的"吃了、吃着、吃过"都是状态动词，

---

　　* 此文曾在笔者的博客上发表，笔者所著《汉语语法新解》(北京语言大学出版社，2015)第一章第四节是以本文为基础修改而成的。

"热了、热过"都是状态静词。

现象所处的状态也是现象,不过上面的例子告诉我们,代表现象的字词和代表状态的字词性质不同:前者表示现象义,后者表示语法义。上面例子中的"了、着、过"是专门表示语法义的,它们只做语法标记。表示现象义的字词都有实在的意义,所以是"实字",表示语法义的字词没有实在的意义,所以是"虚字"。"了、着、过"用于表示状态时就是"状态虚字"。我们把"虚字"归入"助字"类,所以"状态虚字"也就是"状态助字"。"状态助字"就是代表状态的语法标记。

汉语反映现象所处的状态都是通过直接组合——实字与虚字的直接组合,而不是通过字形或词形变化。

二、为什么要研究象态范畴

美国著名语言学家、汉语教学专家黎天睦(Timothy Light)教授(1989)在他的《"着"还被关在门外呢——"着"的核心语义研究》一文中说:"'着'对于汉语学习者相应语法点的掌握及汉语教师教学活动的开展均构成了极大的障碍。而教材通常会着重选择对其与英语的动作、状态进行体标记-ing 的表层相似关系加以强调。我们认为,此种处理方式势必引发母语负迁移现象的出现,进而导致学生出现由于语义理解模糊而造成的规避、误用等现象。"该文同时谈到了汉语教科书上对"了、过"的错误解释和导致的负面效果,指出:"汉语动词的时体系统宏观上受到了一个统摄全局的概念的制约。该概念从根本上有别于制约英语或任何其他印欧语系语言动词时体标记的规则系统,虽表现为一个简单的概念,对汉语时体系统的影响却甚为深广。"本文所说的"态",就是黎天睦教授提到的"一个统摄全局的概念"。

黎教授关于汉语动词的时体系统"从根本上有别于制约英语或任何其他印欧语系语言动词时体标记的规则系统"的论断,不但击中了汉语作为第二语言教学的时弊,而且也击中了汉语语言学的时弊,尤其是后者。汉语语言学的时弊就在于,我们习惯于用印欧语系语言的眼光看待汉语,习惯于不加分析地把西方语言学的概念直接套用到汉语中来。把印欧语系语言的时体系统套在汉语的脖子上,是实例之一。汉语语言学是汉语教学最重要的理论依据,语言学上怎样说,汉语教师就怎样教。用教西方语言的理论和方法教汉语,是汉语语言学导致的必然结果。

我们研究汉语的象态范畴,就是希望从西方语言的时体概念中解脱出来。英语的"时体"包含时间概念,用词形变化做语法标记。汉语的时间概念都用时间字词表示,不必使用特定的语法标记。汉语除了要用时间字词表示时间概念以外,还要用状态助字做语法标记,表示现象所处的状态。现象所处的状态跟时间没有直接的关系。汉语人学英语,对英语时体范畴的理解和运用是一大难点。英语人学汉语,对汉语状态范畴的理解和运用也是一大难点。这主要是因为汉语和英语的生成机制不同,生成机制不同是因为两种语言社团在思维模式上存在差异。季羡林先生(1996)曾经指出:"根据我的浅见,当前我们的探求已经触及汉文和西方印欧语系的语言文字的根本差异。但是,我认为,还很不够。语言文字是思想的外在表现形式,而思想的基础或出发点则是思维模式。东西方思维模式是根本不同的。西方的思维模式是分析。分析,分析,再分析,认为永远可以分析下去。而东方的思维模式则是综合,其特色是有整体概念和普遍联系的概念。"这段话不但适用于汉语研究,而且也适用于汉语教学。要真正掌握一种第二语言,就必须掌握这种语言所反映的思维模式,养成用这种语言进行思维的能力。这是最难的,是最需要下大功夫的。在汉语作为第二语言教学中,帮助学生掌握汉语的状态概念和状态表示法,对帮助他们掌握汉语人的思维模式并养成用汉语思维的能力至关重要。

三、汉语的状态表示法例解

汉语有几种"态",需要进一步研究。下面先介绍必须用状态助字做语法标记的四种态,我们把这四种态分别叫作发生态、变化态、保持态和经历态。"发生、变化、保持、经历"就代表现象所处状态的过程和阶段,反映了汉语社团对现象所处状态的过程性和阶段性的认识。下面分别讨论这四种"态"的作用和表示方法。

3.1 发生态

发生态的作用是肯定动作或事件确已发生。我们把肯定动作确已发生的叫动作发生态,把肯定事件确已发生的叫事件发生态。动作发生态和事件发生态的表示方法不完全相同,下面分别说明。

3.1.1 动作发生态

动作发生态用"动+了"表示。"动+了"是由动字和状态助字"了"组成的状态动词,"了"是动作发生态的语法标记。例如:

　① 这本书我**看了**三遍。

　② 我们今天**学了** 20 个汉字。

　③ 他昨天**买了**很多水果。

　④ 我明天**下了**课就回家。

3.1.2 事件发生态

事件发生态的表示方法是在句尾加状态助字"了"。"了"既是动作发生态的语法标记,也是事件发生态的语法标记。例如:

　① 他们去饭店吃饭**了**。

　② 他学会开车**了**。

　③ 这本书我看了三天**了**。

　④ 他昨天买了很多水果**了**。

　⑤ 我们今天学了 20 个汉字**了**。

有些"了"虽然是在句尾,但是也在动字的后面,例如"我来了、钱包丢了"。这里的"来了、丢了"也是"动＋了"的状态动词,"动＋了"的状态动词所表示的都是动作发生态。

发生态的作用既然是肯定动作或事件确已发生,所肯定的必然是已经发生或者假设已经发生的动作或事件。没有发生的动作或事件不能用发生态。这一特点很容易让人觉得发生态就相当于英语的"过去时"或"完成式"。其实,发生态跟动作或事件发生的具体时间以及动作是否完成没有直接的关系。汉语中动作或事件发生的时间一般用时间词语表示,表示完成往往用"完"表示,所以不能用"过去时"或"完成式"解释发生态。对第二语言学习者还要特别说明,并非凡已发生的动作或事件都要用发生态。如果只是进行一般性叙述,而不是为了肯定动作或事件确已发生,就不用发生态。例如:

　① 我国古典的诗文评很重视语音协调。(吕叔湘,《汉语研究工作者的当前任务》)

　② 她年轻的时候最爱打扮。

　③ 公司昨天开了一整天的会,上午开经理会,下午开职工会,晚上开联欢会。

　④ 他昨天一下班就去参加朋友的婚礼,婚礼结束后才回家。

上面的例子说明，发生态不同于英语的"过去时"或"完成式"，不能把英语的过去时或完成式套用到汉语上来。

3.1.3 发生态的否定式

发生态的否定式用"没＋动"或"没有＋动"表示。"没＋动"多半用于口语，"没有＋动"多半用于书面语。例如：

　　① 他**没**(有)来。

　　② 钱包**没**(有)丢。

　　③ 他们**没**(有)去饭店吃饭。

　　④ 他**没**(有)学会开车。

　　⑤ 他**没**(有)在上海住三年。

　　⑥ 我们今天**没**(有)学 20 个汉字。

　　⑦ 他昨天**没**(有)买很多水果。

"了"是发生态的语法标记，发生态的否定式就是未发生，未发生就不能用"了"。

3.2 变化态

3.2.1 变化态的作用和表示法

变化态的作用是表示情况发生了变化，表示的方法是在句尾用"了"。"了"也是变化态的语法标记。例如：

　　① 王先生十年以前就是教授**了**。

　　② 这些孩子明年就是大学生**了**。

　　③ 今年住校的学生多**了**。

　　④ 这里的风景更美**了**。

　　⑤ 弟弟比哥哥高**了**。

3.2.2 变化态的否定式

变化态的否定式是在要否定的字词前加"不"，句尾仍然用"了"。例如：

　　① 他今天**不**来了。

　　② 他家**不**在农村了。

　　③ 公司今天**不**开会了。

④ 她**不**是你妻子**了**。

如果肯定式是"有……",否定式只能用"没"或"没有"。例如:

① 家里**有**钱**了**。

② 家里**没**(有)钱**了**。

变化态的否定式也是一种变化,即由肯定到否定的变化,所以仍然要用"了"做语法标记。

"变化"是指情况发生了变化,发生则暗含从"未发生"到"发生"的过程,这也是"变化"。可见变化态与发生态在语义上有相通之处:变化包含发生,发生也包含变化。因为两者有相通之处,所以都用"了"表示。

因为发生暗含从"未发生"到"发生"的过程,所以"发生"就是"变化"的结果。这说明,用于表示动作发生态的状态动词"动＋了"实际上包含结果义,"了"代表结果。

3.2.3 发生态和变化态的鉴别

事件发生态和变化态的语法标记"了"都在句尾,动作发生态的语法标记"了"有时也在句尾(例如"我来了""钱包丢了"),这就有一个如何鉴别发生态和变化态的问题。鉴别的主要方法是看否定式。发生态用"没"否定,否定式不再用"了";变化态用"不"否定,否定式仍要用"了"。试比较:

① 他吃**了**。(不必再吃)

　他**没**吃。(要吃)

② 他吃**了**。(原来不想吃)

　他**不**吃**了**。(原来想吃)

③ 他走**了**。(他不在这里)

　他**没**走。(他还在这里)

④ 他走**了**。(原来打算不走)

　他**不**走**了**。(原来打算走)

⑤ 公司上市**了**。(已进入股市)

　公司**没**上市。(没进入股市)

⑥ 公司上市**了**。(原来不打算上市)

　公司**不**上市**了**。(原来打算上市)

"有无句"("有无句"即表示是否拥有什么的句子)没有发生态,不存在与发生态混淆的问题。"有了、没有了"是变化态。

3.3 保持态

3.3.1 保持态的作用和表示法

保持态的作用是描写现象处于保持状态,说明现象的性质、特点、样子等保持原状。保持态用"动＋着"表示,"动＋着"是由动字和状态助字"着"组成的状态动词,"着"是保持态的语法标记。保持态有以下语义特点:

(1) 表示施动者的动作处于保持状态。例如:

　① 你**等着**。(你等,"等"处于保持状态)

　② 他们在门口**站着**。(他们站,"站"处于保持状态)

　③ 她**忙着**倒茶。(她忙,"忙"处于保持状态)

　④ **照着**我的话做。("照"处于保持状态,这里的"照"是"按照"的意思)

　⑤ 台上**坐着**主席团。(主席团坐,"坐"处于保持状态)

　⑥ 他**微笑着**跟所有的人打招呼。(他微笑,"微笑"处于保持状态)

　⑦ 她**对着**镜子做鬼脸。(她对镜子,"对镜子"处于保持状态)

　⑧ 小狗**摇着**尾巴跑了。(小狗摇尾巴,"摇尾巴"处于保持状态)

(2) 表示受动者保持受动状态。例如:

　① 门**锁着**。(门被锁,"被锁"处于保持状态)

　② 教室的窗户**关着**。(教室的窗户被关,"被关"处于保持状态)

　③ 钱都在银行里**存着**。(钱被存,"被存"处于保持状态)

(3) 表示动作的结果处于保持状态。例如:

　① 书在桌子上**放着**。(放书,"放"的结果是"书在桌子上","书在桌子上"处于保持状态)

　② 黑板上**写着**字。(写字,"写"的结果是"字在黑板上","字在黑板上"处于保持状态)

　③ 墙上**挂着**一张画儿。(挂画儿,挂的结果是"画儿在墙上","画儿在墙上"处于保持状态)

3.3.2 保持态的否定式

保持态的否定式通常是在动字前用"没"或"没有"，动字后仍然用"着"。例如：

① 门**没**锁**着**。

② 教室的窗户**没**关**着**。

③ 他们**没**在门口站**着**。

④ 书**没**在桌子上放**着**。

3.4 经历态

3.4.1 经历态的作用和表示法

经历态的作用是表明有过某种经历，用"动＋过"表示。"动＋过"是由动字和状态助字"过"组成的状态动词，"过"是经历态的语法标记。例如：

① 他们**有过**儿子。（他们现在没有儿子了）

② 张教授**写过**几本书。（他有著作才成为教授）

③ 这些人都**学过**英语。（他们对英语和英语学习有一定的了解）

④ 他们都**去过**长城。（可以不再去）

⑤ 那些老人每天**吃过**晚饭都出去散步。

经历态跟动作发生的时间和是否完成没有直接的关系，因此也不同于英语的"过去时"或"完成式"。

3.4.2 经历态的否定式

经历态的否定式是在动字的前面用"没（有）""不曾""从未"等，动字的后面仍要用"过"。例如：

① 这个班的学生都**没去过**马老师家。

② 他们**不曾有过**儿子。

③ 这类事**从未发生过**。

四、状态表示法跟字义、词义的关系

状态表示法跟状态助字的字义密切相关，对相关的动字和时间字词有选择性。

举例说明如下：

4.1 状态助字由表示现象义的"实字"发展而来

上述"了、着、过"等状态助字跟相关的"实字"在字义上有紧密的联系。"了"（le）由"了"（liǎo）发展而来，"了"（liǎo）有"了结"的意思。"发生"和"变化"都是发展的结果，含有结果义，所以可以用"了"（le）表示。"着"（zhe）由"着"（zhuó）发展而来，"着"（zhuó）有"黏着"的意思，所以"着"（zhe）可以表示"保持"。"过"有"经过"的意思，所以可以表示"经历"。

4.2 状态动词的构成对动字有选择性

并不是所有的动字都可以与状态助字组成状态动词。例如：趋向动字"来、去、回"等和由"来、去、回"组成的趋向动词、趋向短语等所表示的动作都属于"即时"动作，通常不存在"保持"的问题，所以一般不能跟"着"组成状态动词。又如：表示是非义的"是"和表示处在义的"在"通常只用于叙述客观事实，不涉及是否发生、保持和经历的问题，所以表示是非义的"是"和表示处在义的"在"一般不能跟状态助字构成表示发生、保持和经历的状态动词。"是非句"和"存在句"都没有发生态、保持态和经历态。"在"除了具有"处在"义以外，还具有"存在"义，表示"存在"义时通常要用"存在"。"存在"可以与状态助字构成状态动词。"有了"是表示从"没有"到"有"的变化，只能用"没"否定，不能用"不"否定，可见"有了"是变化态，不是发生态。"有无句"就没有发生态。

4.3 发生态和变化态对时间字词有选择性

汉语的"状态"可以用时间字词加以限定，但对用于限定的时间字词有选择性。选择的标准是时间概念要和状态概念保持一致。例如：发生态和变化态的出现具有即时性，因此不能用具有经常义和重复义的时间字词加以限定。试比较：

① 我们**今天**学了 20 个汉字。

※ 我们**经常**学了 20 个汉字。

② 他**昨天**买了很多水果。

※ 他**每天**买了很多水果。

③ 他**上周**买了很多水果了。

※ 他**总是**买了很多水果了。

④这里的风景更美了。

※这里的风景**常常**更美了。

⑤弟弟比哥哥高了。

※弟弟**天天**比哥哥高了。

⑥ 我**明天**下了课就回家。

※ 我**昨天**下了课就回家。

　　我**每天**下了课就回家。

　　在上面的例子中,带"※"的句子不能成立,因为例①至例⑤中的"经常、总是、常常"是具有经常义的时间词,"每天、天天"是具有重复义的时间词。具有经常义和重复义的时间字词不能用于限定具有即时性特点的发生态和变化态。例⑥中的"我昨天下了课就回家"不能成立,是因为此句已用时间词"昨天"表明这件事确已发生,所以必须用事件发生态,应改为"我昨天下了课就回家了"。例⑥中的"我每天下了课就回家"可以成立,是因为"每天"是限定"下了课就回家"的,不是限定"下了课"的。

　　状态表示法跟字义、词义密切相关这一事实进一步证明,汉语的组合就是意义的组合,字、词义在组合中起着关键作用。汉语语法研究和语法解释不能脱离字义和基于字义的词义,这又可以进一步证明,字本位理论是对汉语语言事实的真实反映。

也谈汉字的下一步改革[*]

（2009.5）

　　文字方案不能朝令夕改，过于频繁的改动会造成使用不便和文字混乱。简化汉字已处于新的稳定时期，刚刚稳定不久就轻言改革，不一定是明智之举。不过，文字总要发展，通过改革使其更加好学好用是文字发展的总趋势。现行汉字确有改革的空间，一旦条件成熟，就应当进行下一步改革。其实，不但汉字需要进一步改革，许多其他语言的文字也有改革的呼声。为振兴中华文化，为实现祖国汉字统一，为让汉语更快地走向世界，确有必要酝酿汉字的下一步改革。我们要从更高的角度看待汉字改革的时代意义，不能认为提出汉字的下一步改革是多此一举。

　　如何进行汉字的下一步改革，何时进行下一步改革，众说纷纭。笔者认为，汉字改革必须做好充分的准备，而且要把握好改革的时机。这里所说的准备包括汉字改革的方案准备和汉字使用者的心理准备。两种准备都做好了，就意味着改革的时机成熟了，不过时机不能坐等，对改革的准备工作，尤其是方案的准备工作，主管部门应早日提上议事日程。从酝酿到实施，没有十年八年甚至更长的时间恐怕不成。

　　笔者无力提出系统的改革方案，但对当前有一定影响的两种思潮——废除汉字和恢复繁体字——有不同的看法，对汉字下一步改革的方向也有一孔之见。下面是笔者的几点看法。

一、汉语文字不能走拼音化的道路

　　主张废除汉字、改用拼音文字的思潮由来已久，尽管一再碰壁，但余势仍在。我们不赞成汉语文字走拼音化的道路，有以下几个原因：

---

　　[*]　此文曾在笔者的博客上发表，收入本书时删除了一部分与本书其他文章重复的内容。

1.1 单纯记音的文字无法取代汉字形、音、义相统一的优势

笔者在《说"字"》一文中具体说明了汉字形、音、义相统一的特点。象形字和指事字用象形符号表意,会意字用象形符号组合表意,形声字用象形符号组合表意兼表音。象形符号表意和象形符号组合表意都是直接表意,这是汉字跟拼音文字的根本区别之一。拼音文字是通过记音表意,由音生义;汉字是通过画形表意,由形生义。由音生义不能见其形而知其义,所以是间接表意;由形生义则可见其形而知其义,所以是直接表意。直接表意就是直接反映客观世界,具有便于理解和记忆、能够快速反映的优势。例如,看到带"艹"的汉字,就知道其意思多半与草本植物有关;看到带"木"的汉字,就知道其意思多半与木本植物或木制品有关;看到带"氵"的汉字,就知道其意思多半与水或其他液体有关……。"艹、木、氵"都是用作义符的象形符号。义符特点明显的汉字即使不知道它们的读音,也可以根据字形猜到它们的大意,结合上下文猜测字义的把握性更大,不需要或者不必单纯依靠语音转换就能理解字义而达到快速反映。汉字也不是毫无表音功能,只是表音功能不是体现在笔画层面上,而是体现在整字层面上。整字表音有两种方法:一是用整字的读音代表音节的读音,二是用音符代表整字的读音。象形字、指事字和会意字都是用整字的读音代表音节的读音,这是"一字一音"。占汉字总数绝大多数的形声字则是用音符代表整字的读音,这是音符表音。用整字的读音代表音节的读音就是形、音合一,用音符表音就是形、音结合。无论是形、音合一还是形、音结合,都是形和音的统一。因为象形符号有直接表意的特点,所以形、音统一也就是形、音、义的统一。我们认为,能够达到形、音、义高度统一的文字才是最科学的文字。拼音文字不可能实现形、音、义的统一,更不可能实现形、音、义的高度统一。

我们说汉字具有形、音、义相统一的特点,是就汉字的造字原则而言的。汉字发展到今天,义符表意和音符表音的功能已经弱化。弱化现象主要表现为:由于字形和字音的发展变化,多数义符(象形符号)要通过联想或联系原形进行解析才能理解其意思,有些义符已失去象形表意的特点;多数音符只有半表音作用或者只能表示近似音,有的已不再表音。这就是说,现代汉字存在形、音脱节的现象。但是正如笔者在《说"字"》一文中所说,如果跟英语文字相比,现代汉字形、音脱节的现象并不是最严重的。还要强调指出:汉字义符表意和音符表音的功能虽已弱化,但是形、音、义相统一的造字原则依然存在,为恢复和发展这一科学的造字原则预留

着空间。我们认为,汉字下一步改革的首要任务就是设法恢复和发展形、音、义相统一这一科学的造字原则,使形、音、义达到更高程度的统一。

1.2 单纯记音的文字无法取代汉字区别性和节约性高度统一的优势

所有的文字都必须同时具备区别性和节约性。所谓区别性,就是能够把代表不同音、义的字词区别开来;所谓节约性,就是能够用尽可能少的符号满足区别性的需要。文字如果没有区别性,不能把不同音、义的字词区别开来,就没有存在的价值;如果没有节约性,要给学习和使用带来无法承受的重负,就没有使用的价值。同时具备区别性和节约性是不同文字的共性,而汉字的区别性和节约性已达到高度统一。汉字区别性和节约性的高度统一是由汉字与口头汉语的匹配关系,以及汉字自身的结构特性所决定的。口头汉语以音节为基本单位,汉语的音节只有1333 个,用这 1333 个音节进行口头交际,不可能表达大千世界的各种概念。数量偏少就使汉语音节节约性有余而区别性不足。音节与音节的直接组合虽能减少却不能完全避免同音词(字组)的出现。口头语言是约定俗成的,我们不可能人为地增加或减少汉语音节的数量。为了弥补为数有限的音节区别性不足的缺陷,我们的祖先就想出了用不同的汉字转写同一个音节的办法。用这样的办法不但可以把大量的同音字区别开来,而且可以把大量的同音词区别开来。如果改用单纯记音的文字,就无法区分同一个音节的不同的意思,不要说古代汉语和大量的诗词、对联、标牌等都无法理解,就是现代人日常生活中常用的词语,有许多也都难以从意义上加以区分。只有用区别性更大的汉字转写音节,才能充分满足交际的需要。汉字能够绵延数千年,并且还要继续绵延下去,就是因为汉字比汉语音节具有更大的区别性。汉语文字拼音化的道路走不通,原因之一就是单纯记音的文字无法取代汉字的区别性优势。

汉字也是具有高度节约性的文字。现代通用汉字只有 7000 个左右,最常用汉字只有 2500 个左右,2500 个左右最常用汉字的覆盖率可以达到 99%以上。汉字的生成元素是笔画和部件。笔者把汉字的笔画归结为 28 个。笔画和整字(复合字)之间的结构单位是部件,大部分部件由整字充当。根据初步分析和统计,非整字部件只有 220 个左右。也就是说,所有的汉字就是由 28 个笔画和 220 个左右的非整字部件组合生成的。这就充分显示了汉字的节约性。

汉字具有高度的节约性,一是因为汉字不是拼音字母的线形组合,而是笔画和

部件按上下、左右、内外位置排列的平面组合,这就使形、音、义表达的自然空间得
到了充分的利用;二是因为部件基本上都是具有生成性的自由形式,多半是一身多
任。所谓一身多任,就是既是整字或整字的变体,又是整字的组成成分;作为整字
的组成成分,还可能充当义符或音符,有的则充当义符兼音符。表1是部件一身多
任的例子。

表1　部件的一身多任及举例

整字	部件	义符	音符
村	木	木	木
	寸	寸		寸
功	工	工		工
	力	力	力	
和	禾	禾	禾
	口	口	口	
富	宀	宀	
	畐	畐	畐	畐

　　汉字的节约性不仅表现为通用字和常用字数量少,也不仅表现为汉字生成元
素数量少,而且还表现为汉字所占自然空间小。把汉语翻译成拼音文字语言,所占
自然空间会大大增加;如果用汉语拼音转写口头汉语,所占自然空间也会大大增
加。增加自然空间不但意味着增加物质资源的消耗,而且意味着增加阅读时间。

　　我们说汉字已达到区别性与节约性的高度统一,只是就造字原则的总体而言,
并不是说所有的汉字在区别性和节约性方面都已达到了尽善尽美的境界。我们将
在后面举例说明,汉字在区别性和节约性的统一方面仍有改革的空间。笔者认为,
汉字下一步改革的另一项任务就是设法使汉字的区别性和节约性达到更高程度的
统一。

1.3 单纯记音的文字无法取代汉字与口头汉语科学匹配的优势

　　我们认为,文字的基本作用是转写口头语言,必须与口头语言相匹配。汉字
形、音、义相统一,以及区别性与节约性高度统一的特点,使其与口头汉语的匹配达
到了十分科学的境界。其科学性至少表现在以下几个方面:

（1）汉字是口头汉语特点的直接反映。口头汉语的特点之一是以音节为基本单位进行组合生成，音节与音节的组合都是意思相关的音节的直接组合。因为意思相关的音节可以直接组合，所以可以用没有形变功能却有表意特点的汉字加以转写。这样，汉字就成了整体转写汉语音节的文字。所谓"整体转写汉语音节"，是指汉字转写的是整个音节，而不是大于或小于音节的语音成分。整体转写音节就使汉字与音节有对应关系：一个音节写下来就是一个汉字，一个汉字念出来就是一个音节（这里只是笼统地讲对应关系，实际上，对应关系不是一对一，而是一对多）。这说明口头汉语以音节为基本单位进行直接组合生成的特点，是汉字得以产生和发展的现实基础，也说明汉字是口头汉语特点的直接反映。

（2）汉字弥补了汉语音节区别性不足的缺陷。前面提到，汉语音节只有 1333 个。因为数量有限，要表达大千世界的各种概念，一个音节就必须表示多个意思。汉字除了跟汉语音节有对应关系以外，还具有形、音、义相统一的特点以及由此决定的更大的区别性，可以用不同的汉字把同一个音节的不同的意思区别开来。这就弥补了为数有限的汉语音节区别性不足的缺陷。单纯记音的文字不可能具有这样的作用。

（3）保证了基本单位的一致性和视、说、听的一致性。口头汉语以音节为基本单位，汉字整体转写汉语音节，就成为书面汉语的基本单位。这就使以汉字为代表的书面汉语的基本单位跟以音节为代表的口头汉语的基本单位完全一致，使汉语使用中的视、说、听完全一致。所谓视、说、听完全一致，就是视觉上的一个直观表意的符号，说出来就是一个音节，在听觉上就是一个响峰。基本单位的一致性和视、说、听的一致性有利于书面汉语和口头汉语的兼容和对流（"对流"即互相影响）。例如："与时俱进""以人为本"这类带有文言色彩的表达，在书面汉语中出现以后，很快就融入口头汉语。如果不见于书面汉语，一般人就听不懂，也就难以进入口头汉语。听不懂的话语写下来就能看懂，并且马上会说，是屡见不鲜的汉语现象。这正是汉字的表意特点和区别性特征所决定的。单纯记音的文字不可能具有这样的优势，听不懂的话语，写下来照样看不懂。

（4）使众多方言的存在不影响书面汉语的统一。因为汉字与汉语音节有对应关系，所以同样的汉字可以用不同的方音识读。众多方言的存在，包括语音差别很大的方言的存在，并不影响书面汉语的统一，汉字与口头汉语的科学匹配是原因之一。如果不是因为汉字与口头汉语的科学匹配，汉语早已分化为多种语言。书面汉语的统——书同文——意义重大,不但便于普通话与方言的兼容和对流,而且在民族统一方面有一定的维系作用。

(5) 使现代汉语能跟古代汉语保持有效的传承关系。汉字与汉语音节的对应关系以及汉字形、音、义相统一的特点,使现代汉语能够跟古代汉语保持有效的传承关系,使历代文化典籍中最精彩的部分,包括成语、典故、常用字词以及词语结构方式等,都成为语言自身的积淀而在现代汉语(包括书面汉语和口头汉语)中被广泛沿用,使现代汉语更加简练、丰富和多姿多彩。"其大无外,其小无内""人法地,地法天,天法道,道法自然",这类最古老、最深奥的科学道理,也可以通过汉字去加以理解。如果改用单纯记音的文字,就会切断现代汉语与古代汉语的天然联系。

书面汉语与口头汉语的兼容和对流,普通话与方言的兼容和对流,古代汉语及其承载的传统文化通过现代汉语传承绵延,使汉语在使用中不断发展,使源远流长的中华文化在与时俱进中发扬光大,所有这些,都要归功于汉字与口头汉语的科学匹配。汉字之所以不能走拼音化的道路,根本原因就在于单纯记音的文字不可能与口头汉语科学匹配。

上面列举的汉字的三大优势——形、音、义的统一,区别性和节约性的统一,与口头汉语的科学匹配——都是单纯记音的文字所无法取代的。单纯记音的文字无法取代汉字的三大优势,就说明拼音文字对汉语不适用。

主张废除汉字、改用拼音文字的最初理由是"汉字难学",后来又增加了一条,就是汉字无法进入电脑。这后一条理由已不能成立,因为事实已经证明:汉字不但可以用于信息处理,而且可以更加便捷地进行信息处理。唯有"汉字难学论"至今仍有广阔的市场。但是我们的研究也已证明,汉字难学论是一种不真实的理论,也是一种有害的理论。说它不真实,是因为汉字实际上是容易学的文字;说它有害,是因为这种不真实的理论误导了并且还在误导着汉字发展方向的研究,也误导了并且还在误导着我国语文教学和汉语作为第二语言教学。

学习不同的语言和文字的确有难易程度的差别。我们知道,语言和文字的学习过程主要是理解、模仿和记忆的过程,因此,难易程度的决定因素就是需要理解、模仿和记忆的要素的多少,以及理解、模仿和记忆这些要素的难度的大小。我们说汉字容易学,就是因为学习汉字需要理解、模仿和记忆的要素少,理解、模仿和记忆这些要素的难度小。(详见本书《汉字是容易学的文字》一文)

二、恢复繁体字不是理智的选择

最近又出现了一股恢复繁体字的思潮。有人主张恢复繁体字,主要是因为对简化字有看法,也有人认为只有繁体字才能代表传统文化。

我们认为,只有繁体字才能代表传统文化的看法值得商榷。为什么只有繁体字才能代表传统文化而简化字就不能代表传统文化?如果是因为繁体字历史悠久,所以可以代表传统文化,简化字过于年轻,所以不能代表传统文化,那么,简化字"厂"跟金文相近,简化字"广"跟篆书相近,两者都跟隶书相似,比它们的繁体字"廠、廣"的历史久远得多,又怎样解释?如果认为只有历史久远才能代表传统文化,为什么不继续使用甲骨文?

我们认为,文字总要发展,汉字也一直在发展。如前所说,所有的文字都必须同时具有区别性和节约性,并谋求区别性和节约性的统一。汉字不但要谋求区别性和节约性的统一,而且要谋求形、音、义的统一。区别性和节约性的统一也好,形、音、义的统一也好,都不是自然形成的,它们之间实际上存在此消彼长的矛盾。只有通过人工调节,才能达到区别性和节约性以及形、音、义的和谐平衡。笔者认为,汉字改革最重要的任务就是在区别性和节约性的统一以及形、音、义的统一上谋求最大公约数。实际上,汉字发展的过程就包括这种谋求最大公约数的过程。汉字简化只是对部分汉字的简化,对部分汉字进行简化,是因为有些汉字确有该简之处。笔画太多的汉字区别性有余而节约性不足,不但难写,而且难看,在印刷品中尤其难看,甚至看不清其中笔画组合的方式。对区别性有余而节约性不足的汉字进行简化是理所当然的,也是为了谋求区别性和节约性以及形、音、义的更好的统一。公正地说,汉字简化工作在谋求区别性和节约性以及形、音、义的统一上是下了功夫的,也积累了一定的经验。不少汉字的简化,实为可圈可点。例如,除了上面提到的"厂、广"之外,把"從"简化为"从",把"眾"简化为"众",把"塵"简化为"尘",把"種、鐘、腫"简化为"种、钟、肿"(简化偏旁"钅"另作别论),等等,在字形和字理上也都是绝好的创造。汉字简化工作并没有从总体上脱离汉字发展的轨道,更没有因此破坏传统文化。如果恢复繁体字,就意味着把代表汉字进步的许多绝好创造弃之不顾,也就意味着把汉字的进步拉向倒退。

认为只有繁体字才能代表传统文化的看法是静态观念的反映。我们不赞成用静态观念看待汉字，是因为如果用静态观念看待汉字，就会认为任何形式的改革或改变都属于破坏传统文化。按照这样的逻辑，就不但要回到甲骨文，而且要永远维持甲骨文的原状不变。当然不会有人提出这样的主张，即使有人提出，也不会得到响应。

我们肯定汉字简化工作的成就和经验，不赞成恢复繁体字，并不是认为所有的简化汉字都无可非议。相反，正因为看到了简化汉字的某些缺点，才有汉字的下一步改革之议。

三、要沿着恢复和发展传统造字原则的方向改革汉字

笔者认为，上面谈到的汉字的三大优势——形、音、义的统一，区别性和节约性的统一，与口头汉语的科学匹配——就代表传统的造字原则。因此可以说，汉字的三大优势就是传统造字原则的优势。汉字成为容易学的文字，归根结底是由传统造字原则所决定的。传统造字原则能使汉字容易学，就证明其科学性和实效性是无可置疑的。

传统造字原则是汉字在发展过程中逐渐形成的，是汉字使用者以自己的聪明才智长期创造的结果，是数千年中华文化的层层积淀，是汉语社团的科学思维一步步走向成熟的标志。因此也可以说，汉字不仅是书面汉语的物质外壳，也不仅是传承和发展中华文化的有效载体，而且也成了中华文化自身的底蕴和象征。因此，沿着恢复和发展传统造字原则的方向改革汉字，才是真正维护传统文化。汉字无论怎样改革，传统的造字原则都只能发展，不能破坏。如果说汉字简化工作确实存在缺点，那么，其缺点正是对一部分汉字的简化在一定程度上损害了传统的造字原则。

笔者坚持维护传统的造字原则，不是受某种特殊感情的驱使，而是出于对汉字本质特点的认识和对汉字简化工作的感悟。鉴于对汉字本质特点的认识，也鉴于对汉字简化工作的感悟，笔者认为下一步汉字改革的目标应是使汉字更加好学好用，不但要让中国人觉得更加好学好用，而且要让外国人也觉得更加好学好用。使汉字更加好学好用不是废除汉字，也不是简单地恢复繁体字，而是通过进一步改革使汉字（包括繁体字和简化字）锦上添花。

由于汉字形体和汉语语音的发展变化，传统汉字形符表意和音符表音的功能

已有相当程度的弱化。汉字简化不但没有减轻这种弱化现象,反而使这种弱化现象有所加深。杨洪清和朱新兰在解说汉字时,不得不在"六书"之外又补充了"四书",即:存意字(原形声字简化后无表音部件的字,如"观",义从"见")、存音字(原形声字简化后无表意部件的字,如"宪",音从"先")、部件字(如"归",左右两个部件既不表音,也不表意)、笔画字(如"乡",只是由笔画组成,不能归入以上任何一类)。(杨洪清、朱新兰,1997)这是对简化汉字新现象的概括。新"四书"中的汉字不是发展了传统的造字原则,而是在一定的程度上损害了传统的造字原则。具体地说,就是在一定的程度上损害了形、音、义相统一的原则,以及区别性和节约性相统一的原则。许多形声字的音符和形符被"简化"掉了,这才出现了存意字和存音字。下面还要举例说明,通过简化虽然使汉字的平均笔画数减少了,却使汉字学习要素的总量增加了。大量形符和音符的消失以及汉字学习要素总量的增加,都在实际上加大了学习和阅读的难度。有鉴于此,笔者认为汉字下一步改革的主要任务应是恢复和发展形、音、义相统一以及区别性和节约性相统一的原则。这里讲恢复和发展,是指恢复和发展传统的造字原则,而不是指恢复某个或某些具体的繁体字。恢复和发展传统的造字原则,就是要把已经弱化和受到损害的传统造字原则恢复过来,并在改革具体汉字的过程中发展传统的造字原则。恢复和发展传统造字原则的任务不是简单地恢复繁体字就能完成的。

　　恢复和发展形、音、义相统一的原则要在形声字上多下功夫。也就是说,要设法增加形声字,加强形声字义符表意和音符表音的能力,尤其是音符表音的能力。汉字简化在这方面也有好的经验,用"中"代替"重、童"做"種、鐘、腫"等字的音符,就是正面的例子。通过改进和增加形声字音符(包括部件音音符)的办法加强形声字的表音能力有很大的发展余地。例如,用"他、她、牠、它"转写同一个音节 tā,是为了体现区别性。如果把其中的"亻、女、牛、宀"都算作义符,那么也可以把"也"算作音符(部件音)。根据这一思路,就可以把"它"下面的"匕"改为"也",使"也"同样充当"它"的音符(部件音)。这样,用于转写 tā 的汉字系列的形、音、义统一就更加完美了。当然,这一提议只是增加形声字、加强形声字义符表意和音符表音能力的一种思路,不一定真的就这样改,也许还有更好的办法。形声字在汉字总数中占绝大多数,加强了形声字的表音能力,就等于在总体上加强了汉字的表音能力。

　　恢复和发展区别性和节约性相统一的原则,还要在控制汉字笔画和非整字部件的总数上多下功夫。前面说过,文字难易程度的决定性因素是需要理解、模仿和记忆的要素的多少,以及理解、模仿和记忆这些要素的难度的大小。只有减少汉字笔画和非整字部件的总数,才能减少汉字学习中需要理解、模仿和记忆的要素。主张恢复和发展区别性和节约性相统一的原则,不但是因为繁体字在这方面存在改革的空间,而且还因为简化字在这方面出现了新的改革空间。简化字出现新的改革空间是因为对部分汉字的简化不当或过度简化。简化不当或过度简化不但使部分汉字失去了区别性,而且在总体上削弱了汉字的节约性。主要表现是:一方面,为了追求个体汉字笔画的减少而使部分汉字的区别性特征不再存在;另一方面,又因为过度简化而增加了笔画和非整字部件的数量。例如:把"發"简化为"发",又把"髮"合并到"发",虽然笔画数和汉字数都减少了,但是"發、髮"的表意功能和区别性特征都被简化和合并掉了。许多人对简化字有看法,原因之一就是对这类简化和合并有意见。又如:用草书楷化的办法把"專"简化为"专",个体汉字的笔画虽然减少了,笔画总数却增加了("专"的第三笔"竖横撇"是新增的笔画)。再如:"言、金、食"等字并未简化,做部旁时却分别简化为"讠、钅、饣"。用"讠、钅、饣"做部件的个体汉字的笔画虽然减少了,非整字部件的总数却增加了。这属于过度简化,这样的过度简化得不偿失。如果说对形、音、义相统一的原则的损害就意味着汉字学习中理解、模仿和记忆的难度的加大,那么,笔画和部件总数的增加就意味着汉字学习中需要理解、模仿和记忆的要素的增加。此外,"专、长、车"等草书楷化的简化字在字形上与其他汉字很不协调,既不符合汉字使用者的视觉习惯,也不符合汉字书写习惯。把"車"简化为"车"则不但破坏了原字的象形特点,做部旁时还要写作"车",更增加了书写的难度。按照笔顺规则,"车"的最后一笔是竖,而"车"的最后一笔应该是提。这类问题的存在,对本国人的汉字教学也许可以敷衍,对外国人的汉字教学却无法跳过。

　　笔者认为,在保证区别性的前提下,在合理减少个体汉字笔画数量的同时减少笔画和非整字部件的总数是完全可能的,减少非整字部件总数的余地更大。部件都应是自由形式,但是现行汉字中有些非整字部件却只能与某个特定的笔画或部件相组合。笔者把这类部件叫作黏着部件。有些非整字部件自由度很小,则属于罕用部件。例如:

　　　　攴:只能与"高"组成"敲"。

圭：只能与"亻"组成"佳"。

妻：只能与"女"组成"妻"。

尹：只能与"⺈"组成"争"。

匕：只能与"亻"组成"化"，与"口"组成"叱"。

黏着部件和罕用部件未必都有存在的理由。减少非整字部件的总数，首先要废除黏着部件和罕用部件。

上面列举的罕用部件"匕"可能属于字形规范方面的问题，可以通过进一步规范的办法加以解决（例如并入"匕"）。字形规范上存在的问题也不在个别。例如："周"里面的部件是"上'土'下'口'"，而不是"上'士'下'口'"（吉），这个"上'土'下'口'"的形式只存在于"周"字之中，应属于黏着部件（复合部件）。实际上，这只是字形规范的问题。字形的进一步规范也应作为汉字下一步改革的任务。

就指导原则而言，汉字简化工作的主要缺点是：过分偏重于个体汉字的书写，对形、音、义相统一以及区别性和节约性相统一的造字原则重视不够；过分强调减少个体汉字的笔画数量，忽视了对汉字生成元素总量的整体把握；重形式而轻实质，忽视了全面维护科学的造字原则和从总体上提高汉字学习和使用的效率。这是汉字的下一步改革必须接受的教训。随着电脑使用的普及，通过减少个体汉字的笔画而使书写更加简便的重要性已降到次要地位，通过谋求形、音、义以及区别性和节约性更高程度的统一，并减少汉字生成元素的总量，使汉字更加容易理解、模仿和记忆才是最重要的。

四、结束语

同样是汉语的故乡，由于历史的原因，港澳台与内地（大陆）的汉字使用出现了不统一的问题。这不但造成了本国人书面交流的不便，而且增加了外国人学习的负担。对世界各地，尤其是港澳台与内地（大陆）的中华儿女来说，这是一件遗憾的事。这个问题早晚得解决。笔者认为，解决这个问题最好的办法应是在现行汉字（包括繁体字和简化字）的基础上进行改革，通过改革，推动汉字的发展，使汉字更加好学好用。只要更加好学好用，就会受到普遍欢迎。推动汉字的发展，使汉字更加好学好用，是港澳台与内地（大陆）学者的共同责任。如果这个想法多少有点儿道理,那么汉字的下一步改革就应组织港澳台与内地(大陆)的学者共同研究和策划,并广泛征求世界各地的汉字研究专家——尤其是华人汉字研究专家——的意见。也许,现在已经具备了这样的条件。

以上所说,只是笔者有感而发的一孔之见,欢迎批评指正。

再论汉字教学与汉语教学[*]

(2013.7)

一、两种不同的教法

汉语作为第二语言教学急需进行根本性改革,改革的中心内容应是根据汉语的特点和汉语习得规律,重新思考和正确处理汉字教学与汉语教学的关系。

大家都说汉字难学,并且认为汉字难学还导致了汉语难学。许多人对汉语学习望而生畏,想学而不敢学,或者学无所成,半途而废。这就使对外汉语教学难以快速发展,尤其是难以向高层次快速发展。可见,所谓汉字和汉语难学,已成为加快对外汉语教学发展的一大障碍。其实,汉字和汉语是不是难学,要看怎样教。如果先教"你好、谢谢、再见",汉字就难学,并且会导致汉语难学;如果先教"一、二、三",汉字就容易学,不但不是学习汉语的障碍,而且还是学好汉语的有利因素。先教"你好、谢谢、再见"和先教"一、二、三",就是两种不同的教学法,它们的主要区别就在于用不同的方法处理汉字教学与汉语教学的关系。笔者拿这两种不同的教法做对比,是因为它们具有典型性,对它们进行分析,就可以看到,这两种不同的教法反映了对汉语的特点和汉语习得规律的不同的认识,对汉字和汉语难学还是容易学,具有决定性的作用。

先教"你好、谢谢、再见"的教材很多,而且流行已久,已为广大对外汉语教师所熟知。已经出版的先教"一、二、三"的教材有笔者编著的《48小时汉语速成·基础篇》(北京大学出版社,2010)。新编教材在结构上有所改进,更能体现我们所主张的教学法的特点,也更便于教师组织课堂教学。下面是先教"一、二、三"的

---

* 本文原为内部参考资料,曾在笔者的博客上发表。本文原题目是《汉字教学与汉语教学》,收入本书时因为前面有同一题目的文章,就改为现题。

例子,选自笔者正在编写的一部教材初稿。本教材每课都由"汉语知识""综合练习"和"技能训练"三部分组成。"汉语知识"是对汉语的字法、词法、句法等语言知识分专题陆续进行系统介绍,可以让学生自己看,不必占用太多的课堂时间。"技能训练"是在"综合练习"的基础上,利用学过的语言要素(语音、汉字、词语、句子)进行"读、写、听、说"的专项技能训练,突出语音和说话训练(另有练习册突出读写训练)。教师只需要根据教材的自然顺序按部就班地组织练习和解决疑难问题,不必另花时间重新组织教学内容。下面的例子是"综合练习"的内容,只选"综合练习"的内容做例子,是因为这部分内容最能体现汉字教学与汉语教学的关系。

第一课

步骤1

1.笔画(2):一　丨

2.汉字(4):一　二　三　十

3.词语(8):二十　二十一　二十二　二十三
　　　　　　三十　三十一　三十二　三十三

步骤2

1.笔画(2):丿　丶

2.汉字(5):八　人　个　工　厂

3.词语(28):十八　八十　八十一　八十二　八十三　八十八
　　　　　　工人　工厂
　　　　　　一个　　　三个　　　八个　　　十个　　　……
　　　　　　二十个　　……
　　　　　　一个人　　三个人　　八个人　　十个人　　……
　　　　　　二十个人　……
　　　　　　一个工人　三个工人　八个工人　十个工人　……
　　　　　　二十个工人　……
　　　　　　一个工厂　三个工厂　八个工厂　十个工厂　……
　　　　　　二十个工厂　……

步骤 3

1. 笔画：一　丨

2. 汉字：一　二　三　八　十　人　个　工　厂

3. 词语：工人　工厂

　　　　　一个　一个人　一个工人　一个工厂

　　　　　三个　三个人　三个工人　三个工厂

　　　　　八个　八个人　八个工人　八个工厂

	一	二	三	八	
十	十一	十二	十三	十八	个
二十	二十一	二十二	二十三	二十八	人
三十	三十一	三十二	三十三	三十八	工人
八十	八十一	八十二	八十三	八十八	工厂

　　上面列出的内容,包括 4 个笔画、由这 4 个笔画组成的 9 个汉字和由这些汉字组成的 36—94 个词语。步骤 1 和步骤 2 都是新教的笔画、汉字和词语,把同一类内容分为两个步骤教,是为了避免因一次教得太多而使学生产生疲惫感。基本的教学方法是展示和组织练习。展示就是教师口述和板书,边说边写。练习的主要方法是唱读和空写,唱读就是像唱歌那样大声朗读,空写就是用手指凌空书写,从集体唱读和空写到轮流唱读和空写。在练习的过程中教师随时纠正发音和书写方法。一个步骤的练习全部完成后,组织一次听写,包括到黑板上写和在本子上写。步骤 3 没有新的笔画和生字,是总结性练习,也是复习和升华。主要的练习方法是朗读,也是从集体朗读到轮流朗读,最好利用字卡、词卡。最后听写词语,用于听写的词语要能涵盖本课全部生字。通过综合练习,学生可以理解本课所学内容并形成短时记忆。"综合练习"完成后,就进入"技能训练"。本课技能训练的重点是汉字和语音,其中汉字训练的重点是笔画和汉字的认读、书写以及对词语的理解,语音训练的重点是声调。本课已出齐除了轻声以外的全部基本声调,以后再教轻声和变调。

　　本课除了上述内容之外,还希望能让学生对下列信息获得直接感知:

　　(1) 汉字由笔画组成,少量的笔画可以组成大量的汉字;

（2）词语由汉字组成，少量的汉字可以组成大量的词语；

（3）每一个汉字都有自己的读音和意思，可以根据汉字的读音学习词语的读音，根据汉字的意思理解词语的意思；

（4）汉字不是图画式的神秘文字。

对上述信息获得直接感知，学生就能树立学好汉字和汉语的信心。

笔者有一次在国外演讲，看到一个跟着家长前来听讲的看上去只有六七岁的男孩，就坐在笔者的对面。笔者举了上面的例子以后，问他汉字难不难。他果断地摇着头说："不难，不难。"有一位正在教《48 小时汉语速成》的外国老师在发给笔者的邮件中说，她现在所教的学生中，再也没有人叫嚷汉字难学了。

上面只是笔画教学、汉字教学和词语教学的例子。从第二课开始加进句型教学，从第六课开始加进会话和阅读短文教学。前十课教完除了"凵"（竖折折）和"㇆"（横折折折）以外的全部笔画（这两个未教的笔画分别只出现在"鼎"和"凸"两个汉字之中，属于罕用笔画，笔画名称中不包含新概念，不教也无妨），从第十一课开始再加进汉字部件的教学。下面是包括部件教学、句型教学和语段、语篇（会话和阅读短文）教学的例子：

第十一课

课堂练习内容提要

1. 部件（2）

　　（1）口（口部）

　　（2）讠（讠部）

2. 生字（8）

　　学　生　习　同　语　言　英　和

3. 生词（14）

　　大学　北京大学　学生　中学生　大学生　学习　同学　汉语

　　语言　语言大学　北京语言大学　英国　英语　汉语和英语

4. 句型（3）

　　（1）汤一明和木村是同学。

　　（2）他们是北京语言大学的学生。

　　（3）他们在北京语言大学学习汉语。

生字、词语和句型(节选)

1. 学

学

中学

大学

北京大学

在北京大学

去北京大学

A：马建国在哪里？

B：他在北京大学。

A：你去哪里？

B：我去北京大学。

2. 生

生

学生

中学生

大学生

北京大学的学生

A：马建国是哪个大学的学生？

B：他是北京大学的学生。

3. 习

习

学习

在北京大学学习

A：马建国在哪里学习？

B：他在北京大学学习。

4. 同

　　　同

　　　同学

我的同学

他是我的同学。

我们是同学。

5. 语

　　　　语

　　　汉语

　学习汉语

　　说汉语

　　会说汉语

不会说汉语

A：你们学习汉语吗？

B：我们学习汉语。

A：你们在哪里学习汉语？

B：我们在北京大学学习汉语。

A：你们会不会说汉语？

B：我会，他不会。

6. 言

　　　　言

　　语言

　　语言大学

北京语言大学

去北京语言大学

在北京语言大学

在北京语言大学学习

在北京语言大学学习汉语

A：你们在哪里学习汉语？

B：我们在北京语言大学学习汉语。

7. 英

英

英国

去英国

在英国

英语

学习英语

说英语

A：你们学习英语吗？

B：我们学习英语。

A：你们在哪里学习英语？

B：我在中国学习英语，他在英国学习英语。

8. 和

和

你和我

马建国和王玉中

汤一明和木村

汉语和汉字

汉语和英语

学习汉语和英语

会说汉语和英语

　　马建国和王玉中是同学。他们是北京大学的学生,在北京大学学习英语。他们会说汉语,也会说英语。

　　汤一明和木村也是同学。他们是北京语言大学的学生,在北京语言大学学习汉语。汤一明是美国人,他会说英语,不会说日语。木村是日本人,他会说日语,不会说英语。他们都会说汉语,也都会写汉字。

　　跟第一课相比,这一课加进了部件、句型、会话和阅读短文。上面列出的生字中没有新的笔画,词语中没有生字,句子中没有生字和生词,会话和阅读短文中没有未学过的句型。所教部件是从学过的汉字中有计划地选择的,选择的标准:一是有助于解释字义,二是组字能力强,三是已在两个以上学过的汉字中出现过。部件教学的内容包括形、音、义、用,"用"就是在汉字中的作用。从结构上说,部件有充当部头、部底、部旁、部边、部心、部框的作用;从音、义上说,大部分部件都有充当义符或音符或义符兼音符的作用,少数部件只做记号。(吕必松,2012)关于部件和汉字,以及其他汉语知识的解释性文字,都放在相关内容的下面,也有译文供学生参考。

　　上面的例子所反映的教学程序都是组合:以笔画和部件组字,以字组词,以字词组句,以句组篇。由笔画到全字,或由笔画到部件再到全字,由汉字到词语,由汉字、词语到句子,再到语段、语篇,都是由小到大、由少到多的层层组合。因为都是层层组合,我们就把这样的程序所代表的教学法叫作组合法。用组合法教汉语,不但可以让学生深刻理解汉字与汉语的关系,而且可以充分保证字、词、句的重现率,通过大量重现,让学生在不知不觉中记住所学内容。值得一提的是:从上面的例子可以看到,组合法中的重现不是简单重复,而是顺从汉语组合特点的自然重复。简单重复,例如让学生就同样的内容朗读或抄写十遍八遍,不是帮助记忆的最好的方法。

　　本课除了上述教学内容以外,还希望能让学生继续强化对下列信息的直接感知:

　　(1)大于汉字的单位都是在汉字的基础上一级一级地层层组合起来的;

　　(2)由字到词到句再到更大单位的组合,只有语序规则,没有形态变化和变换规则;

(3) 学习用汉字书写的字、词、句、篇,就包括同时学习说话。

通过对上述信息获得直接感知,学生不但能进一步树立学好汉字和汉语的信心,而且也能领悟学习汉字对学习汉语的必要性和重要性。

用组合法教汉语,就是按照汉语的特点教汉语。我们认为,汉语有字、词、句等单位,这些单位都是由小到大一级一级地层层组合起来的。我们把组合起来叫作"组合生成"。字(汉字)由笔画和部件组合生成,词由字组合生成,句由字和词组合生成,大于句的单位由句组合生成。汉语各级单位的组合都是意合和直接组合。意合就是意思相关的字、词、句在一定的条件下都可以互相组合;直接组合就是组合时只有语序(字序、词序、句序)规则,没有像英语等西方语言那样的以形态变化为标记的变换规则。根据汉语的组合特点,我们把汉语界定为组合型语言,简称"组合汉语"。组合法就是组合汉语教学法。我们所说的教学法,广义上包括教学路子、教学模式、教学方法和教学技巧,组合汉语教学法就包括组合汉语教学的教学路子、教学模式、教学方法和教学技巧。(吕必松,2012)

二、组合汉语教学法的主要特点

从上面的例子可以看到,组合汉语教学法至少有以下特点:

2.1 汉字本位

汉字本位就是"以汉字为基本教学单位"的意思。我们所说的"基本教学单位",既包括书面汉语的基本教学单位,也包括口头汉语的基本教学单位。在上面的例子中,汉字既是书面汉语的基本教学单位,也是口头汉语的基本教学单位。

"汉字本位"教学是"字本位"理论在汉语教学中的应用。笔者所理解的"字本位",就是以"字"为基本单位的意思。其中的"字"包括汉语音节和汉字,汉语音节是口头汉语的基本单位,汉字是书面汉语的基本单位。作为书面汉语的基本单位,汉字为什么又能成为口头汉语的基本教学单位?这是因为汉字是整体转写言语音节的文字,言语音节是音、义单位,汉字整体转写言语音节,就具有言语音节所赋予的音和义,成为形、音、义单位。"形、音、义"中的"音"就是音节。这说明,汉字就包含音节,包含音节就可以成为口头汉语的基本教学单位。(吕必松,2012)

从上面的例子可以看到:汉字本位教学可以把汉字教学直接融入汉语教学,教汉字就是教汉语。为什么先教"你好、谢谢、再见"才是教汉语,先教"一、二、三"就不是教汉语?汉字教学可以直接融入汉语教学,就意味着汉字也是汉语的语言要素,而不是汉语的身外之物。徐通锵先生(1994)提出的"字本位"理论饱受争议,我们之所以赞成"字本位",就是因为只有把汉字作为汉语的基本单位,才能把汉字作为汉语的基本教学单位,才能把汉字教学直接融入汉语教学。把汉字教学直接融入汉语教学,就可以把书面汉语教学和口头汉语教学统一起来,彻底改变汉语教学中一直存在的听说训练和读写训练"两张皮"并且互相制约的这种不正常的状况。

汉字本位教学区别于词本位教学。先教"你好、谢谢、再见",是把词作为基本教学单位,这就是词本位教学。把词作为基本教学单位,汉字就成了词汇的附属品和单纯的书写单位,汉字教学就只能游离于汉语教学之外而无法直接融入汉语教学之中。这正是造成听说训练和读写训练"两张皮"并且互相制约的原因。

2.2 以文带语

"以文带语"中的"文"是指书面汉语,"语"是指口头汉语。"以文带语"(如果从学习者的角度说,就叫"随文学语")就是用书面汉语教学带动口头汉语教学。以汉字为基本教学单位,按照"以字组词、以字词组句、以句组篇"的程序进行"读、写、听、说"的全面训练,就是用书面汉语教学带动口头汉语教学。"以文带语"必然要直接用汉字教发音和说话,用"视、听、读、写、说"的一体化训练代替"听→说→读→写"的分立式训练。什么是"视、听、读、写、说"的一体化训练?"以文带语"的教学程序,无论是笔画、部件和整字的教学,还是词语和句型的教学,都是先展示,后练习。先展示,就是教师在口说的同时进行空写或板书,或同时展示字卡、词卡,或采用其他手段,让学生边看边听。教师展示的过程就是学生"视、听"的过程。教师展示以后,就要接着组织练习,练习的内容就包括"读、写、听、说"。这就是"视、听、读、写、说"的一体化训练。进行"视、听、读、写、说"的一体化训练,就可以使学生的书面汉语能力和口头汉语能力得到同步和快速发展。

"以文带语"区别于"先语后文"。先教"你好、谢谢、再见",都是先教汉语拼音,再用汉语拼音教发音和说话,然后教汉字和读写。这就是"先语后文",也就是"听→说→读→写"的分立式训练。正是这种分立式训练,使听说训练和读写训练"两张皮"的状况成为定式。

2.3 以汉字教学系统引领汉语教学系统

语言教学首先是一门科学,作为一门科学,它必须有自己的教学系统。我们主张先教"一、二、三",就是因为这便于建立汉字教学系统,并便于以汉字教学系统去引领整个汉语教学系统。建立科学的汉字教学系统,是使汉字学习化难为易的关键,也是对汉语教学进行根本性改革的关键。

先教"一、二、三",就意味着笔画教学都按照由简单到复杂的原则编排教学内容,把笔画的名称、形状和书写方法的教学统一起来,把口说和手写结合起来。这就形成了一个完整的笔画教学系统。先教"一、二、三",也意味着汉字选择的主要标准是新教的汉字中没有新的笔画,汉字教学都按照由笔画到整字或由笔画到部件再到整字的程序进行由小到大、由少到多的层层组合。这就能形成一个完整的汉字教学系统。根据汉字教学系统,笔画教学、部件和整字教学都注重"形、音、义、用"的统一。"用"就是组合,包括用笔画和部件组字,用字组词,用字词组句,用句组篇。这就是由小到大、由少到多的层层组合。按照由小到大、由少到多的程序进行组合教学,就形成了一个完整的汉语教学系统。这个汉语教学系统以汉字教学系统为基础,又是汉字教学系统的自然延伸,所以它就是由汉字教学系统所引领的汉语教学系统。从上面的例子可以看到,以汉字教学系统引领整个汉语教学系统,新教的汉字中就没有新的笔画,新教的词语中就没有生字,新教的句子中就没有生字和生词。因为新教的汉字都是由学过的笔画组合生成的,再结合字形解释字音和字义,汉字就容易学。因为新教的词语都是由学过的汉字组合生成的,词义有字义为基础,词语就容易理解和记忆,不必孤立地一个一个地死记硬背。因为新教的句子都是由学过的汉字和词语组合生成的,句义有字义和基于字义的词义为基础,句子也容易理解和记忆。这说明,以汉字教学系统引领整个汉语教学系统,不但可以使汉字容易学,而且可以使汉语容易学。我们说汉字不但不是学习汉语的障碍,而且还是学好汉语的有利因素,根据就在这里。

上述教学系统不但符合汉语的特点,而且也符合汉语习得规律,所以是一种科学的教学系统。进行由小到大、由少到多的层层组合,整个教学过程就像滚雪球和搭积木,每一步都是通过"以新联旧"实现"温故知新"。这与大脑记忆网络的形成过程完全一致。人们把大脑记忆网络的形成比喻为一棵树:根生干、干生枝、枝生叶;枝还生杈,杈再生枝,枝再生叶,层层叠加。由小到大、由少到多的组合教学就是层层叠加,这种"层层叠加"的训练方式,不但有利于"温故知新",而且有利于培养"扫读"能力,有利于让学生在老师的示范和有效提示下,在不知不觉中学会正确停顿,在说话、朗读和阅读中,能根据对大小不等的语义单位的理解,把握或长或短的停顿的节奏。

词本位教学无法建立科学的汉字教学系统,因此也无法以科学的汉字教学系统引领整个汉语教学系统,这就使字、词、句的教学都处于孤立和无序的状态。字、词、句教学孤立无序,当然难学。倒不是说词本位教学全然无序,只不过词本位教学的"序",是在"动词谓语句、形容词谓语句、名词谓语句、主谓谓语句"等句子类型的基础上建立起来的,是在"主、谓、宾、定、状、补"等句子成分的基础上建立起来的,是在词类与句子成分的对应关系的基础上建立起来的。上述句子类型、句子成分和对应关系等都是对西方语法概念的移植,并非汉语所固有的序,因此也不是汉语教学所需要的序。只有以汉字为基本教学单位进行由小到大、由少到多的层层组合的序,才是汉语所固有的序,也才是汉语教学所需要的序。

三、对几点质疑的解释

组合汉语教学法所反映的汉语理论和汉语习得理论,跟主流学派的核心理论背道而驰,也跟在这些核心理论的支配下所形成的教学习惯相左,因此必然会引起种种质疑。下面是笔者对几点质疑的解释,选择这几点质疑进行解释,不但是为了进一步说明汉字教学与汉语教学的关系,而且也是为了从理论上辨明是非。

3.1 汉字真的容易学吗?

"先语后文"教学有一个对多数人来说是不言而喻的理论前提,这就是汉字难学。因为汉字难学,所以要分散难点,先教汉语拼音,先用汉语拼音教发音和说话,再教认字、写字、阅读,就叫分散难点。"先语后文"教学之所以畅行无阻,就是因为有"汉字难学论"在作怪,"汉字难学论"是滋生"先语后文"教学的最佳土壤。可是,先教汉语拼音并不能使汉字学习化难为易,例如,"你好、谢谢、再见"虽然是先用汉语拼音教的,但是终究要教汉字,当学生看到"你、好、谢、再、见"这5个汉字时,觉得每一个汉字就像一幅图画。把汉字当图画学,怎么不难?于是一开始就形成了汉字难学的心理障碍。

　　"以文带语"也有一个理论前提,这就是汉字容易学。汉字容易学虽已得到组合汉语教学的证明,但是组合汉语教学还处于初创阶段,规模还太小,还没有引起广泛的关注。在"汉字难学论"早已深入人心的背景下,说汉字容易学,仍是相信的人不多,不相信的人不少。因此,需要进一步说明其中的道理。

　　笔者认为,学习一种语言和文字,难易程度的决定因素就是需要理解、模仿和记忆的要素的多少,以及理解、模仿和记忆这些要素的难度的大小。汉字容易学,就是因为学习汉字需要理解、模仿和记忆的要素少,理解、模仿和记忆这些要素的难度小。

　　先说学习汉字需要理解、模仿和记忆的要素少。笔者认为,无论是汉语作为第一语言,还是作为第二语言,一般只需要学习2500个左右最常用的汉字。这是因为:有各种统计表明,2500个左右最常用汉字的覆盖率可以达到99%以上,掌握了2500个左右最常用的汉字,阅读非专业书刊就基本上没有文字障碍了;即使遇到个别没有学过的汉字,也可以根据字形猜到字义,在上下文中猜测字义的把握性更大;掌握了2500个左右最常用的汉字,就具备了查字典的能力,即使阅读专业书刊,也可以通过查字典解决生字问题。因此,我们可以把2500个左右最常用的汉字作为汉字教学的数量目标。汉字的生成元素是笔画和部件,笔画只有28个,这28个笔画只有"横、竖、撇、捺、点、提、弯、钩"8个概念,这8个概念既是笔画的名称,也是笔画形状和笔画书写方法的名称。大部分汉字部件都由完整的汉字充当,由完整的汉字充当的部件叫整字部件,整字部件就包含在汉字的数量之中,不必作为部件重复计数。非整字部件只有220个左右,其中常用的只有70个左右。大体上说,所有的汉字就是由28个笔画和220个左右的非整字部件组合生成的。因此,学习现代汉字需要理解、模仿和记忆的要素只有28个笔画、220个左右的非整字部件和由这些笔画和部件组成的2500个左右最常用的汉字。这就是说学习汉字需要理解、模仿和记忆的要素少。

　　再说理解、模仿和记忆汉字的难度小。有研究证明,最能帮助理解和记忆的是形象和事件,而汉字正好包含形象和事件,所以最能帮助理解和记忆。象形字、指事字都是画形表意的汉字,可以通过对字形的联想帮助理解和记忆。会意字是用象形符号组合起来表意的汉字,用象形符号组合起来表意也是画形表意,可以像讲故事那样解释字形和字义。笔者有一次在国外讲演,会议主持人在会前对笔者说,她儿子头天晚上问她,汉字是谁造的。她说是仓颉造的,他儿子说,他要杀了仓颉她问为什么,他说仓颉造的汉字太难,多一点不行,少一点也不行。笔者对这位主持人说,多一点、少一点都是有道理的。例如:"氵"像水波的形状,代表水,凡带"氵"的汉字,字义多半跟水或其他液体有关;"冫"像冰凌的形状,代表冰,凡带"冫"的汉字,字义多半跟冰、凉、寒冷等有关。又如:"宀"上面有一点,像侧视的房屋的形状,代表房屋,凡带"宀"的汉字,字义多半跟房屋有关;"冖"上面没有点,像覆盖物的形状,代表覆盖物,凡带"冖"的汉字,字义多半跟覆盖或覆盖物有关。这就是多一点和少一点的道理。听了笔者的解释,这位主持人说,她回去就告诉她儿子。法语和英语是亲属语言,法国人学英语,当然容易。可是有一位主要靠自学掌握了汉语的法国企业家对笔者说,他觉得看中文书更容易,即使遇到没有学过的汉字,也可以根据字形猜到字义,不会形成阅读障碍。看英文书就不同,如果遇到没有学过的词,就很难继续看下去。

认为汉字难学的一个重要原因是说汉字没有表音功能。这不符合事实。实际情况是:汉字不但有表音功能,而且有更加科学的表音方法。汉字表音方法的科学性首先表现为一个汉字的读音就是一个音节的读音。音节是口头汉语的读音中心,汉字代表音节的读音,就意味着一个汉字就是一个读音中心。汉字表音方法的科学性还表现为"形、音、义"的科学统一。象形字、指事字和会意字都是直接用整字表音,整字的读音就是音节的读音;形声字是用充当音符的部件表音,充当音符的部件就代表音节的读音。无论是整字表音,还是部件表音,都是"形、音、义"的科学统一。作为英语基本单位的词,不但不能见其形而知其义,不但同一个字母或字母组合有多个读音,而且多数词还包含两个或多个音节,包含两个或多个音节的词就有两个或多个读音中心。这就是"形、音、义"脱节。

随着字形和字音的发展变化,现代形声字音符表音的功能已经弱化,弱化现象主要表现为多数音符只有半表音作用,或者只能表示近似音,有的音符已不再表音。尽管如此,在占汉字总数90%左右的形声字中,仍有四分之一左右的音符是全表音音符,其余多数是对读音仍有提示作用的半表音或近似音音符,不再表音的音符毕竟是少数。值得一提的是:有些汉字做部件时有一致的读音,这类部件实际上也是音符。我们把这类音符叫作部件音音符,表1是部件音音符的例子。

表 1　部件音音符及例字

部件	原字音	部件音	例字
军	jūn	huī	珲挥辉晖翚
开	kāi	xíng	刑邢形
也	yě	tā	他她地
句	jù	gōu、gǒu、gòu	佝枸,狗枸苟笱岣,够
每	měi	huǐ、huì	悔,海晦
且	qiě	zū、zǔ	租,阻诅组祖俎
我	wǒ	é、è	俄莪涐娥峨哦锇皒蛾鹅,饿

上表中的部件音音符,有的读音完全相同,有的只是声调不同。部件音音符在汉字中数量不少,对学习汉字的读音有不可忽视的辅助作用,可惜至今还没有引起人们的注意。

说汉字没有表音功能,是认为只有用字母表音才算有表音功能,也只有用字母表音的文字才是容易学的文字。人们普遍认为,英文只有 26 个字母,这 26 个字母都有表音功能,所以英语容易学。这也不符合事实。首先,英文字母不等于英语,学会了 26 个字母,不等于学会了英语。其次,26 个英文字母只是字母的名称,就形状和书写方法而言,英文字母不是 26 个,而是 104 个,因为有大写、小写、手写体、印刷体之分。这 104 个英文字母都要一个一个地学,一个一个地记,少学、少记一个都不行。再次,英文字母没有形状和书写方法的名称,没有名称就不好记忆。最后,作为英语基本单位的词,不但不能见其形而知其义,不但同一个字母或字母组合有多个读音,而且多数词还包含两个或多个音节,包含两个或多个音节的词就有两个或多个读音中心。这就是“形、音、义”脱节。英文词数量庞大,多半要一个一个地死记硬背。跟英文词相比,汉字和由汉字组成的汉语词不但都便于理解和记忆,而且数量要小得多。

我们越来越清楚地认识到,“汉字难学论”是一种极不真实的理论,也是一种极其有害的理论。说它极不真实,是因为汉字实际上是容易学的文字;说它极其有害,是因为这种不真实的理论误导了并且还在误导着汉语文字发展方向的研究,也误导了并且还在误导着我国语文教学和汉语作为第二语言教学。笔者到处宣讲汉字容易学,就是为了破除这种既不真实而又极其有害的“汉字难学论”。

3.2 先教"一、二、三"怎能贯彻交际性原则?

我们按照汉语的特点和汉语习得规律先教"一、二、三",而不像许多教科书那样先教"你好、谢谢、再见",有可能被认为违背了交际性原则。我们也赞成交际性原则,也认为这是一条科学的语言教学原则,但是不赞成把它当作语言教学的最高原则。笔者认为,循序渐进原则是高于交际性原则的更为重要的教学原则,如果背离了循序渐进原则,交际性原则就会失去其作为科学教学原则的价值。先教"你好、谢谢、再见",显然违背了循序渐进原则。其实,像"你好、谢谢、再见"这类日常生活用语,学生完全可以从日常生活中学到,教师也可以在课上、课下进行补充。从上面的例子可以看到,根据循序渐进的原则先教"一、二、三",并不影响交际能力的培养,而先教"你好、谢谢、再见"虽可取得培养交际能力的当下效果,却为进一步培养交际能力埋下了隐患。这样教最大的隐患就是造成了汉语教学的无序和学习者书面汉语能力的滞后,学习者书面汉语能力的滞后首先是因为汉字习得滞后。到了初级阶段后期,就不但书面汉语能力滞后,连口头汉语能力的发展也趋向迟缓。到了中高级阶段,因汉字习得滞后而使整个汉语教学难以推动和进展迟缓的现象就更为严重,有经验的汉语教师都已看到了这一点。为了解决汉字习得滞后的问题,有越来越多的人开始重视汉字教学,并且编写出版了一些专门的汉字教材。但是如果仍然坚持"先语后文"教学,不把汉字教学直接融入汉语教学,不把书面汉语教学与口头汉语教学统一起来,仍然不能解决书面汉语教学与口头汉语教学"两张皮"的问题,从学习口头汉语到学习书面汉语仍然需要两道程序。用两道程序去完成本应由一道程序完成的任务,必然更加费时费力。

3.3 不教汉语拼音怎能教发音和说话?

直接用汉字教发音和说话,有人觉得奇怪,甚至觉得不可思议。其实,直接用汉字教发音和说话一点儿也不奇怪,因为汉字不但可以用来看,而且可以用来读,可以用来读当然就可以用来练习说。一个汉字的读音就是一个音节的读音;用汉字组成词语,词语的读音就是其中的汉字组合起来的读音;用汉字和词语组成句子,句子的读音就是句中的汉字和词语组合起来的读音。有读音就能练习说。看到一个汉字,经过练习,就能说出这个汉字;看到由汉字组成的词语,经过练习,就能说出这个词语;看到由汉字和词语组成的句子,经过练习,就能说出这个句子。

句组、语段、语篇都是由句子组成的,会说句子,就会说句组、语段、语篇。当然都要经过口头练习,口头练习的目的是达到发音准确和说话流利。

直接用汉字教发音和说话,不但是把汉字教学直接融入汉语教学的需要,而且也是改进汉语语音教学的需要。用汉语拼音教发音和说话,总是先把声母、韵母和声调拆开来教,学生在练习发音时就要同时想着声、韵、调,想着怎样把三者拼合在一起,这就难免顾此失彼,音节的发音不但不能一气呵成,而且还会因为处理不好声、韵、调的关系和对汉语拼音字母不可避免的误读而出错。此外,《汉语拼音方案》的拼写方法对正确发音也有误导作用。例如:

　　　u 对 ü 的误导。ü 与 j、q、x 相拼时要写成 ju、qu、xu(实为 jü、qü、xü),自成音节时要写成 yu(实为 yü),都会导致把 ü 读成 u。

　　　iu 对 iou 的误导。iou 在 j、q、x、n、l 等声母后面都要写成 iu,使学习者误认为 iu 就是 i 和 u 的拼合,与英文字母 u 的发音相似。

　　　ui 对 uei 的误导。第二语言学习者发 dui、tui、gui、zui(实为 duei、tuei、guei、zuei)等音节开口度普遍偏小,正是把 uei 写成 ui 的结果。

直接用汉字教发音和说话,就是用汉字把音节作为整体来教,学生头脑中没有汉语拼音,只觉得一个汉字就是一个音,上述误导现象就不会发生。

有人担心,直接用汉字教发音和说话,汉字要一个一个地记,那么多汉字怎么记得住?其实,我们主张直接用汉字教发音和说话,并不是主张废除汉语拼音教学,只是主张把汉语拼音教学适当推后,避免把汉语拼音作为练习发音和说话的工具。推迟汉语拼音的教学,就不是用拼音教汉字,而是用学过的汉字教拼音。用学过的汉字教拼音,就不必在发音练习上多下功夫,学习拼音会相对容易。前期直接用汉字教发音和说话,要从认读、书写、组词、造句等不同的角度进行反复练习,所学汉字数量不多,重现率又很高,不存在记不住的问题。等学生语音基本过关以后教汉语拼音,是为了用汉语拼音给汉字注音,这正是推行《汉语拼音方案》的主旨。语音基本过关以后用汉语拼音认读汉字,可以减少汉语拼音对正确发音的误导和干扰,如果结合手机和电脑的中文处理教拼音输入,拼音教学的效果会更好。

3.4 "以文带语"是不是违背了语言习得规律?

流行的语言习得理论认为,第一语言的习得顺序是"听→说→读→写",第二语言教学只有仿照第一语言的习得顺序处理听说和读写以及听和说、读和写的关系，才符合语言习得规律。这就是"先语后文"教学的语言习得理论依据。"以文带语"把"视、听、读、写、说"融为一体，岂不是违背了语言习得规律？我们认为，事实恰恰相反，仿照第一语言的习得顺序安排第二语言的技能训练顺序，才是真正违背了语言习得规律，因为遵循这样的顺序只是看到了第一语言习得顺序的表面现象，完全忽视了人的智力发展与语言习得的关系，完全忽视了第二语言习得跟第一语言习得的区别。婴幼儿开始学习第一语言时，大脑基本上是一片空白，只能通过听觉去感知外界的声音，通过视觉去感知周边的情势，通过视、听的反复刺激逐渐学会把声音和情势图像联系起来，一步步形成音、像所代表的概念，领悟概念与概念之间的语义关系。在此过程中，同时进行模仿，逐渐学会发音和说话。婴幼儿对文字的感知也是从图像开始，最初还没有能力区分笔画或字母，只能把一个个文字整体看成一幅幅图像，像照相那样把看到的图像印刻在头脑里。只有当智力发展到一定的阶段，才能识别笔画或字母，才能进而学习书写。上述过程也是婴幼儿思维发展的过程，是智力发展与语言习得互动的过程。这样的过程说明，婴幼儿学习第一语言，"听、说、读、写"这四项技能只能一项一项地获得，每两项技能的获得，中间还要间隔一段时间。按照"听→说→读→写"的顺序学习和习得第一语言，是婴幼儿主观条件与客观条件相结合的自然发展过程，也是第一语言习得不可抗拒的自然规律。但是，我们不赞成把婴幼儿习得第一语言的规律泛化为人类语言习得的普遍规律。人们学习第二语言时，已经不同程度地掌握了至少一种语言，获得了学习和使用语言的经验，其他智力因素也得到了相应的发展，完全有能力把识字、阅读、书写跟说话结合起来学习。把它们结合起来学习，就可以全面调动语言学习和习得的机制，促进各项技能在互动中快速发展。这时如果继续要求按照"听→说→读→写"的顺序进行技能训练，就不是遵循语言习得规律，而是限制第二语言学习者的智力发挥。

四、结束语

语言教学要受语言理论和语言习得理论的支配。先教"你好、谢谢、再见"，就是受主流学派的核心理论支配的结果。这里所说的主流学派的核心理论，主要是指"语言三要素"理论、"词本位"理论和"听→说→读→写"习得顺序理论。"语言三要素"理论认定只有语音、词汇、语法才是语言的要素,不承认文字也是语言的要素;"词本位"理论认定"词"才是语言的基本单位,不承认"字"是汉语的基本单位;"听→说→读→写"习得顺序理论认定这就是人类语言习得的普遍规律,不承认"以文带语"教学的合理性。上述理论都是西方语言学和语言教学的核心理论,在西方语言和语言教学中,自然有其存在的理由,把它们直接应用到汉语研究和汉语教学中来,是牛头不对马嘴的。这些理论都无视汉字和汉字教学在汉语和汉语教学中的地位和作用,又与"汉字难学论"互为因果,互相支撑,就把汉语研究和汉语教学引入了歧途,造成汉字和汉语难学。这不能怪西方的理论,只能怪我们自己在应用西方理论时没有看到汉字和汉语的特点。要正确处理汉字教学与汉语教学的关系,要通过建立科学的汉字教学系统来引领整个汉语教学系统,要以此来恢复汉字和汉语容易学的本来面貌,就必须从理论上辨明是非。再把上面提到的相关理论观念概述如下:

(1) 汉语包括口头汉语和书面汉语。"语言三要素"理论不承认汉字是汉语的要素,是因为忽视了书面汉语的重要地位,这不但不利于汉语教学,而且也不利于汉语本身的研究。

(2) "字"是汉语的基本单位,也是汉语的基本教学单位。汉字是形、音、义统一体,不但是书面汉语的基本教学单位,而且也可以作为口头汉语的基本教学单位。语言的基本教学单位必须跟语言的基本单位保持一致,也能保持一致。

(3) 汉字是容易学的文字,汉字容易学必然引向汉语容易学。"汉字难学论"是一种极不真实且极其有害的错误理论,破除"汉字难学论"不但是汉语教学改革的需要,而且也是弘扬中华文化、端正汉语文字研究方向的一件大事。

(4) 必须建立科学的汉字教学系统,并以科学的汉字教学系统去引领整个汉语教学系统。汉语言文字是中华文化的根基和核心,通过建立科学的汉字教学系统和汉语教学系统来恢复汉字和汉语容易学的本来面貌,让所有的汉语学习者都能用尽可能少的时间学到所需要的汉语,推动对外汉语教学向高层次快速发展,是加强我国文化软实力建设的头等大事。

组合汉语系列教材总序[*]
(2013.8)

一、关于汉语

汉语是中国汉民族的语言,已有不下数千年的历史。现代汉语——包括口头汉语和书面汉语,也包括普通话和各种方言——由古代汉语发展而来。本文所说的汉语,专指现代汉语普通话,这是中国人的工作语言和通用语言,也是联合国的工作语言之一。全世界有超过五分之一的人使用现代汉语普通话。

汉语有字、词、句等构成单位,这些构成单位都是由小到大逐级组合起来的。组合起来就是组合生成。字由字的生成元素组合生成,词由字组合生成,句子由字和词组合生成。汉语由字到词、由字词到句子的组合都是意合和直接组合。意合就是意思相关的字、词、句都可以根据一定的规则进行自由组合;直接组合就是组合时只有语序规则,没有形态变化规则。

1.1 字及字的组合生成

1.1.1 什么是字

字包括汉语音节和汉字。说汉语至少要说一个音节,大于音节的单位都是由音节组合生成的;写汉语至少要写一个汉字,大于汉字的单位都是由汉字组合生成的。这说明,音节是口头汉语的基本单位,汉字是书面汉语的基本单位。口头汉语的基本单位和书面汉语的基本单位都叫字。字在英语中没有对应的概念,所以英译就译为 zi。

_* 本文英译稿载笔者正在编写的《大学汉语》第一册。已经出版的组合汉语系列教材有《48 小时汉语速成·基础篇》(吕必松,北京大学出版社,2010)、i Book《梦想成真——体验汉语容易学》APP 等。

1.1.2 汉语音节及其组合生成

（1）汉语音节是汉语的读音中心。说汉语都是一个音节一个音节地说，一个音节听起来就是一个音。说话时的高低、升降、轻重和停顿等都落在音节上，所以能听到音节与音节之间的明显的界限。这说明，汉语音节就是汉语的读音中心。无论是字、词、句，还是更大的汉语单位，都以音节为读音中心。

（2）汉语音节具有双重身份。作为读音中心的音节是语音单位。汉语音节不但是语音单位，而且也是音、义单位。这就是汉语音节的双重身份。我们把作为语音单位的音节叫作语言音节，把作为音、义单位的音节叫作言语音节。

言语音节是指话语中的音节，在话语中是既表音也表意的音、义单位。例如：

> zhōng guó rén

上面是用汉语拼音书写的一个词，这个词由 zhōng、guó、rén 三个音节组合生成。从这个词中，我们可以听到每一个音节的声音，也可以听出每一个音节的意思。可见，这个词中的 zhōng、guó、rén 都是既表音、也表意的音、义单位。

语言音节是从言语音节中抽象出来的，对言语音节的抽象只提取语音成分，把意思隐含了起来。因此，语言音节只表音不表意，是单纯的语音单位。例如：zhōng、guó、rén 这三个音节都包含多个意思，如果把它们分开来单说，就只能听到它们的声音，却听不出它们的意思。可见，不在话语之中的 zhōng、guó、rén 都是只表音、不表意的单纯的语音单位。汉语共有 1333 个语言音节，学会了这 1333 个语言音节的读音，就学会了全部汉语音节的读音。

（3）语言音节的生成元素和生成方式。语言音节包含声母、韵母和声调等语音成分，声母、韵母和声调就是语言音节的生成元素。仍以 zhōng、guó、rén 为例，它们的语音成分和生成方式如下：

> zh-ong → zhong → zhōng
>
> g-uo　 → guo　 → guó
>
> r-en　 → ren　 → rén

在上面的例子中，zh、g、r 是声母，ong、uo、en 是韵母，zhong、guo、ren 是声母和韵母的组合，简称声韵；o、e 上面的符号是声调符号，代表声调。生成方式是：先由声母和韵母相组合，生成声韵，再由声韵与声调相组合，生成音节。

汉语音节共有 21 个声母、35 个韵母和五个基本声调，五个基本声调分别叫作第一声、第二声、第三声、第四声和轻声。全部汉语音节就是由这 21 个声母、35 个韵母(不包括儿化韵)和五个基本声调组合生成的。

(4) 汉语音节是原本性读音单位。所谓语音音节由声母、韵母和声调组合生成,是指音节语音结构的特点,而不是指音节读音的特点。就读音特点而言,每一个音节都是一个不可切分的整体,发音一气呵成,中间没有任何停顿,所以听起来就只有一个音。这说明,汉语音节是原本性(原本性即本来如此)读音单位,而不是由声母、韵母和声调合成的。就像一株植物,虽然包括根、茎、叶,却不是由根、茎、叶合成的。因为音节是原本性读音单位,所以汉语语音教学要把音节作为整体来教。如果把声母、韵母和声调拆开来教,就会使音节发音的原本性遭到破坏,学生在练习发音时,就必须同时想着声母、韵母和声调,想着怎样把声母、韵母和声调拼合在一起。这样,发音就不但不能一气呵成,而且还会因为处理不好三者的关系和对拼音字母不可避免的误读而出错。如果把音节作为整体来教,让学生觉得一个音节就是一个音,上述情况就不会发生。

1.1.3 汉字及其组合生成

1.1.3.1 汉字是整体转写言语音节的文字

汉字的主要作用是通过转写言语音节转写口头汉语。所谓整体转写言语音节,就是把言语音节作为一个整体加以转写,而不是转写大于或小于音节的语音成分。因为汉字是整体转写言语音节,所以与言语音节既有对应关系,也有包容关系。对应关系表现为:说出来的一个音节写下来就是一个汉字,写下来的一个汉字念出来就是一个音节。包容关系表现为:汉字包含音节。例如:

① 中　　国　　人
zhōng guó rén
② 说　　汉　　语
shuō hàn yǔ

上面的两个例子,上一行的汉字就是对下一行的音节的转写。汉字既然是转写音节的,就必然包含音节的读音。一个汉字的读音就是一个音节的读音。我们说汉字与音节有包容关系,是指汉字包含音节的读音。因为汉字包含音节,所以汉字不但是书面汉语的基本教学单位,而且也可以作为口头汉语的基本教学单位。

1.1.3.2 汉字字形的生成元素

根据字形的特点,我们把汉字分为基本结构字(独体字)和复合结构字(合体字)两类。基本结构字由笔画与笔画组合生成,复合结构字由笔画与部件或部件与部件组合生成。笔画和部件就是汉字字形的生成元素。例如:

① 工 人

② 么 个

③ 汉 语

上面例①的两个汉字由"一(横)、丨(竖)、丿(撇)、㇏(捺)"组合生成,"一、丨、丿、㇏"都是笔画,可见这两个汉字都是由笔画与笔画组合生成的基本结构字。例②的"么"由"丿(撇)"和"厶"组合生成,"个"由"人"和"丨(竖)"组合生成。"丿、丨"是笔画,"厶、人"是部件,可见这两个汉字都是由笔画与部件组合生成的复合结构字。例③的"汉"由"氵、又"组合生成,"语"由"讠、吾"组合生成,"吾"由"五、口"组合生成。"氵、又、讠、吾、五、口"都是部件,可见这两个汉字都是由部件与部件组合生成的复合结构字。

汉字共有 28 个笔画,这 28 个笔画只包含 8 个概念——横、竖、撇、捺、点、提、弯、钩。这 8 个概念既是笔画的名称,也是笔画形状和笔画书写方法的名称。

汉字的部件有整字部件和非整字部件之分。上面例子中的"人、又、吾、五、口"都是整字,它们充当部件时就叫整字部件;"氵、讠"不是整字,只能充当部件,属于非整字部件。非整字部件共有 220 个左右,其中常用的有 70 个左右。大多数部件是整字部件。整字部件的数量就包含在整字的数量之中,不必作为部件重复计数。

上述 28 个笔画和 220 个左右非整字部件就是汉字字形的全部生成元素。也就是说,所有的汉字就是由这 28 个笔画和 220 个左右非整字部件组合生成的。

1.1.3.3 汉字表意和表音方法的特点

因为汉字是整体转写语言音节的文字,所以就具有语言音节所赋予的音和义,成为形、音、义单位。也就是说,汉字是融形、音、义为一体的文字。所谓融形、音、义为一体,就是一般说来,每一个汉字都有自己的字形、字音和字义。人们把汉字分为象形字、指事字、会意字和形声字等不同的类别,这几类汉字就代表汉字表意和表音方法的特点。

(1) 象形字。在最早的汉字中,有一类是用线条描画出来的人或事物的形状,用人或事物的形状表示字义。后来人们就把这类汉字叫作象形字。象形字就是用象形符号表示字义的汉字。例如："人"是用线条描画出来的"人"的形状，"马"是用线条描画出来的"马"的形状，"木"是用线条描画出来的树木的形状，"日、月"是用线条描画出来的太阳和月亮的形状，"人、马、木、日、月"就叫象形字。象形字在发展过程中，线条逐渐演变为笔画和笔画组合，字形也就发生了不同程度的变化，但是仍然保留着大致的轮廓，可以通过对字形的联想识别字义和帮助记忆。

（2）指事字。在最早的汉字中，还有一类是用线条描画出来的人或事物特点的形状，用人或事物特点的形状表示字义。后来人们就把这类汉字叫作指事字。例如："一、二、三"是用线条的数量表示数目，"上、下"是分别在线条的上面和下面添加符号指示方位。"一、二、三"和"上、下"都是描画事物特点的象形符号。又如：在象形字"木"的下部添加一个符号就成为"本"，代表树根。为什么在"木"的下部添加一个符号就代表树根？因为树根的位置在树的下部。跟象形字一样，指事字的线条也逐渐演变为笔画和笔画组合，字形也随着发生了不同程度的变化，要通过对字形的解析才能理解字义，字形变化较大的指事字还要追溯原形才能帮助理解和记忆。

（3）会意字。会意字是由象形符号与象形符号组合生成的汉字，用象形符号与象形符号的组合表示字义。例如："从"由两个"人"组成，"人"是象形符号，代表人。两个人一前一后，就代表"跟从"。"家"由"宀"和"豕"组成，"宀"和"豕"都是象形符号。"宀"像侧视的房屋的形状，代表房屋；"豕"像猪的形状，代表猪。用"宀"和"豕"的组合代表家，是表示房子里有猪就是家。为什么房子里有猪就是家？因为猪原来是野生动物，后来才收到房子里饲养。有房子养猪就意味着定居，定居就意味着家的形成。"活"由"氵"（氵＝水）和"舌"组成，"氵"和"舌"都是象形符号。"氵"是"水波"的形状，"舌"是舌头的形状。用这两个象形符号组成"活"，是表示"舌上有水"，用"舌上有水"代表存活。"话"由"讠"（讠＝言）和"舌"组成，"言"也是象形符号，像用舌头发音的形状。因为说话要用舌头，就用"舌"和"言"的组合代表说话。

（4）形声字。大多数汉字是形声字。据统计，形声字约占汉字总数的90％。形声字由义符和音符组合生成，义符和音符也由象形符号充当，义符代表义类，音符代表音类。例如："功、攻"中的"力、攵"是义符，"工"是音符；"铜、桐"中的"钅"（钅＝金）、木"是义符，"同"是音符。有些形声字也是会意字。例如："富"由"宀"和

"畐"组成,"宀"代表房屋,是义符,"畐"(fú)代表读音,是音符。"畐"的古字像装满实物的瓶子,意为充盈。"富"就是用房内充盈代表富有的会意字。又如:"躬"由"身"和"弓"组成,"身"是义符,"弓"是音符。"躬"有"把身躯弯成弓形"的意思,所以也是会意字。"富、躬"都是形声兼会意字。

用象形符号表意,或用象形符号与象形符号组合表意,都是直接表意。这是汉字跟拼音文字的重要区别之一。拼音文字是记音表意,由音生义,不能见其形而知其义,所以是间接表意;汉字是象形表意,由形生义,可以见其形而知其义,所以是直接表意。直接表意具有直观性,有助于快速识别字义。例如:看到带"艹"的汉字,就知道其字义多半跟花草、蔬菜等有关;看到带"木"的汉字,就知道其字义多半跟树木或木制品有关;看到带"氵"的汉字,就知道其字义多半与水或其他液体有关;……有些汉字即使不知道它们的读音,我们也可以根据字形猜到它们的字义,结合上下文猜测字义的把握性更大。

象形字和指事字数量不多,但多半都可以用于组合,生成会意字和形声字。会意字和形声字多半是由象形字或指事字(以及它们的变体)组合生成的,在象形字和指事字的基础上学习会意字和形声字会相对容易。

形声字是用义符表意、音符表音的汉字,象形字、指事字和会意字既是义符,也是音符,是兼做义符和音符的汉字。由此可见,汉字表音方法的特点是:象形字、指事字和会意字用整字作音符代表读音,形声字用专门的音符代表读音。音符的读音就是音节的读音。由于字形和字音的发展变化,现代形声字音符表音的功能已经弱化,但是多数形声字的音符仍有不同程度的表音作用。汉字表音方法的特点告诉我们:在汉语教学中,可以直接用汉字教音节的发音。因为音节是口头汉语的基本单位,所以直接用汉字教音节的发音,就是直接用汉字教发音和说话。

作为形、音、义统一体和汉语的基本单位,汉字在英语中没有对应单位。英译最好音译为 *Hanzi*,译为 Chinese Character 不能确切反映汉字的性质。

1.1.3.4 汉字教学的数量目标

现代通用汉字大约有 7000 个,最常用汉字有 2500 个左右,2500 个左右最常用汉字的覆盖率可以达到 99％以上,而且可以涵盖全部汉语音节。只要学会了 2500个左右最常用汉字,识读现代汉语文本就基本上没有文字障碍了。

1.2 词及词的组合生成

1.2.1 什么是词

　　汉语的词是由字组合生成的大于字、小于句的单位，与英语的 word 不是等同的概念，英译要译为 *zi*-group，不能译为 word。我们把汉语的词分为基本词和复合词两类，再把复合词分为基本复合词和多重复合词两类。由字与字组合生成的词叫基本词，由字与基本词或基本词与基本词组合生成的词叫基本复合词，大于基本复合词的词叫多重复合词。例如：

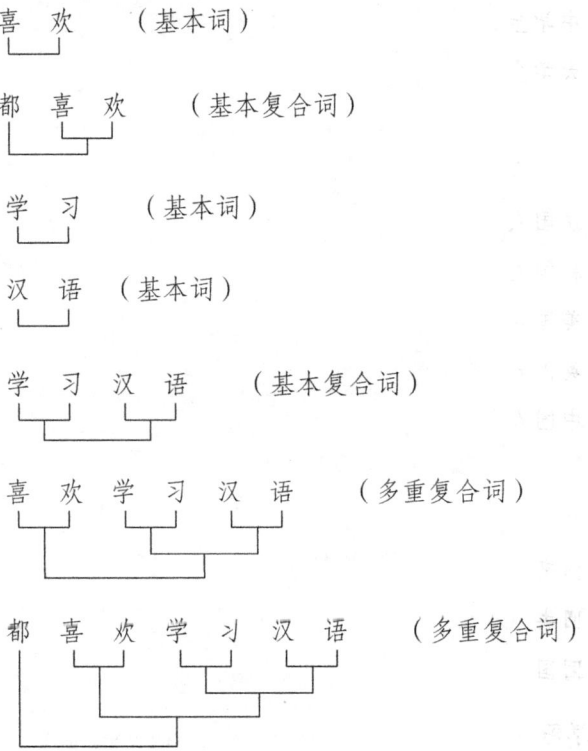

　　上面的例子说明，汉语的词也是由小到大逐级组合生成的。汉语的字、词都没有形态变化，由字到词、由基本词到复合词、由基本复合词到多重复合词的组合，都是意合和直接组合。

1.2.2 词义与字义

　　意思相关的字才能互相组合，所以词义跟词中的字的字义有密切的关系，可以通过字义理解词义。例如：

		二	(2)	三	(3)
		十	(10)	二十 (20)	三十 (30)
一(1)	十一(11)	二十一(21)	三十一(31)		
二(2)	十二(12)	二十二(22)	三十二(32)		
三(3)	十三(13)	二十三(23)	三十三(33)		

	学	生
小	小学	小学生
中	中学	中学生
大	大学	大学生

	国	人
法	法国	法国人
韩	韩国	韩国人
美	美国	美国人
英	英国	英国人
中	中国	中国人

	出	回
来	出来	回来
去	出去	回去
国	出国	回国

1.2.3 关于词的学习

字(音节和汉字)在数量上是封闭性的,一般不会增加新的音节和汉字;词在数量上是开放式的,数量有限的字可以组合生成数量足够的词,充分满足交际的需要。因为词是由字组合生成的,词义和字义有密切的关系,所以在字的基础上学习词,比较容易理解和记忆。汉字有直接表意的特点,在汉字的基础上学习由汉字组合生成的词,更加容易理解和记忆。掌握了一定数量的汉字以后,就有大量的词可以自动理解,不需要孤立地、一个一个地死记硬背。

1.3 句和句的组合生成

我们把汉语的句子分为基本句和复合句两类,再把复合句分为基本复合句和多重复合句两类。由主体(Topic)和述体(Comment)组合生成的句子叫基本句,主体和述体都由字、词担任;由基本句和基本句组合生成的句子叫基本复合句,大于基本复合句的句子叫多重复合句。汉语的句子也是由小到大逐级组合生成的,基本句是复合句的基本组合单位。

汉语基本句的主体可以是施动者,也可以是受动者,还可以是受述者。这就是说,基本句的主体不受施受关系的约束。例如:

① 他｜去。
② 窗户｜没关好。
③ 今天｜星期六。
④ 南方｜常常下雨。
⑤ 一万年｜太久。

上面的例子都是基本句,单竖线前面的是主体,后面的是述体。主体代表谁或什么,述体代表做什么或怎么样。"谁(什么)——做什么(怎么样)"就是汉语基本句的语义结构模式。这样的语义结构模式就代表汉语人的思维过程和表达程序,这种思维过程和表达程序的主要特点是:先看到或先想到什么就先说或先写什么。

汉语基本句的语义结构模式告诉我们:汉语的主体与述体的关系不同于英语的主语与谓语的关系。汉语的主体和英语的主语不是等同的概念,汉语的述体和英语的谓语也不是等同的概念。因此,不能用英语的主语和谓语解释汉语的主体和述体。

因为基本句的主体和述体都由字、词担任,所以只要在字、词的基础上学习基本句,就比较容易理解和记忆。基本复合句和多重复合句的基本组合单位都是基本句,所以只要在基本句的基础上学习基本复合句和多重复合句,就比较容易理解和记忆。

二、关于汉语教学

因为汉语是由小到大逐级组合生成的,各级单位的组合都是意合和直接组合,所以我们把汉语界定为组合型语言，简称"组合汉语"。"组合汉语"要求用"组合法"进行汉语教学，"组合法"就是"组合汉语教学法"。下面介绍"组合法"的主要特点。

2.1 汉字本位

"汉字本位"就是以汉字为基本教学单位的意思。以汉字为基本教学单位是汉字的特点对汉字教学的必然要求，也是汉语的特点对汉字教学的必然要求。

（1）"汉字本位"是汉字的特点对汉字教学的必然要求。汉字不是单纯的书写单位，而是形、音、义统一体。只有把汉字作为基本教学单位，才能把汉字的字形教学、字音教学和字义教学统一起来。汉字字形的特点要求汉字教学必须从笔画教起，进行由笔画到整字或由笔画到部件再到整字的组合教学。只有进行由笔画到整字或由笔画到部件再到整字的组合教学，学生才不会觉得一个汉字就像一幅图画。汉字表音的特点要求直接用汉字教音节的读音，而不必用汉语拼音教音节的读音。直接用汉字教音节的读音不但可以强化对汉字的认知，而且可以避免汉语拼音对正确发音的误导，保证音节读音的原本性。汉字的字形教学和字音教学多半要包含在象形字、指事字、会意字和形声字的教学之中，象形字、指事字、会意字和形声字表意和表音方法的特点可以帮助学生加快对汉字的理解和记忆。这就是汉字的字形教学、字音教学和字义教学的统一，也是汉字的特点对汉字教学的必然要求。如果把"词"作为基本教学单位，就无法实现字形教学、字音教学和字义教学的统一。

（2）"汉字本位"是汉语的特点对汉字教学的必然要求。汉语是组合型语言，只有把汉字作为基本教学单位，才能按照汉语的组合特点进行由小到大的组合教学。汉语的组合就是由字的生成元素到字、由字到词、由字词到句子的组合。把汉字作为基本教学单位，进行由笔画到整字、由笔画到部件再到整字的组合教学，新教的汉字中就没有新的笔画，也没有新的部件，就能使汉字学习化难为易。把汉字作为基本教学单位，进行由汉字到词的组合教学，新教的词中就没有生字，并能根据汉字的字义理解词义，就能使词的学习化难为易。把汉字作为基本教学单位，进行由字词到句子的组合教学，新教的句子中就没有生字和生词，并能根据汉字的字义和基于字义的词义理解句子的意思，就能使句子的学习化难为易。如果把"词"作为基本教学单位，就无法保证新出现的汉字中没有新的笔画和新的部件，也无法保证新教的词和句子中不出现生字。

人们普遍觉得汉字难学,并由此推及汉语难学。其实,所谓汉字和汉语难学,并不是汉字和汉语本身固有的特点决定的,而是因为没有按照汉字的特点教汉字,也没有按照汉语的特点教汉语。我们的教学实践证明,汉语、汉字本是容易学的语言文字,只要按照汉字的特点教汉字,按照汉语的特点教汉语,就能还原汉字和汉语容易学的本来面貌。

2.2 以文带语

"以文带语"的"文"是指书面汉语,"语"是指口头汉语。汉语教学包括书面汉语教学和口头汉语教学,"以文带语"就是把书面汉语教学和口头汉语教学统一起来,实现书面汉语教学和口头汉语教学的一体化。这也是汉字和汉语的特点对汉语教学的必然要求。为什么?因为汉字就包含汉语音节,所以汉字不但可以用来看,而且可以用来读。可以用来读当然就可以用来练习说。一个汉字的读音就是一个音节的读音,用汉字组成词,词的读音就是词中的汉字组合起来的读音;用汉字和词组成句子,句子的读音就是句中的汉字和词组合起来的读音。有读音就能练习说。看到一个汉字,经过练习,就能说出这个汉字;看到由汉字组成的词,经过练习,就能说出这个词;看到由汉字和词组成的句子,经过练习,就能说出这个句子。句组、语段、语篇等都是由句子组合生成的,会说句子,就会说句组、语段、语篇。当然都要经过口头练习,口头练习的目的是达到发音准确和说话流利。这就是"以文带语"的可能性。汉字有直接表意的特点,用汉字教口头汉语,还可以激发视觉机制在汉语习得中的作用。实现书面汉语教学和口头汉语教学的一体化,就可以彻底改变汉语教学中普遍存在的汉字教学与汉语教学"两张皮"、书面汉语教学与口头汉语教学互相制约的状况,就可以让学生的书面汉语能力和口头汉语能力得到同步和快速发展。这就是"以文带语"的必要性。

我们主张用汉字教口头汉语,并不是完全排斥汉语拼音教学,只是主张把汉语拼音教学适当推后。推迟汉语拼音教学,就不是用拼音教汉字,而是用学过的汉字教拼音。等学生语音基本过关以后再教汉语拼音,学生就可以用汉语拼音认读汉字。这样,汉语拼音的作用就只是给汉字注音,这正是推行《汉语拼音方案》的主旨。语音基本过关以后利用汉语拼音认读汉字,就可以减少汉语拼音对正确发音的误导和干扰。如果结合手机和电脑的中文处理教拼音输入,拼音教学的效果会更好。

2.3 以汉字教学系统引领汉语教学系统

汉字教学系统包括笔画教学系统、部件教学系统、整字教学系统和三者的科学统一。笔画教学都按照由简单到复杂的原则编排教学内容,把笔画的名称、形状和书写方法的教学统一起来,把口说和手写结合起来,这样就形成了一个完整的笔画教学系统。整字教学都注重汉字的选择,选择的标准之一是新教的汉字中没有新的笔画,并便于按照由笔画到整字或由笔画到部件再到整字的程序进行由小到大、由少到多的层层组合,这样就可以形成完整的汉字教学系统,并且能实现笔画教学系统、部件教学系统和整字教学系统的科学统一。汉字教学系统特别注重"形、音、义、用"的统一。"用"就是组合,包括用笔画和部件组字,用字组词,用字词组句,用句组篇。按照由小到大、由少到多的程序进行组合教学,就形成了一个完整的汉语教学系统。这个汉语教学系统以汉字教学系统为基础,又是汉字教学系统的自然延伸,所以它就是由汉字教学系统所引领的汉语教学系统。以汉字教学系统引领汉语教学系统,就能实现新教的汉字中没有新的笔画,新教的词语中没有生字,新教的句子中没有生字和生词。以汉字教学系统引领汉语教学系统是使汉字和汉语学习化难为易的关键。

三、关于组合汉语系列教材

要把组合汉语理论和组合汉语教学法落实到课堂教学中去,就必须首先编写组合汉语教材。我们的长期目标是分类编写针对不同年龄、不同语言和文化背景、不同教育层次、不同学习目的、不同专业和职业倾向的各类教材,使所有的汉语学习者都能找到适合自己的教材,包括纸本教材和多媒体教材,也包括课本、练习册和教师用书。因为要把根据同样的汉语理论和汉语教学法编写的不同的教材组成系列,所以又叫系列教材。

编写组合汉语系列教材,是为了使汉语易教易学。所谓易教,就是教材本身包含足够的教学资源,并按照课堂教学的自然顺序编排教学内容,使教师不必另花时间重新组织教学内容。教师把备课的时间节省下来,就有更多的精力去研究汉语、汉语学习和汉语教学的规律,提高课堂教学的水平。所谓易学,就是教学内容的组织符合汉语的特点,教学点的编排顺应由小到大、由简单到复杂的循序渐进的教学程序,所教内容都比较容易理解和记忆,使学生能用尽可能少的时间学到所需要的汉语。把易教和易学统一起来,是为了提高汉语教学的质量和效率,让越来越多的人喜欢学习汉语,并能学好汉语。

组合汉语系列教材中的每一部教材都有该教材的"编写和使用说明",介绍该教材的编写原则、教学对象、教学目标、教学内容和教学方法。"编写和使用说明"可以帮助教师更好地选择自己所需要的教材,更好地使用自己所选中的教材。

汉语教学一二三[*]

(2014.6)

　　本文所说的"汉语教学",是指汉语作为第二语言教学(简称"二汉教学")。汉语作为第二语言教学会不会与汉语作为第一语言教学发生混淆?不会,因为我国迄今还没有汉语作为第一语言教学的现实存在。大学里的汉语系或汉语专业,实际上是汉语语言学系或汉语语言学专业,其中的"汉语"是汉语语言学的意思。中小学只有语文课,没有汉语课。20世纪50年代,我国曾经进行过把"汉语"和"文学"分开的实验,可是不久就被取消,又回到了语文教学的模式。实验用的《汉语》课本是汉语知识课本,不是汉语课本,所以实际上是汉语知识教学,而不是严格意义上的汉语教学。用汉语知识教学代替汉语教学,不可能取得提高汉语能力的预期效果,不知道这是不是实验被取消的原因。中小学的语文教学后来又延伸到大学,叫"大学语文"。部分大学开设语文课,显然是不得已而为之,因为觉得必须完成中小学的语文教学没有完成的任务。无论是大学语文,还是中小学语文,到底是指语言和文字,还是指语言和文学或语言和文化,抑或兼而有之,不得而知。这里只是说明一个事实,这就是我国并不存在与汉语作为第二语言教学相对应的,汉语作为第一语言教学。如果有一天在中小学开设了汉语课,诞生了汉语作为第一语言教学,本文讨论的内容同样适用。第二语言教学和第一语言教学既有不同点,也有共同点,本文讨论的问题基本上属于共同点。

　　本文题目中的"一二三"是"基础知识"的意思。本文要讨论的是笔者关于汉语教学的基本观点和汉语教材编写的基本原则,这两个问题实际上都属于汉语教学的"基础知识"。用"一二三"概括上面的意思,是为了避免题目太长。

---

　　* 本文是向"推动汉语言文字走向世界"大论坛(2014年6月7日在北京语言大学举办)提交的论文,原载《汉字文化》2014年第4期。

一、汉语教学的基本观点和汉语教材编写的基本原则

我们关于汉语教学的基本观点有两个,汉语教材编写的基本原则有三条。

两个基本观点是:

(1) 让汉字教学融入汉语教学;

(2) 用汉字教学系统引领汉语教学系统。

三条基本原则是:

(1) 以汉字为基础;

(2) 以话题为中心;

(3) 以组合为主线。

三条基本原则是两个基本观点的落脚点,没有这三条基本原则,两个基本观点就会架空。

下面依次说明汉语教材编写的三条基本原则,围绕这三条基本原则,用实例说明怎样让汉字教学融入汉语教学,怎样用汉字教学系统引领汉语教学系统。

1.1 以汉字为基础

以汉字为基础,就是汉语教学要从汉字教起,把汉字作为基本教学单位。每一课都要规定教哪些汉字,并用所教的汉字组词、造句、谋篇。以汉字为基础,有以下几点具体要求:

(1) 建立科学的汉字教学系统。进行汉字教学,必须首先建立科学的汉字教学系统,以保证教学的系统性。汉字有笔画、部件和全字三级结构单位,科学的汉字教学系统就包括笔画教学系统、部件教学系统、全字教学系统和三者的科学统一。

(2) 按照由易到难和循序渐进的原则选教汉字。每课教哪些汉字,要按照由易到难和循序渐进的原则进行选择。由易到难和循序渐进,包括从笔画教起,按照由笔画到全字,或由笔画到部件再到全字的程序编排教学内容。笔画、部件和全字的选择也要贯彻由易到难和循序渐进的原则。按照由易到难和循序渐进的原则选教汉字,是建立科学的汉字教学系统的根本要求。

(3) 严格控制每课生字的数量。每课书的教学必然有课时规定,对规定课时

内的教学内容要进行难易程度的控制。教学内容的难易程度不但由哪些生字决定，而且由多少生字决定。严格控制每课生字的数量，是控制每课教学内容难易程度的抓手之一，也是建立科学的汉字教学系统的必要条件之一。

当前主流的汉语教学都把交际性原则放在首位，交际性原则又把口头交际放在首位，口头汉语教学一般都借助于汉语拼音。即使重视汉字教学，也是遇到什么就教什么。这样，汉字教学就处于无序状态。无序就是没有系统性。任何教学都不能无视系统性，没有系统性的汉字教学不是科学的汉字教学，必然造成汉字难学。我们提出以汉字为基础，首先是为了建立科学的汉字教学系统，使汉字教学由无序变为有序，使汉字由难学变为容易学。

下面用实例说明怎样以汉字为基础。

例 1.《大学汉语》(初稿)第一课

笔画(6)

一(横)　丨(竖)　丿(撇)　㇏(捺)　丶(点)　乛(横竖钩)

生字(11)

一　二　三　十　八　人　个(個)　两(兩)　工　厂(廠)　大

重点词语(18)

十一　十二

二十　二十一

三十　三十二

八十　八十八

个个　一个　一个人　两个人　人人

人工　工人　工厂　大人　大工厂

上面是笔者正在编写和试用的《大学汉语》第一课"综合练习"的内容提要，包括 6 个笔画、由这 6 个笔画组成的 11 个汉字(此处的 11 个汉字实际上可以组成学生能够理解的 90 多个词语)和由这 11 个汉字组成的 18 个重点词语。汉字教学从笔画教起，用学过的笔画组字，用学过的汉字组词，笔画和汉字的选择都遵循由易到难和循序渐进的原则。这就是以汉字为基础，也包括汉字教学的系统性。

本课除了上述内容的教学，还希望能让学生自动感知下列信息：

（1）汉字由笔画组成，少量的笔画可以组成大量的汉字。

（2）词语由汉字组成，少量的汉字可以组成大量的词语。

（3）每一个汉字都有自己的读音和意思，学习者可以根据汉字的读音学习词语的读音，根据汉字的意思理解词语的意思。

（4）汉字不是图画式的"难学"的神秘文字。

自动感知以上信息，就能树立学好汉字和汉语的信心。

1.2 以话题为中心

以话题为中心，就是根据话题教学的需要选择汉字、词语和句型。语言教学的直接目的是培养语言交际能力，语言交际能力就是话题理解和表达的能力。把以汉字为基础和以话题为中心结合起来，就是让汉字教学融入汉语教学，为培养交际能力服务。

以话题为中心，有以下几点具体要求：

（1）根据由易到难和循序渐进的原则以及常用和急用先教的原则选教话题。话题的选择不但要贯彻由易到难和循序渐进的原则，而且要贯彻常用和急用先教的原则。因为要以汉字为基础，所以话题的难易程度就跟其中的汉字的数量和难易程度相关。也就是说，话题的选择要受汉字教学系统的约束。这里就有矛盾。不过，难易程度相当的汉字有一定的选择性，常用和急用的话题也有一定的选择性，数量都可以控制。两者都有可选择性和可控制性，就可以兼顾话题教学和汉字教学的需要，进行科学搭配和合理编排，使话题和汉字的教学都能做到由易到难、循序渐进。从下面的例3可以看到，以汉字为基础和以话题为中心的矛盾，完全能够通过对汉字和话题的科学搭配和合理编排而得到有效解决。

（2）严格控制每课新句型的数量和难易程度。话题的难易程度不但由生字的数量和难易程度决定，而且由新句型的数量和难易程度决定。因此，严格控制每课新句型的数量和难易程度，是控制话题难易程度的抓手之一。

（3）通过连续话题保证话题的完整性以及字词和句型的重现率。话题有大有小，较大的话题都是由若干较小的话题组成的。所谓连续话题，就是用连续几课中内容关联的较小的话题，像滚雪球和搭积木那样，组成较大的话题。较大的话题就是较为完整的话题。如果把一部教材的内容比作一部电视连续剧，较小的话题就是连续剧中的一个个小的场景。用较小的话题组成较大的话题，也是为了控制话题的难易程度,包括控制话题中的生字和新句型的数量和难易程度。这也要进行科学搭配。在连续话题中,词语和句型也有连续性,包括在原有基础上的扩充。词语和句型的扩充也像滚雪球和搭积木,可以通过"以新联旧"使学过的词语和句型得到不断重现。提高重现率是帮助学生加快掌握所学内容的必要条件,"以新联旧"还可以取得"温故知新"的效果。

我国汉语教学存在的突出问题之一,就是汉字教学游离于汉语教学之外,口头汉语教学和书面汉语教学成为"两张皮",听说训练和读写训练互相制约。这是难以提高教学效率的一个十分重要的原因。让汉字教学融入汉语教学,把以汉字为基础和以话题为中心结合起来,就可以把汉字教学和汉语教学统一起来,实现书面汉语教学和口头汉语教学的一体化,从根本上改变上述不正常的状况。再以《大学汉语》第二课和第三课中"综合练习"的核心内容为例,具体说明怎样把以汉字为基础和以话题为中心结合起来,怎样把汉字教学和汉语教学统一起来,怎样实现书面汉语教学和口头汉语教学的一体化。

例 2.《大学汉语》(初稿)第二课

1. 笔画(4)

　　フ(横竖)　フ(横撇)　亅(竖钩)　乚(竖横竖钩)

2. 生字(11)

　　六　口　日　月　号(號)　今　天　明　昨　后(後)　前

3. 重点词语(18)

　　六口人　两个人　一个月　两个月

　　一月　二月　三月　月月

　　六月一日　二月六号

　　今天　明天　昨天　后天　大后天　前天　大前天　天天

4. 句型(1)

　　今天六月一日。

5. 替换练习

　　(1)今天六月一号。(昨天、明天、后天、大后天、前天、大前天)

　　(2)今天二月一日。(二月二日、三月八日、六月四日、十月一日)

例 3.《大学汉语》(初稿)第三课

1. 笔画(4)

　　乚(竖横)　　乚(竖横钩)　　乁(横竖横钩)　　乀(撇横)

2. 生字(11)

　　四　五　七　九　几(幾)　来　上　下　去　不　马(馬)

3. 重点词语(24)

　　几个人　几口人　几月　几个月　几天　几号

　　上来　上去　下来　下去　一下　来一下　去一下

　　不来　不上来　不下来　不去　不上去　不下去

　　上马　下马　马上　马上来　马上去

4. 句型(3)

　　今天几号?

　　今天来。

　　明天不来。

5. 传递问答

　　A：今天几月几号?

　　B：今天＿＿＿月＿＿＿号。明天几月几号?

　　C：明天＿＿＿月＿＿＿号。后天几月几号?

　　D：后天＿＿＿月＿＿＿号。

6. 会话

　　A：今天来不来?

　　B：今天不来,明天来。

　　A：明天去不去?

　　B：明天不去,后天去。

上面三课的计划教学时间为平均每课 4 课时,共计 12 个课时。教学内容包括 33 个汉字,60 个重点词语,4 个句型,关于日期和"来、去"的小话题。1—99 的数字和数词已经出齐。这些内容都是像滚雪球和搭积木那样由小到大层层组合起来的,笔画、汉字、句型、话题的选择都贯彻了由易到难和循序渐进的原则,同时实现了汉字教学和话题教学的统一。交际性原则就在其中。为什么要先教这些内容?

一是因为这些内容便于由易到难、循序渐进地进行笔画和汉字教学；二是因为这些字词和句型在意思上都有较强的封闭性和具象性，学生容易理解，也不会产生歧义；三是因为这些内容有利于实现汉字和话题的科学搭配，有利于让汉字教学融入汉语教学；四是因为这些字词和句型不但常用，而且更具基础性，可以为以后的学习打好基础，保证以后能学得更快。"你好、谢谢、再见"这类日常生活用语虽然也是常用和急用的，但是其中的汉字不但难写，而且不都是常用的，重现的概率不高，因此打基础的作用不大，更不利于让汉字教学融入汉语教学。这类日常生活用语可以在日常生活中学到，教师也可以在课上或课后进行补充。可见，即使从贯彻交际性原则的角度说，从"你好、谢谢、再见"这类日常生活用语教起也不是最佳选择。

1.3 以组合为主线

在上面的例子中，"字、词、句、篇"各级单位都是由小到大一级一级地层层组合起来的。组合起来就是组合生成。汉字由学过的笔画组合生成，（从第十一课开始增加部件教学，开始由笔画到部件再到全字的组合教学）词语由学过的汉字组合生成，句子由学过的字词组合生成，语篇（话题）由学过的字词和句型组合生成。这就是以组合为主线。

二、一个全新的汉语教学系统

以组合为主线，就把以汉字为基础和以话题为中心串成一个全新的汉语教学系统。这个教学系统是在汉字教学系统的基础上建立起来的，也是汉字教学系统的自然延伸，所以就是由汉字教学系统所引领的汉语教学系统。其主要特点如下：

（1）是有序进行汉语教学的系统。这个"序"就是由笔画到汉字或由笔画到部件再到全字、由汉字到词语、由词语到句型再到话题的层层组合的"序"，就是由小到大、由少到多的滚雪球和搭积木式的"序"，就是由易到难、循序渐进的"序"。

（2）是使汉字和汉语学习化难为易的系统。在这个系统中，新教的汉字中没有新的笔画和部件，又能在组合中得到不断重现，就做到了使汉字学习化难为易；新教的词语中没有生字，词义和字义紧密相关，词语的呈现还有系列化的特点，也能在组合中得到不断重现，就做到了使词语学习化难为易；新教的句型中没有生字和生词,同样能在组合中得到不断重现,就做到了使句型学习化难为易。话题分别以会话和阅读短文的形式呈现,(从第六课开始增加根据会话内容编写的阅读短文)其中没有生字、生词和新句型,不但学习难度小,而且可以让学生在语境(话语背景和上下文)中加深对学过的字词和句型的理解,使学过的字词和句型在重现中得到复习和巩固。

(3) 是使汉字成为学好汉语的有利因素的系统。汉字为什么能够成为学好汉语的有利因素?因为汉字教学系统能保证根据汉字的特点有序地进行汉字教学,并为有序地进行汉语教学提供了条件。汉字的特点之一是象形表意,可以根据字形解释字义。学生理解了字义,就容易理解词义,有大量的词语可以自动理解,不必孤立地一个一个地死记硬背,在"以新联旧"的词语系列中学习,更能加快理解和记忆。汉字象形表意的特点,可以更好地调动视觉系统在汉语学习中的积极作用,更好地把"视、听、说"结合起来。让汉字教学融入汉语教学,用汉字教学系统引领汉语教学系统,就能实现书面汉语教学和口头汉语教学的一体化。汉字教学游离于汉语教学之外,书面汉语教学和口头汉语教学"两张皮",读写训练和听说训练互相制约的现象就不复存在,学生的书面汉语能力和口头汉语能力就能得到同步和快速发展。所有这些都说明,只要让汉字教学融入汉语教学,只要以汉字教学系统引领汉语教学系统,汉字就不但不是学习汉语的障碍,而且还是学好汉语的有利因素。

(4) 是先教中性语体再实行语体分流的系统。在基础阶段,所教话题都属于中性语体。中性语体就是既没有明显的口语特点、也没有明显的书面语特点的语体。为了让学生养成语体变换能力,到提高阶段就要进行语体分流,分别开设口语和书面语课型。为什么要到提高阶段才实行语体分流?因为语体变换能力是对高级汉语人才的要求,基础阶段不必要求学生具备这样的能力。中性语体中也会包含一些具有明显的口语特点和书面语特点的成分,在教中性语体的过程中,适当点明这些口语和书面语成分,让学生先获得一些感性认识,到提高阶段再分别专门学习口语和书面语,也是由易到难、循序渐进。语体分流以后,口语教学和书面语教学都要继续以汉字为基础,以话题为中心(书面语的内容也是话题),以组合为主线。也就是说,编写汉语教材的这三条基本原则要贯彻汉语教学的始终。

三、余论

汉语各级单位的组合都是意合和直接组合。意合就是意思相关的单位都可以根据一定的规则自由组合,直接组合就是组合时只有语序(字序、词序、句序)规则,没有形态变化规则。这正是汉语跟西方语言的重要区别所在。根据组合特点,我们把汉语界定为"组合型语言",简称"组合汉语"(笔者把英语等西方语言叫作"变合型语言")。基于组合汉语理论的汉语教学就是组合汉语教学。本文所说的两个基本观点和三条基本原则,就是立足于汉字和汉语特点的组合汉语教学法——简称"组合法"——的基本观点和基本原则。

创新是国家发展战略的核心内容之一,也是各行各业加快发展的必由之路。对外汉语教学只有走创新之路,才能走出迷津,摆脱困境,在汉语作为第二语言教学的研究中发挥引领作用,让汉语更快地走向世界。我们研究组合汉语和组合汉语教学,就是想为探索对外汉语教学的创新之路鸣锣开道。

参考文献

白乐桑（1996）汉语教材中的文、语领土之争：是合并，还是自主，抑或分离？《世界汉语教学》第
　　4 期。

北京语言学院语言教学研究所编著（1986）《现代汉语频率词典》，北京语言学院出版社。

本刊记者（1995）"汉语中介语语料库系统"研制成功，《世界汉语教学》第 4 期。

蔡振生主编（1994）《中日文化比较》，北京语言学院出版社。

常敬宇（1995）《汉语词汇与文化》，北京大学出版社。

常敬宇（1996）《语用·语义·语法》，杭州大学出版社。

陈光磊（1994）《汉语词法论》，学林出版社。

陈　宏（1996）第二语言能力结构研究回顾，《世界汉语教学》第 2 期。

陈前瑞、赵葵欣（1996）汉语第二语言习得研究述评，《汉语学习》第 5 期。

陈小荷（1996）跟副词"也"有关的偏误分析，《世界汉语教学》第 2 期。

陈亚川、郑懿德（1993）《汉语集稿》，北京语言学院出版社。

陈亚川、郑懿德（1997）《汉语集稿》（二），北京语言文化大学出版社。

储诚志、陈小荷（1993）建立"汉语中介语语料库系统"的基本设想，《世界汉语教学》第 3 期。

崔永华、杨寄洲主编（1997）《对外汉语课堂教学技巧》，北京语言文化大学出版社。

邓炎昌、刘润清（1989）《语言与文化——英汉语言文化对比》，外语教学与研究出版社。

邓　懿（1956）教外国留学生学习汉语遇到的困难问题，载《现代汉语规范问题学术会议文件汇
　　编》，科学出版社。

邓　懿（1957）用拼音字母对外国留学生进行汉语教学，载《光明日报》12 月 15 日。

杜　荣、傅惟慈、钟　梫等（1960）用汉语拼音方案教外国留学生学习汉语的一些体会，《文字改
　　革》第 4 期。

范开泰（1992）论汉语交际能力的培养，《世界汉语教学》第 1 期。

房玉清（1992）《实用汉语语法》，北京语言学院出版社。

郭志良、杨惠元、高彦德（1995）《速成汉语初级教程·综合课本》的总体构想及编写原则，《世界
　　汉语教学》第 4 期。

胡明扬（1993）语言和语言学习，《世界汉语教学》第 1 期。

胡明扬主编（1996）《词类问题考察》，北京语言学院出版社。

季羡林（1996）探求正未有穷期——序中国现代语言学丛书，《世界汉语教学》第 3 期。

靳洪刚（1993）从汉语"把"字句看语言分类规律在第二语言习得过程中的作用，《语言教学与研究》第 2 期。

黎天睦（1989）"着"还被关在门外呢——"着"的核心语义研究，载《汉语研究与语言教学——黎天睦汉译文选》，北京语言大学出版社，2008。

李景蕙（1988）《汉语水平等级标准》（试行）对语言技能的要求，《世界汉语教学》第 4 期。

李　开（2002）《汉语语言学和对外汉语教学论》，中国社会科学出版社。

李晓琪（1995）中介语与汉语虚词教学，《世界汉语教学》第 4 期。

李　杨（1993）《中高级对外汉语教学论》，北京大学出版社。

李宇明（1993）语言学习异同论，《世界汉语教学》第 1 期。

林成颂（1993）怎样进行"一分钟说话训练"，《语文建设》第 10 期。

刘镰力（1995）高等汉语水平考试的性质和等级分数的划分，《世界汉语教学》第 1 期。

刘润清（1993）第二语言习得中课堂教学的作用，《语言教学与研究》第 1 期。

刘社会（1994）评介《汉语语言文字启蒙》，《世界汉语教学》第 4 期。

刘　珣（1993）语言学习理论的研究与对外汉语教学，《语言文字应用》第 2 期。

刘　珣（1997）试论汉语作为第二语言教学的基本原则——兼论海内外汉语教学的学科建设，《世界汉语教学》第 1 期。

刘　珣（1998）语言教育学是一门重要的独立学科，《世界汉语教学》第 2 期。

刘　珣（2000）《对外汉语教育学引论》，北京语言文化大学出版社。

刘英林、郭树军、王志芳（1988）汉语水平考试（HSK）的性质和特点，《世界汉语教学》第 2 期。

刘月华（1989）《汉语语法论集》，现代出版社。

刘月华、潘文娱、故　铧（1983）《实用现代汉语语法》，外语教学与研究出版社。

卢福波（1996）《对外汉语教学实用语法》，北京语言学院出版社。

卢　伟（1996）对外汉语教学中的文化因素研究述评，《世界汉语教学》第 2 期。

鲁　川（2002）汉语的"语位"，《语言教学与研究》第 4 期。

鲁健骥（1984）中介语理论与外国人学习汉语的语音偏误分析，《语言教学与研究》第 3 期。

鲁健骥（1987）外国人学习汉语词语偏误分析，《语言教学与研究》第 4 期。

鲁健骥（1993）中介语研究中的几个问题，《语言文字应用》第 1 期。

鲁健骥（1994）外国人学汉语的语法偏误分析，《语言教学与研究》第 1 期。

吕必松（1983a）谈谈对外汉语教学的性质和特点，《语言教学与研究》第 2 期。

吕必松（1983b）为加快对外汉语教学这个年轻学科的发展而奋斗——中国教育学会对外汉语教学研究会成立大会开幕词，《语言教学与研究》第 3 期。

吕必松（1985）基础汉语教学课型设计和教材编写的新尝试,《语言教学与研究》第 4 期。

吕必松（1987）《对外汉语教学探索》,华语教学出版社。

吕必松（1990a）关于教学内容与教学方法问题的思考,《语言教学与研究》第 2 期。

吕必松（1990b）《对外汉语教学发展概要》,北京语言学院出版社。

吕必松（1992）《华语教学讲习》,北京语言学院出版社。

吕必松（1993a）论汉语中介语的研究,《语言文字应用》第 2 期。

吕必松（1993b）《对外汉语教学研究》,北京语言学院出版社。

吕必松（1993c）关于中高级汉语教学的几个问题,《语言教学与研究》第 1 期。

吕必松（1993d）对外汉语教学概论(讲义)(续五)第四章教学过程和教学活动,《世界汉语教学》
　　第 3 期。

吕必松（1995）在对外汉语教学的定性、定位、定量问题座谈会上的发言,《世界汉语教学》第
　　1 期。

吕必松（1996a）《对外汉语教学概论(讲义)》(内部资料),国家教委对外汉语教师资格审查委员
　　会办公室。

吕必松（1996b）对外汉语教学概论(讲义)(续十六)第七章言语交际技能训练,《世界汉语教学》
　　第 4 期。

吕必松（1997）汉语教学中技能训练的系统性问题,载《第五届国际汉语教学讨论会论文选》,北
　　京大学出版社。

吕必松（1998）二十世纪的对外汉语教学——学科地位的确立和学科理论研究,载《二十世纪的
　　中国语言学》,北京大学出版社。

吕必松（1999）汉字教学与汉语教学,载《汉字与汉字教学研究论文选》,北京大学出版社。

吕必松（2000）试论汉语书面语言教学,《华文教学与研究》第 1 期。

吕必松（2001）我对汉语特点的几点初步认识,《海外华文教育》第 1 期。

吕必松（2003）汉语教学路子研究刍议,《暨南大学华文学院学报》第 1 期。

吕必松（2005）《语言教育与对外汉语教学》,外语教学与研究出版社。

吕必松（2006）二合的生成机制和组合汉语,载《数字化汉语教学的研究与应用》,语文出版社。

吕必松（2012）《华语教学新探》,北京语言大学出版社。

吕必松、赵淑华、林英贝（2007）《组合汉语知识纲要》,北京语言大学出版社。

吕叔湘（1964）《语文常谈》,生活・读书・新知三联书店,1980;载《吕叔湘文集》第五卷,商务印
　　书馆,1993。

吕叔湘（1984）教书与研究,《对外汉语教学》第 1 期。

吕叔湘（1990）《英汉对比研究论文集》题词,载《英汉对比研究论文集》,上海外语教育出版社。

吕叔湘（1992）谈语言的学习和教学，载《吕叔湘文集》第四卷，商务印书馆。

吕文华（1994）《对外汉语教学语法探索》，语文出版社。

吕文华、鲁健骥（1993）外国人学汉语的语用失误，《汉语学习》第 1 期。

梅立崇（1995）《汉语和汉语教学探究》，华语教学出版社。

潘文国（2002）《字本位与汉语研究》，华东师范大学出版社。

彭利贞（1997）论中介语的语篇层次，载《第五届国际汉语教学讨论会论文选》，北京大学出
　　版社。

皮埃尔·旺达杜尔（Pierre Ventadour）（1992）《法国中学汉语教学状况·序》，北京语言学院出
　　版社。

钱旭菁（1997）日本留学生汉语趋向补语的习得顺序，《世界汉语教学》第 1 期。

裘锡圭（1985）汉字的性质，《中国语文》第 1 期。

盛　炎（1990）《语言教学原理》，重庆出版社。

施光亨（1986）现代汉语语音琐谈——声韵组合的命名、规范和频率，《语言教学与研究》第
　　3 期。

石定果（1993）会意汉字内部结构的复合程序，《世界汉语教学》第 4 期。

石定果（1997）汉字研究与对外汉语教学，载《第五届国际汉语教学讨论会论文选》，北京大学
　　版社。

《世界汉语教学》编辑部、《语言教学与研究》编辑部编（1992）《80 年代与 90 年代中国现代汉语
　　语法研究》，北京语言学院出版社。

《世界汉语教学》编辑部、《语言教学与研究》编辑部、《语言文字应用》编辑部编（1994）《语言学
　　习理论研究》，北京语言学院出版社。

孙德坤译（1990）错误分析、中介语和第二语言习得研究述评，《语言教学与研究》第 1 期。

孙德坤（1993a）外国学生现代汉语"了·le"的习得过程初步分析，《语言教学与研究》第 2 期。

孙德坤（1993b）中介语理论与汉语习得研究，《语言文字应用》第 4 期。

王　还（1987）《门外偶得集》，北京语言学院出版社。

王　还主编（1993）《汉英对比论文集》，北京语言学院出版社。

王建勤（1994）中介语产生的诸因素及相互关系，《语言教学与研究》第 4 期。

王魁京（1992）对外国人用汉语表达时出现的几个问题的探究，《语言教学与研究》第 2 期。

王　力（1954）《中国语法理论·导言》，中华书局。

王　力（1986）《实用解字组词词典·序》，上海辞书出版社。

王若江（2000）由法国"字本位"汉语教材引发的思考，《世界汉语教学》第 3 期。

王　珊（1996）汉语中介语的分阶段特征及教学对策，《世界汉语教学》第 1 期。

王绍新（1997）超单句偏误引发的几点思考，载《第五届国际汉语教学讨论会论文选》，北京大学出版社。

王顺洪、西川和男（1995）中日汉字异同及其对日本人学习汉语之影响，《世界汉语教学》第2期。

王学作、柯柄生（1957）试论对留学生讲授汉语的几个基本问题，《教学与研究》第2期。

王韫佳（1995）也谈美国人学习汉语声调，《语言教学与研究》第3期。

温晓虹（1995）主题突出与汉语存在句的习得，《世界汉语教学》第2期。

温晓虹、张九武（1992）语言习得研究概述，《世界汉语教学》第1期。

吴宗济主编（1992）《现代汉语语音概要》，华语教学出版社。

徐通锵（1994）"字"和汉语的句法结构，《世界汉语教学》第2期。

徐通锵（2005）"字本位"和语言研究，《语言教学与研究》第6期。

许德楠（1990）《实用词汇学》，北京燕山出版社。

杨洪清、朱新兰（1997）《现代说文解字字典》（初级本），群众出版社。

杨庆华（1995）在对外汉语教学的定性、定位、定量问题座谈会上的发言，《世界汉语教学》第1期。

杨志棠（1997）关于中高级阶段书面语教学，载《第五届国际汉语教学讨论会论文选》，北京大学出版社。

叶步青（1995）汉英中介语的宏观图像，载《第四届国际汉语教学讨论会论文选》，北京语言学院出版社。

叶步青（1997）汉语书面词语的中介形式，《世界汉语教学》第1期。

叶斯柏森（O. Jespersen）（2013）《如何教外语》，世界图书出版公司。

俞约法（1993）苏俄语言学习理论研究评介，《语言教学与研究》第3期。

俞约法（1994）语言教学若丁问题管见，《世界汉语教学》第3期。

袁博平（1995）第二语言习得研究的回顾与展望，《世界汉语教学》第4期。

张德鑫（1996）《中外语言文化漫议》，华语教学出版社。

章纪孝（1994）关于高年级口语教学的思考和构想，《世界汉语教学》第1期。

张静贤（1992）《现代汉字教程》，现代出版社。

张　凯（1995）语言能力模型和语言能力测验，载《第四届国际汉语教学讨论会论文选》，北京语言学院出版社。

张朋朋（1992）词本位教学法和字本位教学法的比较，《世界汉语教学》第3期。

张　普（1992）《汉语信息处理研究》，北京语言学院出版社。

张旺熹（1990）从汉字部件到汉字结构——谈对外汉字教学，《世界汉语教学》第2期。

张旺熹（1992）语言学习理论研究座谈会纪要,《语言文字应用》第 4 期。

张占一（1984）汉语个别教学及其教材,《语言教学与研究》第 3 期。

赵金铭（1997）《汉语研究与对外汉语教学》,语文出版社。

赵金铭（2001）对外汉语研究的基本框架,《世界汉语教学》第 3 期。

赵贤州、李卫民（1990）《对外汉语教材教法论》,上海外语教育出版社。

赵元任（1975）汉语词的概念及其结构和节奏,载《中国现代语言学的开拓和发展——赵元任语
    言学论文选》,清华大学出版社,1992。

郑懿德、马盛静恒、刘月华等（1992）《汉语语法难点释疑》,华语教学出版社。

中国对外汉语教学学会汉语水平等级标准研究小组（1988）《汉语水平等级标准和等级大纲》
    （试行）,北京语言学院出版社。

中国对外汉语教学学会、《世界汉语教学》编辑部、《语言教学与研究》编辑部（1995）对外汉语教
    学的定性、定位、定量问题座谈会纪要,《世界汉语教学》第 1 期、《语言教学与研究》第 1 期。

钟 梫（1965）十五年汉语教学总结,《语言教学与研究》试刊第四集(1979)。

周小兵（1996）《第二语言教学论》,河北教育出版社。

周祖谟（1953）教非汉族学生学习汉语的一些问题,《中国语文》第 7 期。

朱德熙（1986）在"汉字问题学术讨论会"开幕式上的发言,载《汉字问题学术讨论会论文集》,语
    文出版社,1988。